U0129424

甜蜜的記憶

林明理著

文 學 叢 刊

文史哲出版社印行

國家圖書館出版品預行編目資料

甜蜜的記憶 / 林明理著. -- 初版 -- 臺北市：
文史哲出版社, 民 110.05
頁；　公分 --（文學叢刊；436）
ISBN 978-986-314-555-4（平裝）

863.4   110007239

文　學　叢　刊　436

甜　蜜　的　記　憶

著　　者：林　　　明　　　理
出版者：文　史　哲　出　版　社
http://www.lapen.com.tw
e-mail：lapen@ms74.hinet.net
登記證字號：行政院新聞局版臺業字五三三七號
發行人：彭　　　　正　　　　雄
發行所：文　史　哲　出　版　社
印刷者：文　史　哲　出　版　社
臺北市羅斯福路一段七十二巷四號
郵政劃撥帳號：一六一八○一七五
電話886-2-23511028 · 傳真886-2-23965656

定價新臺幣六四○元 彩色版一六四○元

二○二一年（民一一○）五月初版

它們都在那裡等妳
—給明理

知道妳喜愛
山谷溪流還地步道
香蒲蓮花蘆葦水蘊草
山樹小米園青草與野鳥
森林的呼吸
沉默的綠蔭
雛鳥的輕啼
蟲聲唧唧
遠空高歌的鷹
山豬與飛鼠
湛藍的潭水
古老的故事
橋頭的彩繪雕塑藝術
豐收祭部落的歌舞
天真小孩的歡叫
歷盡滄桑老人的微笑

它們每天都在那裡
張開手
等著妳

非馬　2021年3月27日
于芝加哥

*非馬（馬為義博士）給作家林明理題詩為序祝賀出版

它們都在那裡等妳

── 給明理

知道妳喜愛
山谷、溪流、濕地、步道
香蒲、蓮花、蘆葦、水蘊草
山樹、小米園、青草與野鳥
森林的呼吸
沉默的綠蔭
雛鳥的輕啼
蟲聲唧唧
遠空高歌的鷹
山豬與飛鼠
湛藍的潭水
古老的故事
牆頭的彩繪雕塑藝術
豐收祭部落的歌舞
天真小孩的歡叫
歷盡滄桑老人的微笑

它們每天都在那裡
張開手
等著你

2021 年 3 月 27 日
於芝加哥

照片左起：於 2010 年 12 月 11 日，美國著名詩人非馬（馬為義博士 Dr. William Marr）、鍾鼎文老師和作者林明理，合照於花蓮和南寺，舉辦的世界詩人大會晚會上合照。

照片於 2010 年 12 月 2 日，作者林明理和作家陳若曦老師、馬為義博士於台北市舉辦的世界詩人大會會場大廳前合影（詩人非馬的侄兒馬醫師拍攝）。

國　家　圖　書　館
NATIONAL CENTRAL LIBRARY
20,Chungshan S. Rd., Taipei Taiwan, R.O.C. 100-01
Tel:(02)2361-9132　Fax:(02)2311-0155

明理老師道席

先生戮力研究創作，詩論文評，著作等身，又工畫作，或
速寫粉彩、或油畫水墨，具象抽象，無不深刻精到，美感蘊
藉，廣為社會大眾所欽仰。

近再承　惠贈畫作手稿，至為珍貴，隆情高誼，無任銘感，
本館自當妥善庋藏，嘉惠讀者閱覽。謹肅蕪箋，敬申謝忱。

　耑此

　　敬頌

時　綏

　　　國家圖書館館長　曾淑賢 　　敬上

　　　　　　民國 109 年 3 月 3 日

作者感謝臺灣的「國圖」曾館長的鼓勵，銘感於心。

林明理女士鈞鑒：

承蒙賜贈大作《思念在彼方》，豐富民眾閱讀資源，為臺灣
文學貢獻心力，高情隆誼，謹致謝忱。並祝

新年快樂

萬事亨通

蘇碩斌 敬上

國立臺灣文學館館長

2020 年 2 月 4 日

作者感謝臺灣的「台文館」蘇館長的鼓勵，銘感於心。

國立故宮博物院
NATIONAL PALACE MUSEUM

11143 台北市士林區至善路2段221號
No. 221, Sec. 2, Zhishan Rd., Shilin Dist.,
Taipei City 11143, Taiwan (R.O.C.)
TEL 886-2-2881-2021
FAX 886-2-2882-1440
http://www.npm.gov.tw
E-mail service@npm.gov.tw

明理女士惠鑒：

　　近承惠贈大作《思念在彼方》乙書，深紉厚誼。本館將即登錄編目，列架珍藏，用供眾覽。特此申謝，敬頌

時祺

國立故宮博物院圖書文獻館　　敬啟

2020 年 1 月 30 日

作者感謝臺灣的「故宮博物院」館長的鼓勵，銘感於心。

上海大學圖書館館藏，潘守永教授，館長函，
「思念在彼方」贈書謝函 2020.05.14.。

甜蜜的記憶

目　　次

Table of Contents

林明理攝

1.走過崁頂百年歲月

　　崁頂（Kamcing），位於海端鄉一個僻靜的村落，這裡的布農族樂天知命，崇尚大自然。他們種植紅藜、水蜜桃、小米、臍橙等，他們在老舊的屋牆畫上簡潔的圖騰彩繪，表達族人與自然的對話。

　　我記得臺東曾在 2018 年透過和史前博物館合作舉辦「崁

頂百年」展，近日，為了讓更多人認識布農族的氏族名及命名原則，又舉辦「崁頂布農家族系譜展－我的名字從何而來（maisnaisainakanganan）」的活動，期在未來將崁頂的故事繼續說下去，讓遷徙到崁頂已逾百年的布農族，生存得更有意義。

令我心往神馳的，是他們知道如何與大自然相處的智慧，可能比我們認知的還要多；而讓我再度走訪這裡的原因，可能是源於好奇。其遷徙的故事，如煙火般，發光發熱，曾深深觸動了我，也串起許多布農族群的記憶。

走進部落，就會看到時間遺留下來的滄桑痕跡。不知從哪裡飛來的兩隻五色鳥，輕輕呼喚著。霎時間，週遭靜寂，卻聽見了部落的歌聲，有激昂的，有緩慢輕柔的……久久在空中迴響。

我這回算是看清楚了，有一個族人忙著敲擊、雕刻木頭。壁上彩繪的紅嘴黑鵯和巢中的幼鳥，正對望著一對布農族人……是如此地溫馨，不禁讓我止住了腳步。不多久，便進入一大片幽靜的紅藜田，那雲霧就盤踞在山谷之中。

回頭看看緩坡下來的柏油路，時不時扭頭回顧他們純淨的洛神花田和金黃的稻浪。一棵白雪木、雞冠花、孤挺花，或是牆邊的萊豆花瓣、籬上有烏頭翁跳躍著……一幕幕，在我身後都成了記憶的畫面。

　　是啊，如何幫他們找一條回家的路？我思索著。天空無語，只有不時回望的雲緩緩飄了過去。

2019.12.03 完稿

— 刊臺灣《人間福報》副刊，
2020/01/03，及攝影 3 張。

林明理攝

2.黑水雞之家

　　我從臺東站一路乘車出來，到了關山。這一帶山色清鮮，農村秀麗，特別是彎進一條小路，見到一座用廢棄的單車與石頭圈圍的大水塘，還有一棟老屋牆上貼著米舖客家小館，頓時，時光彷彿退回到童年。隨後，我遠遠坐到對邊去，觀看一群黑水雞戲水，一隻蒼鷺掠過田野……也看了兩個時辰周遭的山水。

　　那清澈的水面，四季都點綴著紅、白、紫相間的睡蓮，還不時有野鳥、蜜蜂、蝴蝶和竹林，讓人驚喜，一看便記住

了這一切美麗的永恆的面貌。

　　沒有人會驅趕這裡的黑水雞，所以牠們一點都不怕人。牠們擅長游泳，喜歡低空飛行，棲息於臨近的水田、河邊及農地；而小昆蟲及植物種子是其食物。

　　就這樣來回觀察幾個月過去了，我突然發現，親鳥帶領幾隻雛鳥在水塘裡游水覓食，也會細心地將採到的食物餵到雛鳥的嘴裡。這畫面，讓我內心莫名地激動不已。牠們也會發出「喀嚕嚕嚕」連續抖音 —— 可我還聽不懂牠們說的是什麼，每次只能像白鷺樣踮下腳尖，屏住氣息，再一步一步沿著溝渠，將景物攝入其中。直到牠們又不見了，方才離開。

　　有一次，巧遇上了小館的東家。

　　「那黑水雞常來嗎？是什麼時候？」我問。

　　「這裡就是牠們的家呀……」她想了想，又告訴了我，「以前，大概有三十多隻在這水塘裡棲息。後來，被鄰居抓去了一些，說是當藥用。現在就剩下這二十幾隻了吧。」

　　「真是可惜了。」我滿臉遺憾地回答。

　　「那是前幾年的事啦。他們也知道不對。現在牠們又很安全回家了。」她應答道。

　　嗯，也幸虧沒有造成黑水雞家族太大的傷害，我在她耳邊說。

　　記得我小時候，溪邊總會有白鷺、田裡也有許多戴斗笠的農夫和耕牛。如今，遇見這群野鳥，總會喚起許多遐想……那走過的田壠，那稻穗的黃與綠，知了和蛙鳴，在耀眼的藍空下。

　　是啊，童年，如何能找得到那段時光的蹤影？如今，我止不住想聽聽黑水雞的叫聲，同牠們談談我記憶中的往事。

－2019.12.05 完稿

－刊臺灣《馬祖日報》
副刊，鄉土文學版，
2020.03.11，及彩色攝
影 4 張。

東華大學校園攝影／林明理

3.春節憶舊遊

　　近兩年的年假，我選擇在東大門尋求好玩的套圈圈、打彈珠等遊戲攤販，或到美食街找到拔絲地瓜、捲餅、燒番麥、臭豆腐等解解饞。我特別喜愛「粿」，品嘗它的滋味，不是在它的香甜Q軟，而是由於吃的時候，不由得想起童年。每當除夕前一天，我都會守著母親，看她瞇起眼睛，坐在客廳的小竹椅上，剪著竹葉片，全心享受做鹹菜脯粿、紅龜粿的快樂神情。

　　在下塌的旅館早餐前，隨意漫步到東華大學。哪裡來的

這般風景，心頭跟著歡快光明。那冉冉升起的朝陽，為大地塗上了顏彩，而山歌仍在雲霧之間迴盪著。我瞥見了藍天，三五野鴿漫步，還有一片翠綠。在那一刻寧靜的感覺裡，我偏愛草坪上的彩繪河流，在景觀橋上佇立良久。我偏愛夢幻似的東湖，樹林和多重魅力的建築，讓塵世的喧囂都遠離了。

風舞山巒，陽光恬意。東湖像是思索中的詩人，看落葉紛紛，季節輪換的容貌。喔，恬靜的波光，多麼明澈！堆垛的雲朵夾岸數百步，人在畫中走，綠是一種顏色，山巒與翠樹映在理工學院大樓的中央悄悄地守候。霎時間，我拉近時空的鏡頭，調整錯落的焦點，它卻不停地按下快門⋯⋯一個東部最美的大學，經常串起我兩地相思與閒愁。彷彿中，我聽到蒼鷺飛掠湖心的聲音，劃破眼前景色的靜默。

臘冬之後，今晨細雨方歇，風藏在樹林裡，神秘而狂莽。黑色枝椏上的新葉，正注視著我，像個奇幻的修士。我從臺東站前偷眼望去，才片刻功夫，已不見雨痕；而熟悉的餐飲店前，昏黃的燈光似寂寞的小孩。

故鄉的春節，每一憶及，就是幸福，而這眷戀是和母親手作的「紅龜粿」分不開的。那翻飛的記憶中母親的微笑，如無聲的雲朵，掠過心頭。那闊別已久的思念，使我像草葉上的露珠般顫動。

我忽地想起德國詩人海涅在《新春集》裡的一首迷人小詩：「春夜美麗的眼睛，／它們的俯視如此宜人：如果愛情使

你小器，／愛情又會將你提昇。／那甜美的夜鷹／坐在翠綠菩提樹上歌唱；／當歌聲穿進我心靈，／心靈也伸展開來！」是啊，在我無數的回眸中，不管我立在何處，都將聽見一種曲調，那是水波激盪著我唱吟的地方。而我依然做著旅人的夢，夢裡用眼睛尾隨著飛逝的時光。在世界變動的人群中，我仍喜歡在湖畔的一邊站著，聽那些風聲和鳥鳴。

再盼有朝一日踏上花蓮，尋找喚回我心頭的小村莊的記憶及最初的味道。我有一種隱約的願望，再一次邂逅，東湖的蒼鷺飛入我的眼眸……讓每一次偶遇，都是久別重逢，也是一種純然的喜悅。

－2021.01.13 完稿

－刊臺灣《青年日報》副刊，2021.02.21，及攝影1張。

林明理攝　/
人面蜘蛛

4.富山村即景

　　從杉原海岸往富山村一座山的前端攀緣而上，正是白浪拍岸的一個早晨。

　　山間綠意盎然，有大卷尾、烏頭翁啁啾；陽光間歇地出現，在岩壁上茂密的葉緣，在一串串尖端帶著微微絳紅的月桃花叢中，白色的花序彷彿鈴鐘叮噹、叮噹地響，引我凝眸顧盼。

　　穿越小徑時，我看到遠方弧狀的海灣南緣，蔚藍的天空上，絨毛狀的積雲移動著⋯⋯都蘭山，用那美麗的眼睛注視我，—— 唱著不朽的詩歌。我覺得這裡的大自然是野趣的，

三五隻蝴蝶是我的旅伴，木澤蘭是深冬的春意。走近小溪畔，蔓生的賽芻豆開著暗紫的蝶型花冠，怯怯地萌芽，一群狼尾草颯颯舞動。

此刻，忽而想起明代文學家陳繼儒在《小窗幽記》裡的一句「寵辱不驚，看庭前花開花落；去留無意，望天空雲捲雲舒。」心中感到寧靜，也多了一份清喜，不知身在何處。

而我最鍾情的，還是這片老樟樹林，像守護的一排排勇士般穩重樸拙，每時，每日，都伸出它們粗壯的胳臂，挽住陽光的金鬍子。不知從哪裡來的風吹過……啊，我想像著，這裡的夜晚，瀉出的月光灑落在姑婆芋、馬纓丹等野生植物上，週遭盡是海濤等大自然音效。

我喜歡在這裡重溫舊夢，哪怕是看一隻人面蜘蛛從尾部吐絲、結網，或是看椰林似矗立在雲端的巨人；聽微風吹過竹林發出嗦嗦的聲音，佇望著山村鮮有人知的原貌，就像靠在溫暖的大地身邊。

我也喜歡收集咸豐草與原生種鳳鬚菜密談的小故事，野鳥和昆蟲也喳喳應和，很是精彩。之所以好聽，大概就是因為能喚起心中的感情，讓人一再想起那心湖蕩漾的聲音吧。

啊，富山村，在歲末飛燕去來之間，讓我更加惦想。我願陶醉於眼裡看到的藍天蒼穹，我願是那朵浪花，親吻著天邊的一朵雲彩。在它純淨的淺笑裡，有我夢想的幸福。

－2019.12.10 完稿

－刊臺灣《金門日報》副刊，
2020.05.25，及攝影 1 張。

攝影／林明理

5.難忘布谷拉夫

有一天我遇見布谷拉夫（Buklavu），我把一片楓葉寄給千里外負笈他鄉的好友。他微微一笑，站起來看了看窗外，說：「芝加哥下雪了，我在聽雪聲，告訴我，這又是哪處讓妳難忘的名字。」

「讓我想想，我只想讓遠處的您看見，層層紅葉間山樹和水珠交相輝映的樣子，宛如置身於油畫的風景裡。」我立刻回覆。

然後，我走向一座一九三三年完工的明野橋畔張望，突然感覺同友人更接近了。就因為這座荒廢的老橋橫跨鹿寮溪，僅留下兩座橋墩於溪谷兩岸，不可思議的是，新建的武陵橋位於古拙斑駁的老橋旁，更凸顯出一種現代造型衝突的

美感。

　　我喜歡看看這裡的布農人怎麼過日子，看看這座承載著許多人鄉愁的老橋。因為我深信，一座老橋最能給思鄉的人一些附著的記憶，即使那些曾經走過的身影和聲音已漸漸淡去，或者眼前的橋早已在歲月的長河裡淹沒。但無法被另一座新橋所取代的，是所有思鄉的人都會記得這座橋下水流的嘩嘩聲，還有心裡只剩下一種像聲音的東西……它讓當地的族人至今依舊耳熟能詳。那個名字：布農人稱它為「布谷拉夫」，而「明野」則是日治時代延平鄉武陵部落的日本名。

　　漫步其中，一縷陽光帶著涼意，喧嘩已經離得很遠，沿途在部落的一隅或屋牆都有著布農傳統意涵的圖紋和故事。就說這個彩圖吧，我朝它看呀看，看得出顯然是畫個布農阿嬤，手裡正採摘著食物，彎腰的背脊上還揹著手編的簍子，專注的神情堅強卻祥和可親。

　　走入派出所旁的武陵國小、紅土和草地的操場。週日的上午，校園一片靜寂，只有群雀熱鬧地迎賓。我閱讀了公告欄上許多小學生贏得全臺接力及拔河比賽的總冠軍，也看到貼滿童言童語、純真而溫馨的畫作。我看著師生的努力耕耘與堅持，想像偏鄉教育給孩子夢想的偉大。

　　朋友，我看得出您也喜歡。可不，我想起比利時詩人莫里斯•卡雷姆在詩集裡有首詩（當你喜愛一切），在最後一段裡寫道：「當你首先想坐下來，／在天邊獨自遐想，／熟悉的

天空會拜訪你的生命／像塊藍色的桌布鋪在白木的桌上。」
這首詩真叫人喜愛，詩化的意象，給我無限的遐想。而此刻，
天空下的布谷拉夫散發純淨的光，也讓我內心無比地平和。

　　這裡每年四月都會舉辦射耳祭，最近還成立「布谷拉夫
部落文化團」，積極地恢復傳統祭典與歌謠。但我熟悉的武陵
部落，是上天的賜予，是寧靜美的化身。那耀眼的楓樹遼闊
無比，那布農人的美好歌聲，甚至帶給整個天空……那眷戀
不捨轉身離去的，是我的影子，滿懷依依不捨之情。

　　－2021.01.21 完稿

　　－刊臺灣《青年日報》
副刊，2021.04.25，
及攝影作 1 張。

畫作/林明理

6.冬夜遐思

當友人寄來拍攝的鹿林神木時，彷彿把我帶到她身旁，讓我徜徉在一片深邃的綠意之中。

噢，這神奇的 —— 帶來靜謐，像凌空傲立的勇士；時而露出征途僕僕的眼神，望著遠處似的；時而溫柔地圍抱著鳥兒，像愛神的眷顧。

我凝望著，只想用一支歌混和著微風圍繞 —— 看是否能飛到那山崖下方去賞味陽光照臨在頭上的燦美，去坐望一會兒，看那樹冠覆蓋的林蔭大地鮮綠的枝葉。瞧，那走過兩千

七百年的春天，多令人驚訝讚嘆。

這一切自然的和諧，卻讓我聯想起看到的一個畫面。

太陽照耀在紅頭溪，紅頭部落後方及右邊到青青草原，有蟲鳥任性地自在啼鳴；而一艘大型拼板舟，孤單地在灘頭望著海。

有個耆老陷入了回憶。他若有所思地唱起：「數不清的飛魚啊，撐破了我的網⋯⋯」。接著，有幾個年輕的達悟族人潛入海底，把漁網固定在礁角上，然後故意在海面濺起水花。他們用傳統方式把魚群趕向魚網，再將魚與族人分享、歡唱。

是啊，曾經，蘭嶼的日夜皆然，萬物都不受世俗干擾。成群的白鷺在海岸歇腳，山羊沿著沙灘漫步回家。

那裡的礁層有豐富的海底風貌。翠鳥俏皮地叼走了小魚，有婦女在礁岩旁採集海藻，有的在山坡種植水芋等農作。

春天，有求偶的蛙聲、蟲鳴，或築巢在樹洞裡的動物，神出鬼沒。許多棋盤角花的果實悄悄地冒出芽，穗狀的花朵恰似夏夜的煙火⋯⋯萬籟俱寂，部落的歌聲卻響遍整個森林，任何聲音都逃不過角鴞的耳朵⋯⋯

這片古老的土地到如今，純淨的礁岩裡魚類變少了。打魚的男人，心裡在流淚，古老的捕魚技術抵不過炸魚方式及

殘害海洋的悲痛。

　　今夜，溫暖的月光伴著散落的星子，回憶也乘著風來了。我相信，土地是有記憶的。想要與自然相和諧，只要有了愛與關懷，便有了再次重生的機會。

　　－2019.12.06 完稿

　　－刊臺灣《臺灣時報》台灣文學版，
　　2020.01.15，及油畫 1 幅。

作者於鹿鳴橋

7.在春天與鹿鳴相遇

初識蝴蝶谷，這一偶得，我情願相信這或許是前世的頻頻回眸，才換來今生的意外重逢。

如果鹿鳴（布農語：taluhan），是延平鄉布農族上山狩獵及獵場教育的重要基地，那麼蝴蝶谷就是族人心中唯一的世外桃源，也孕育著族人的生命與回憶。

沿途，細細領略紅葉滿石階的美，充滿純樸原始的氣息。桃源圳就位於鹿鳴溪上游。從橋上向上眺望，遠處與近旁，一片蔥綠的林海，林海外更有原始的植被！

溯溪而上，三隻大冠鷲翔舞中飛下一聲「忽悠、忽悠、

忽忽忽悠～」，空山在泉聲的共鳴中震盪。那份靈動的喜悅，足以讓我沉靜下來，把心裝滿愛與謙卑。

這山中的聲響，不論是竹林來的紅嘴黑鵯叫或是潺潺流淌的曲調，都各有一番情趣，我看到了玉米田裡的小稻草人，看到了獼猴在嬉戲玩耍，看到了白鷺鷥從空而降……時間過去了，但這些山籟留了下來。它來得如此純粹，在天宇間迴盪，一遍又一遍契合我心中的那一種簡單的幸福。

啊，鹿鳴，藏在春天的時光裡。這一刻，我默默地注視著一隻藍蜻蜓正展開羽翼，狼尾草在風中飛舞……跳躍的黃鶺鴒，向著林間傾訴香甜的秘密。

車經鹿鳴橋，這是一座有歷史性的紅色吊橋，不時可以聽見橋墩旁濃密的樹叢裡傳來野鳥的叫聲。讓我憶起杜甫（光祿阪行）這麼吟著：「樹枝有鳥亂鳴時，暝色無人獨歸客。」是啊，這難忘的黃昏，讓我屏息走在野溪溫泉的紅橋上，時間彷彿靜止了，沉寂中，鹿鳴溪映出天空輕柔的暮色。

－2020.02.04 完稿

--刊臺灣《中華日報》副刊，2020.04.27，及攝影1張。

林明理攝

8.成功海濱的臆想

　　我經常揣想大海的面貌，捕捉靈感的吉光片羽，這是我探尋原始的自然之後引起的感動所致。

　　這一次與成功濱海公園相遇，是在一個週日的午後。我從海岸奔來，像是初次飛臨的雀鳥。是啊，我熟悉這樣的大海，那海浪如雪，那樣舒展，那樣空闊。

　　我看見太平洋猶如和悅清澈的鏡面，野鳥在臺灣海桐間活潑地跳躍。我知道，坡堤上的防風林映襯著碧空，稍遠處還有矗立在離岸小島的三仙台，身影也格外燦爛；而所有這

些美麗的景物，完全超出我的期待和臆想之上。

　　正如眾所周知的，這裡打造整潔的無障礙坡道、椰林小徑，還設有觀海平台。忽然從涼亭中傳來浪漫的薩克斯風樂曲，讓海浪跟著緩緩靠過來，增添了不少雅趣。

　　我曾見層層海浪向我急急召喚，來自珊瑚礁島的聲音，浮游在呼嘯與沉默之間。

　　我曾見飄閃的浪花，輕輕把回憶安放，漁舟點點，萬物沉睡於水藍之內。

　　曾見午夜的繁星中，我啣起樹濤聲；那些曾經飛翔的夢，忽湧到心頭，在柔風中飄動。

　　還曾見過這種海濱的黃昏：除了在我憩息的地方圍繞著一波接一波的浪潮聲，就再也聽不到任何擾人的噪音了。

　　而我的靈魂，在這片海域上看到了些什麼呢？

　　是啊，我還想聽聽：耳際草底的鳴蟲，木麻黃絮絮的低語，陽光在花間跳舞……在目光所及的邊沿，有波光盪漾的山之音。

　　這一切，讓我最感到幸福的是，那影樹交錯中的小路，有蝴蝶在漫舞，像一個個花仙子；成群結對的薄翅蜻蜓，在

入口處，在香階的步道中。讓我想向大自然伸出擁抱的雙臂
——就在此一美好的時刻。

　　這是一次難忘之旅。我願再次被風帶往大海的懷抱——
它就像亙古不墜的詩曲，擁有一切的悲傷和歡樂，也讓我湧
出希望與釋然一笑。

　　　　　　　　　　　　　　　　　　——2019.12.19 完稿

　　——刊臺灣《中華日報》副刊，2020.02.25，
　　　　及攝影 1 張。

林明理攝

9.從黃昏裡的紅葉部落回到童年

在寧靜的小巷道,柔風輕拂著山林。在鳥聲和我的感官之間,紅葉部落像空山的勇士,巍巍站立其上。

天上的雲啊,一會兒頻頻傾靠過來,一會兒融於萬里蒼穹。他深情凝視,──就在我揮舞雙臂的呼喚聲裡,薄暮露出了笑容。

在這呼喚聲裡──充滿著對當年紅葉少棒隊得到世界冠軍盃的興奮雀躍!在這呼喚聲裡──有我熱情所在,從少

年到白髮，每一憶起，不知有多快活。

可如今，我所瞭望的盡頭，在那龐大山體的邊際，——有二〇一六年莫蘭蒂留下的傷痕，有族人失去家園的痛。

啊，從入口的紀念碑到一棟棟永久屋，我看到幾個老人熱騰騰的煮一大鍋，分享著。我看到有婦人騎車回家工作中，有兩小孩在草地練習投球……我看到種植的茶樹、洛神花、菜圃和果樹，這一切或許暫時撫慰所有災難的結果。但在這歲末的黃昏，我來了。心卻悲喜交集。

我的勇士啊，當我聽到你一邊歌詠，一邊凝視那曾經開滿繽紛多彩的紅葉故鄉時。我重新感到，再沒有比看到當年這些少棒選手留下的紀念物更讓人傷感的了。

歸途，只有風兒低吟，引我步履沉重。突然我明白了：曾經選手們也是我心中永遠的英雄，——也曾經那樣劇烈地震撼全臺灣族群內心深藏著熾熱的感情。

那些閃耀的影子，留在我童年的心底，恰如星星一顆顆閃現。我等待著，有一天，光明在這裡重新照耀每個角落。我心中永遠的小勇士，都恢復了最高貴的尊榮。而我等待著那一刻，勇士也看著我的臉……在他們喜悅的王國中。

註.紅葉少棒隊在我七歲那年，榮獲世界冠軍盃，從此歷史留名；然而這「棒球故鄉」在莫蘭蒂颱風襲擊下，有四十

多棟民宅被土石流沖毀，兩百多位居民無家可歸。如今，當地族人終於在政府與賑災基金會協助下入住了永久屋。我從永久屋往前眺望，仍有見到部分崩塌的景象；在新建的永久屋入口前，仔細閱讀紀念碑文時，心中千頭萬緒，因而為文。

－2019.12.20 完稿

－刊臺灣《更生日報》副刊，
2020.05.19，及攝影 5 張。

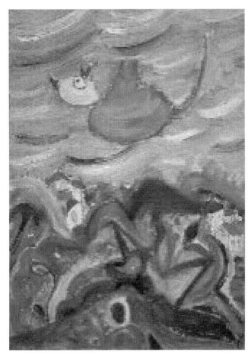

畫作／林明理

10.鹿野的漫步遐想

　　清晨，在風中雀躍的鳩聲，掩映於樹蔭間的低巒上。鹿野溪橋下閃爍的波影，以及大自然賦予的新生，安謐和絢彩，讓我止不住欣喜，跟在光的背後擁夢飛翔。

　　飛吧，跟著飄滿楓香的雲走吧。我就是宇宙的行者。那

邊有座自然農法農場，種滿了植物和香草。只要撿起一片掉落的葉子，輕輕搓揉……思緒便迅速地溶入了歡暢的詩行。

還有一簇簇洛神花、荻粱、箭葉秋葵，牽曳著風迎面而來，四處飄轉的歌，就是一首最古老的祈願舞蹈。

我諦聽著，一遍又一遍。一邊朗誦，一邊走向廣闊的綠色大地，渾身有說不出的輕鬆。

遠遠的，有個熱氣球歇在山腳下。究竟是誰依循那方向飛上了天，卻在幾秒之間，那浮過的藍影又消失了呢？這一切，都令我有了無邊的遐想。

循著鳥聲，繼續往前走呀走，徑向林中望去。還能清楚看見臥佛山，陽光照射在神慈悲的面龐，漏在如金似的蘆葦影子上……而我眼眸裡盈溢著露珠，沒有塵埃，出奇的閃耀。

停留了半晌，就那樣變成一片雲，繼續往上飄。

看哪！卑南溪與我對望，那菲律賓海板塊和歐亞大陸板塊碰擊而形成的岩層，——利吉惡地就像一匹孤獨的蒼狼，神奇地加深了我情感澎湃。

我記得，那是一個陽光斑爛的日子。卑南溪兩側的峽谷、岩地或潺潺溪流，都讓我莫名地感動起來。

　　我願是隻小小的歌雀，在晨光中，聽得見大地的聲音，心中盛滿了快樂和希望。就在那雲海的盡頭，我要捎去一束詩香，展翅高飛，不畏風雨，去追逐繆斯的天堂。

－2019.12.25 完稿

　　－刊臺灣《金門日報》副刊，2020.9.25，
　　　及林明理畫作 1 幅。

攝影／林明理

11.【山海之歌】都蘭鼻，
一個冬天的戀曲

當黎明升起，都蘭鼻的藍海初醒，對著我微笑。

隱隱的朝霞背後，遠山凝寂，直到枝上的雀兒唱出我心中的歌，浪花也輕輕地拍著潮水，重新拂動。

啊，聽見北風的自語，總叫我想化為一葉扁舟，在萬頃波中……它飛涉了千年，為大海的子民輕唱，卻又像是要停泊在我的心上。

　　它歌唱著愛，以深情的目光，和阿美族發祥傳說，但它孤獨又堅強的背影，卻使我莫名感動。

　　它歌唱著這塊祖靈聖地，歌唱著那天水相連著突出到太平洋的一個小半島，── 歌唱那被一道道金霞置身的故鄉，他們沉醉在野鳩輕輕地低喚中，在彼岸。

　　它歌唱的是與山林自然共生的曲調，那是在舉行慶典的時候，將每個人送入最深入的心念，與祖先相連的曲調。

　　我不禁循著灣邊和防坡堤諦聽著，這些歌裡，有許多流光的記憶，── 在平野中間，也有許多記憶升起。

　　啊，老舊的歌，新的歌，此處和彼處。都蘭鼻，── 宇宙之神要在地上建築的「海之角」。我的繆斯，合起了眼瞼，而靈魂從冰草叢中探出。

　　啊，美麗的歌，新的歌，在飄泊中，在大風裡。它像琴聲一樣響了起來，讓眾山凝視，大地沉默。

　　而我一眼看去，波光粼粼，在大氣之中，── 這裡何等質樸純真，閃著光燦的顏色！看哪，都蘭山氣勢巍峨，充滿梵唱的和諧，在我的心中更感親切了。

　　是的，我俯瞰周遭，有白鷺鷥在岸畔起落，心中還是那

片蔚藍，牽繫我的還是都蘭鼻，—— 它創造了一個獨特的自然境界，也為我譜上一個冬天的戀曲。

　　註：都蘭鼻位於台東縣東河鄉，在地圖上是一個突出的
　　　　海岬，因酷似鼻子的形狀，而有「海之角」之稱。

－2019.12.28 完稿

－刊臺灣《人間福報》副刊，2020.02.03，及攝影 2 張。

南灣核三廠青蛙石 ／ 林明理攝影

貓鼻頭　　　恆春民謠館　　　南門

12.恆春記遊

　　在南迴改通車之後，我感到雀躍而又幸福，驅車前往中，浩瀚的太平洋相隨真是讓人快慰。

　　當車身進入草埔隧道，平穩地穿越出來，沿著省道過了核三廠，就是最南端兩陸岬的行界點「南灣」了。此刻，雖然烏雲密佈，但那沁涼的風溫柔地親吻著我，而大海就像個母親，在輕搖著她那甜睡中的嬰兒——金沙灣。

　　看哪，這廣闊世界多美好！只要一抬頭，就可看見青巒或圓或尖聳的身影，沙灣的弧線也都那麼地古樸優雅，彷彿是古希臘神話裡經典的史詩。

　　抵達墾丁公園「望海花廊」時，細雨如煙。前方海域鑲崁著迷濛的藍色———一邊是珊瑚礁海岸的「貓鼻頭」，一邊是墾丁半島區最高點的「大石尖」；還有奇特的「青蛙石」，墾丁大街也隱約可見。

　　一隻山雀，不厭其煩地，訴說著海岸林帶的植物群落和裙礁海岸的故事；也訴說著恆春半島隆起和下沉的地殼運動史。

　　我們離去時，已是傍晚時分。風繼續低聲吟唱，聲音有時有點兒清脆柔和，有時又低到幾乎模糊難辨。可我知道，它朗讀的是一首讚美詩，一首有關恆春的傳說……在寂靜的大千世界和夢想中的美麗景色前，我繼續來回踱步。這是一條通向純淨的森林，一條孕育著靜謐的美境。

　　落山風、檳榔、民謠，俗稱為「恆春三怪」。如果你問我，在恆春最喜歡的是什麼，我可以不假思索地回答說：藍海、森林，老城的味道。

　　還有那民謠裡敘述的半島風情，那廣為人知的《思想起》，在我耳邊，如弦繚繞……它集聚了對恆春心中所有的

愛，也讓我每次諦聽時，心境都是那樣奔騰澎湃。

－2020.01.01 完稿

－刊臺灣《馬祖日報》副刊，鄉土文學版，
　2020.04.01，及攝影 5 張。

攝影及畫作／林明理

13.陽光照亮錦屏部落

　　晨間的雨還在綿綿飄落，書房裡明亮的氣密窗雖然阻絕了馬路上的噪音，卻不能把我思念那個秋日留在我眼中的錦屏部落隔離開來。

　　此刻，我的心是一條小河，一路流淌到海端鄉那一處古樸的布農族社區。部落的圍牆上鑲嵌著原住民的圖騰，有種獨特的藝術感，更展現出族人之間的情感和力量；街道乾淨整潔，真是一處優美的原鄉幽境。

　　若從高空俯瞰，這部落與花東縱谷平原上的池上鄉接

壞，也可飽覽中央山脈的南橫公路上的河谷。在近處有一座偏遠部落的迷你小學，全校僅有三十多位孩子，且大多為需要資助的布農族子弟，簡單而淳樸的生活。

記得去年八月中旬，深入三面環山的錦屏國小，剛好看見一輛藍色小貨車、三個工人正加緊於校舍整修工程；一間間教室的門窗安裝尚未完成，只有草地上的風從我面前掠過。然而，開闊的校園也讓我得以想像，孩童們稚嫩嘹亮的歌聲在空中迴盪……看著他們在紅土跑道上盡情奔跑，或在樹蔭下追逐玩樂。

或許，作為一個教育者而言，這座國小教職員通過規劃的課程，讓孩子們學會珍惜食物，並推動有機栽種的理念。這種對土地友善的食農教育，確實費盡心思，卻也是友善土地的推手，這就使他們本身服務的宗旨更具意義了。

今年元旦，我又回到錦屏國小，太陽微笑著。風歡喜地帶著我來到操場。我看到教室、校園已變得煥然一新，牆壁上有大幅的藝術彩繪畫，充滿童趣和故事性。風輕輕吻我溼潤的眼睛，在那兒，一群小朋友正快樂地玩著籃球，有許多紅嘴黑鵯在樹蔭的角落裡「嘰喳、嘰喳」地叫著。

我問其中一位長得很可愛的小六女學生：「這鐘聲好特別，它有什麼含意嗎？」

她邊說邊唱地告訴我：「這是下課的鐘聲，是布農族的嬰兒祭歌，也是由我們學生合唱錄製的。歌詞大致是這樣的：爸爸顛顛倒倒／媽媽暈暈倒倒／孩子也呵呵笑／／看到爸爸

倒來倒去／看到媽媽暈暈倒倒／爸爸媽媽祈禱著／拿著珠子為孩子祈禱」

　　我讚賞地說：「哇，妳唱得好好聽喔，也教我唱一句好嗎？」沒想到，我一張口跟著唱完第一句，在場的小朋友都笑了。後來，他們也告訴我，這裡的校長和老師都對他們很好。我也幫他們在參與彩繪的「初來橋」圍牆上拍照，留下小朋友的稚影。

　　今夜，部落孩童的臉龐，校園的歌聲……在我腦中一一閃過。我踩著樹影，深情地回眸。恍惚中，聽到野鳥在鳴叫，在恬靜的月光小徑上，風輕撫我的臉龐，我的心沉默了。倘若我們還會再見，我願陽光照耀錦屏部落，我願孩童的歌聲像高飛的雲雀，在空中翱翔……我虔誠地祝福祈禱。

－2021.01.04 完稿

－刊臺灣《青年日報》副刊，2021.02.07，及林明理畫作1幅，攝影作1張。

林明理／攝影

14.鸞山健行記

　　早晨明朗的陽光裡，空氣澄淨。沿著中野部落山徑，到了布農族人稱鸞山為 Sazasa 的山嶺，沒想到竟可遠眺卑南溪與鸞山大橋，一片樸實寧靜的原野。

　　掠過山林深處的蟲鳴鳥叫，任由微風引我走一趟產業道路，梅影盡收眼底，心與鳳蝶同飛，還有一隻蒼鷺翩翩在白雲的光影裡。

　　我將心放空，只靜賞輕霧在峰谷裊裊移動，以一首古調掠過天邊，又掠過凝視的眼眸。我期待一隻山雀在枝椏間倒懸，或對著我唱跳。但我多嚮往俯瞰這裡四季不同的百景，純淨的花兒和大冠鷲，還有那夜晚點綴滿天的星子。

　　當陽光鋪灑銀合歡樹林，聽鳥獸在岩壁、溝渠旁，在屋宇部落的窗戶……而後，我隨著那首古調，掠過近似於我熟悉的身影——鸞山村不變的面貌在風中縈繞，像是沉醉在落霞紅日中。

　　我可以什麼都不想，或是去找尋沙沙枯葉聲和初春沃野的白梅芳香，把所有煩囂都盡拋腦後。我也可以想，坐落在溪谷和部落之間，輕輕閉上眼，而微風輕拂，梅雪皚皚，最能勾起潛在的記憶。

　　圍牆的紅萼龍吐珠、白鳳菜，三五隻逗留的蜜蜂，都讓我在此流連。哪怕看一叢長穗鐵莧，也是以自己的感官觸摸。山巒一片綠意，我怎能錯過相遇的悸動？

　　鸞山村民的溫情不變，有人說，某些時刻會永存不滅，那就是愛，那就是最美的時刻。但我以為，鸞山總有更多的意味，因為這裡的族群安詳樸實，他們以古調老歌激盪這山林的幸福。

　　此刻，我聽到太平洋海波輕柔地撫慰著，夜已深沉，星叢紛紛匯聚而來。啊，讓我當一輪明月，掠過鸞山和山谷，

掠過島嶼和海洋。只要閉上眼，就能感受群山對我點頭微笑了。

　　－2020.01.14 完稿

　　　　　　　　　－刊臺灣《青年日報》副刊，
　　　　　　　　　　2020.03.19，及攝影 2 張。

余玉照教授於都蘭達
麓岸部落屋前/林明
理攝於 2016.10.31.

余玉照著

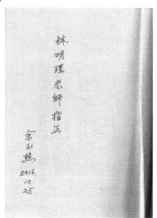

15.燈下讀《田裏爬行的滋味》

　　我經常會待在書房——就像此刻，坐在桌前寫稿或者翻閱書頁，就好像看到老朋友的面孔或那些作家湊集在一起，就會想起與他們之間的往事或者挑選一本書時的樂趣，也想

到從這些回憶中寫出一點東西來。

前幾年，玉照老師帶著家人和臺灣大學的幾位校友，一行八人到我家來。就在書房裡一起吟詩、談天說地。我把他寄來的大著《田裏爬行的滋味》擺在最顯眼的書架上，意味著，這是我讀過的一本最值得懷念的好書；而一本好書，猶如我所擁有的珍奇異寶，常令我欣喜不已。

書裡除了把作者自幼在農家經歷的事描述得十分感人以外，還能身教言教，讓讀者對農家及食物多幾分敬意。我深信，他的成功並非偶然，而是一步一耕耘；而在農地裡苦過、打滾過，所衍生的生活智慧，與力爭上游的骨氣，透過文字的力量，那種質樸的美是無與倫比的。

正如大家所知，他是個溫儒的學者，也是散文家，曾任中興大學文學院院長等職。和玉照老師認識是一件樂事，他為人很和藹，非常文雅，崇尚簡樸，也樂於助人，對寫作與英文教學也進行了極其深入的研究。這本書以其博學多聞將他童年中深刻的田園記事及其努力不懈的求學點滴、親情裡的愛，都將它們組合起來，構成了一部感人肺腑又激勵人心的散文作品；也讓我懂得其驚人的毅力與才智。

　　　　　　　　　　　　　　　　－2020.1.17 寫於臺東

刊臺灣《更生日報》副刊，2021.01.16.

2021 年 1 月 18 日週一於下午 10:29，玉照老師
寄來的電郵，存藏於書內。

明理老師：

　　在這罕見的寒天，您的關懷問候和您登在「更生日報」副刊的書評帶給我特別溫暖的驚喜！

　　請接受我由衷的謝忱！

　　我和素貞完全適應了林口的新環境，一直很慶幸能夠順利搬到這個小而美的地方。

　　前天才跟人家聊到小時候我總覺得家鄉冬天好冷，沒想到您的書評也勾起了我青少時期在關西的許多回憶。

　　您很了解我不少難忘的農村體驗所給予我多方面的深刻影響，老實說，您筆端所流露的這樣的了解

　　具有自然的療癒功效。

　　再次感謝您，並祝新年闔家平安健康吉祥！

　　玉照

林明理攝

16.海濱公園即景

　　黃昏，一片寧靜輕拂著臺東海濱公園木麻黃的枝梢，風隨之曼舞起來。

　　在那時時出現變化雲朵的海上，我看見稍遠處矗立著綠島的身影，懸浮在令人臆想的海平面之上。我看見有幾個老人，坐在輪椅，目光正往海裡去呢，好似深深地感覺到萬物如流水般逝去，讓我的心有點兒發緊：酸酸的。

　　一對流浪狗悠閒地在草地，臥也瀟灑。有慢跑者，一越而過。我突然看到，在停車場的轎車旁步道上，凌空飛來一隻珠頸斑鳩。牠好像在笑話我走得太慢了，不多久，就隨著車聲絕塵而去。

一隻超人風箏驀地升起，我開始偷笑，暮空也在偷笑。

頓時，空中縈繞著一種弦律，── 那是波浪的微笑，亦或鳥雀歸巢的咏唱？又有誰會無動於衷地看那一片太平洋而不被海灘和潮聲所吸引呢？而我為天幕瀉下的餘光、那歌所陶醉。

是啊，每當我們內心深處湧起一絲古老回憶或孤獨的時候，來到海邊，是可以沉思默想的。無論是追憶似水年華的時日，還是留在我腦海裡聲濤的寧靜，這裡有一種難以言說的愉悅自由之感，一種似乎是永遠不會喧嘩的安息。

因為，大海是有旋律的，就像大自然是富有靈性的。那浪花的低語比許多的讚頌更加溫柔，更加豐富。

過了那個觀景台，一個賣叭噗冰淇淋的老人，托腮沉思良久，在岸畔上小憩，孤獨的身軀，深深印在我腦子裡。我循著堤岸走去，從容不迫地，遠處的釣客以及平展的海灘，靜得出奇。

是啊，這一切眾生相，都是社會的投射。那水利署第八河川局在公園入口的石碑上鐫刻的「迎曙之濱」，也正是旅人對海濱美景充滿愛的心情。

我看到，在同一個城市裡，跟週遭山海並存的是各式各

樣良善的人群。或許，美好的記憶有時也會令人逐漸淡忘，但在大千世界裡，其實我們並不孤獨，恰如四季輪替不斷，—— 冬天過去，春天總是不遠了。我說的那隻小風箏也消失在陰影中。

　　－2020.1.15 完稿

　　－刊臺灣《金門日報》副刊，2020.02.28，
　　　及攝影 1 張。

林明理攝

17.和風，吹遍都蘭紅糖文化園區

　　若問都蘭最美的是什麼，或許你會不加思索地說：是大海。

　　是啊，又有誰能抗拒那波浪的微笑，當一片湛藍從海平線那端蔓延開來直到蔥綠的都蘭山面前。每每在黎明時分，遙望綠島的感覺是溫暖的，是愉悅的，甚至是屏息以待的，怕那曙光會稍縱即逝。

　　不知從什麼時候開始，海景一直以來被人當作是知音而喜愛、而親近？無論是沉浸在悲傷或回憶中，都因為有了大海而歡唱或遠離鬱悶了。至於會來到這座曾是臺東民間經營的新東糖廠，多半是懷著參觀的心情。

　　在當地縣府積極轉型為「都蘭紅糖文化園區」之後，如今已成為藝術工作者展演、聚落活動舉辦及交流的空間；據說，有部電影音樂劇「很久沒有敬我了你」，就是在園區內的咖啡館所拍攝。

　　漫步其中，所有舊日的倉房、大煙囪、老舊宿舍及一些機器設備都還在，所有的景象都遠遠地面朝大海；總之，是當地藝術家和文創工作者創造了園區的多元化特色。

　　在舊宿舍的牆壁上有許多原住民的彩畫，小禮品店也確是象徵著糖廠的一種演變。倘若沒有這些展演的藝術家進駐，沒有懷舊的咖啡屋，沒有日式建築、手編織物或木雕藝術展等等；沒有販賣的冰棒或徘徊不去的風，園區的景物也許只有空蕩蕩的舊建築和鳥雀呢。

　　與其說它是個文化園區，更吸引我的，其實是它的歷史故事。讓時光再倒回到 1991 年停止製糖業務前吧！縱然那些人事已無蹤影，只剩廠房一棟，倉房和宿舍隱遁在此；但我仍喜歡它的平靜，它呈現給我的清音迴盪，也始終喚起我一種特殊的感情。

　　也許只要看到那高聳的老煙囪或每一間我虔誠靜觀的舊宿舍，哪怕是一片破玻璃或從舊木窗蔓生的綠葉，——環顧左右跟風頻頻說話。風微笑了，大海也是。

－2020.1.24 完稿

－刊臺灣《更生日報》副刊，2020.7.02，
　及攝影 5 張。

海生館欒樹花/林明理攝

18.車城山海戀

屏東海生館給我的印象最為強烈的,不是驚奇的眼睛的種種感受,而是那裡存在著本島從未有過類似的仿造海底世界。

來此之前,當我停佇在一座白色的雙斜張橋,從龜山大橋環視山海景觀時,我突然悟到了一種只存在於寧靜的美;就像我在登山口瞥見溪流入海交匯時感到的和諧,和初次悟到那月亮形狀的海口竟是那麼詩意的美一樣。

那時,我覺得整個世界瞬間變得單純又美好。雖然人間仍有折騰、磨難之事令人憂慮,但這裡卻有一座全臺灣最大的土地祠——福安宮,深獲當地居民景仰。

　　除了純樸善良的鄉親，我也逐漸理解是什麼造就了車城
的美和寺廟賜給人們和平與安寧的力量。這種對於生命中單
純祈福的啟悟，也彷彿讓我在祈禱的鐘聲中，同創造者對話。

　　然而，更為奇特的是，我在這片山海遊歷的同時，竟浮
現了點點滴滴的回憶。尤其是當地的綠豆蒜以及一步一步邁
向海生館參觀的喜樂。它是一座曾獲得「美國國家工程傑出
獎」的美麗建築，裡面還附設了亞洲第二大的海底隧道珊瑚
館、水域館，以及以電子生態缸呈現海洋、極地等生態環境
的導讀。

　　彷彿中，我的想像世界也充滿冰山和企鵝，鯨魚的呼聲
和海豚的舞動……它讓旅人明白地球暖化的訊息，也教育了
下一代，在漫長的歷史中要學會愛護海洋的重要。

　　離開時，依戀不捨。我看到孩童們的眼眸如清澈的泉水
一般，充滿好奇與求知。偌大的廣場前有欒樹的花婀娜擺動。
我的心也跟著想像：那後灣漁村的落日……在車城人的心中
永遠是純潔的。

　　只要想起這裡的山海，出現的不是浮掠而過的海生館，
便是無處不在的詩意——我的心，就跟著莫名地激盪了。

　　　　　　　　　　　　　　　　　－2020.02.05 完稿

－刊臺灣《青年日報》副刊，2020.03.22，
及攝影 2 張。

林明理攝

19.後壁湖遐思

　　多麼安靜的大海！多麼澄藍的天空和靜謐的瀉湖。當我佇立在恆春半島最大的漁港後壁湖靜聽碼頭遊艇起航出海，就在這晴和的早晨。風是溫煦的，恰如小陽春一般。

　　驀然，一艘鵝黃色的船像鴨子般漸行漸遠……在白浪層疊中，我聽見自己的心跳，隨著船隻起伏，在岸浪和島嶼間穿行。

　　不知不覺間，太陽再度光臨這一大片潮間帶擁有珊瑚的沙灘上，微風徐徐，有一兩艘香蕉船閒置著，沒人看到我遐思的眼眸。

　　我站得像一座城市裡希望的燈塔，眺望著遠方浪花追逐著浪花，想像天邊的雲朵如風中花穗，感覺春天的氣息。

　　我喜歡像這樣傾聽大海，時而短促匆忙，時而細語綿長；卻讓我感到莫名的寂寞與浪漫。有時，忽而尋溯兒時留下的記憶，都變得清晰而帶有深刻的印象。

　　如今我沉浸在閃光的記憶和山海之中，從這個眼下去眺望世界，世界仍是美麗非凡的。我可以恣意想像，在岸邊被魚群圍繞的感覺，也可以想像在附近的生態保育區，觀看輕輕踱步的野鳥，湊上去和牠們說說話。

　　這裡有墾管處設置的遊艇碼頭，也有以魟魚為造型的漁會大樓；而我在遐思中划動小船，並潛入藍色珊瑚礁天堂。那裡有許多海葵在等待，周圍盡是披滿彩衣的魚兒。喔！讓我的夢想成為現實吧，盡情在漁港的堤岸上佇立著。

－2020.02.06 完稿

－刊臺灣《青年日報》副刊，
2020.4.26，及攝影 2 張。

攝影／林明理

20.緬懷社頂公園

　　闊別十年，走進社頂自然公園灌木叢林下，依然能聽見鳥聲啁啾，歌從天上來。我看見一棵巨大的樹冠，猶如頂著藍天，那麼舒坦地展現它的生命力；看見一縷春陽間歇地灑落在三片大草原，無聲的雲朵牽引著葉芽。

　　往右走到五分亭，眼前輕霧裊裊移動在山谷，以一首古調掠過天邊，又掠過我的眼眸，山雀在枝頭倒懸著。我看見，山巒和海洋都寂靜；風，是藍色的，世世代代永不疲倦地吟唱。我想像：若是秋季，成群的灰面鵟或赤腹鷹應會穿過風雨，過境凌霄亭吧！

　　當雲霧被第一道晨光喚醒，密葉中鳥聲清脆。所有的山

色海景都充滿著原始氣息與風貌。是誰打開了神秘的魔盒，讓光影裡一幅幅山水畫卷，畫出礁岩間的草地，畫出植物群落和老榕樹的氣根，自然而然地也畫成一個特殊的林相模樣，連岩壁上傾斜生長的樹也像風那樣兀自從容。

園內走不多時，前面是條石階的林蔭路，就有隻原生的蝴蝶在馬兜鈴等食草植物之中飛著，牠輕盈飄然，正採集著蜜源食草。還有十多處石灰岩洞及數百種被密林所圍繞的動植物，生態極為豐富。

最吸引我的是各種隆起的珊瑚礁地形，藏在那泛綠的森林裡，時刻都印證著過往歲月的變化。循著自己的心思，風也向我講述這公園的歷史。也只有留下走過的腳印，才能從風中諦聽這座原始森林的吟唱，才能嘗到旅情餘韻猶存的滋味。

我喜歡法國作家莫泊桑在短篇小說《羊脂球》裡的一句：「在芳香的空氣中似乎飄浮著某種甜蜜，美妙，神聖的東西。」是啊，春天，迷人的春天，把那些掛滿枝枒的粉紅或醬紫摻雜在豐美的綠色裡，彷若沉思的天使從天上飛到了水面的岩石中，如此靜謐，卻又帶著一分夢幻。

如果我有一雙魔法的雙手，我要把所有景色都藏在夢中的樂園；如果我有支仙女棒，我要將對這山海的愛繪成旅途中輕鬆有趣的漫畫。聽說社頂附近昔日也是排灣族聚落，舊稱為「龜仔角」。如今，這座自然公園仍是恆春半島的驕傲，

是再一次讓我感動的健行之旅。

　　歸途，我便由風領著，在蜿蜒的步道上，每一山巒鬱鬱蔥蔥，每一溪流透明潔亮。在這個春日開始變得華彩起來，漫步在古道，留戀這環境或在亭台眺望巴士海峽和太平洋。啊，我願再次坐在春天的海洋裡，像隻鷹在山谷的肩膀上，在波光的倒影中傲然飛翔。

　　我止不住頻頻回首，凝望著春天深邃而熱切的雙眸，然後將這片曠久的愛珍藏在腦海裡。所有的樹林都歌唱，大地溫柔地看著，我的心在山海的呼喚裡微笑了，泛著一種簡單的幸福。

　　－2021.1.15 完稿

－刊臺灣《金門日報》
副刊，2021.01.25，
及攝影 1 張。

攝影/林明理

21.貓鼻頭，坐在春天的海洋裡

　　我喜歡漫步在貓鼻頭海岸，看巴士海峽和臺灣海峽在擁抱中柔情繾綣。

　　那深厚的思念，如潮水浮現於我回頭的凝望之間時，我像隻魚，潛在瑰麗的珊瑚礁細縫中巡游著……跟著魚群泅進了海洋的懷裡。

　　我走上熟悉的路，移步來到木樓台，悅耳的鳥鳴和平野的風混和著。我看到了大自然的創造力 ── 一塊自海崖崩落的珊瑚礁石，似貓般蹲在海面上，從突出的岬角到想像世界的創造。

那是什麼樣的藍，讓繆斯女神歌詠其中？

當清澈的海水與海岸邊處處可見常綠的白水木相襯時，我跟著謳歌；當馬尾藻、紅藻隨波搖曳時，我在驚喜中歡笑。

啊，美麗的春天。當我從貓鼻頭至後壁湖之間的海域，我明白了為什麼有各種不同的石珊瑚、軟珊瑚在海底會如此五彩繽紛，明白了為什麼灘岩之形會被稱為稀有的地形景觀 ── 當我看到貓鼻頭，坐在春天的海洋裡，我也聽到了浪花拍岸的和諧之音。

是啊，我不需要任何文字來表達天空是那樣的清澈如洗或這片海域是那樣的遼闊 ── 寧謐如秋。只有風，在騷動著。

我一如從前，信步走進欄杆，一邊看海鳥輕吻波面，一邊把萬事全拋，撒進了大海。

跟著我來吧。我們一起鳥瞰這裙礁海岸，一起尋找崩崖的奇景，讓造物者讚歎傾倒，讓閃爍的天空籠罩意趣盎然的一切！

當我的旅程結束，暮色開啟的時候，我仍沉醉於短暫相遇的喜悅。隔著巴士海峽與鵝鑾鼻遙遙相對的貓鼻頭，── 一幕幕回憶，遂成了動畫。隨著月輝的照映，把我的思緒浸透……遂成了一首歌，也讓貓鼻頭在海中時而閃耀著銀色。

－2020.02.11 完稿

－刊臺灣《中華日報》副刊，2020.03.25，
　及攝影 1 張。

*2020 年 2 月 24 日於上午 2:34
謝謝明理帶我們遊賞貓算頭公園
作品我留下來刊用
祝安好
華副羊憶玫

美國詩人非馬寄來家中後院的雪景

22.二月春雪

*台灣林明理

這場雪景，
來自遙遠的芝加哥 ——
卻讓我感到無比的親切。
一排小樹，像一群
要去遠足的小孩，
屋內的詩人也不甘寂寞，
目不轉睛地打量著外面的世界。

夜晚
當大地睡着了。
雪啊，就繼續飛翔吧……

在後院裡飛翔，
飛入你深邃的眼睛，——
讓燈火點亮
你的詩意，
讓鳥獸們安息，
讓我整夜為你歌唱。

-此詩獻給非馬，寫於臺灣，2020.02.14.

22.February spring snow

*Lin Ming-Li

This scene of spring snow,
　Is from Chicago,
　Yet it makes me feel so familiar.
　A row of small trees,like a group of
Children ready to go for a hike,
The poet sitting in the house does not want to be left alone,
He is looking intensely at the world outside.

At night,
　When the earth falls asleep
Snow, continues to fly ...
　Flying in the backyard,
Flying into your deep eyes,-

　　Let the lights light up
Your poetry
　　Let the birds and beasts sleep soundly,
Let me sing for you through the night.

　　　－This poem is dedicated to William Marr, written in Taiwan,
　　　　2020.02..14
　　　（Translator：Dr.William Marr）

　　－中英詩刊臺灣《秋水詩刊》，第 183 期，2020.04，
　　　頁 82，非馬（馬為義博士）英譯。

　　　　　*義大利著名詩人、出
版　家　喬　凡　尼
GiovanniCampisi 將此詩
翻譯成義大利語譯作，於
2020 年 2 月 27 日上午
10:19MAIL

Hi Ming-Li,

hereby your poem translated into Italian for your new book.

Let me now, if you like it.

Giovanni

Direzione Editoriale

Edizioni Universum

Scena di neve nel cortile di casa inviata dal poeta Feima

22. Primavera neve a febbraio

* Lin Mingli, Taiwan

Questa scena di neve,

dalla lontana Chicago

mi fa sentire benissimo.

Una fila di piccoli alberi, come in un mucchio

I bambini vanno a fare un'escursione,

Il poeta in casa non è solo,

guarda attentamente il mondo esterno.

Notte

Quando la terra va a dormire

la neve, continua a volare...

vola nel cortile

vola nei tuoi occhi profondi, -

Accendi

la tua poesia,

riposano gli uccelli e le bestie,

Lasciami cantare per te tutta la notte.

-Questa poesia è dedicata a Feima, scritta a Taiwan,

il 2020.02.14

Traduzione di Giovanni Campisi

詩人非馬寄來家中後院的雪景	Scena di neve nel cortile di casa inviata dal poeta Feima

二月春雪

Primavera neve a febbraio

*林明理

*Lin Ming-Li, Taiwan

這場雪景， 來自遙遠的芝加哥 —— 卻讓我感到無比的親切。 一排小樹，像一群 要去遠足的小孩， 屋內的詩人也不甘寂寞， 目不轉睛地打量著外面的 世界。	Questa scena di neve, dalla lontana Chicago mi fa sentire benissimo. Una fila di piccoli alberi, come in un mucchio I bambini vanno a fare un'escursione, Il poeta in casa non è solo, guarda　attentamente　il　mondo esterno.
夜晚 當大地睡着了。 雪啊，就繼續飛翔吧…… 在後院裡飛翔， 飛入你深邃的眼睛，—— 讓燈火點亮 你的詩意， 讓鳥獸們安息， 讓我整夜爲你歌唱。	**Notte** Quando la terra va a dormire la neve, continua a volare... vola nel cortile vola nei tuoi occhi profondi, - Accendi la tua poesia, riposano gli uccelli e le bestie, Lasciami cantare per te tutta la notte.
此詩獻給非馬，寫於臺灣，202002.14	-Questa poesia è dedicata a Feima, scritta a Taiwan,　il 2020.02.14 **Traduzione di Giovanni Campisi**

1° EDIZIONE: FEBBRAIO 2021
Titolo dell'opera: GALASSIA
Curatrice: Renza Agnelli
Traduzioni di Giovanni Campisi
e di Georgia Chaidemenopoulou
per gli autori di lingua greca
Stampa digitale

Copyright © 2021 by Edizioni Universum
Sede Legale: Via Giovanni Pedrotti 2 - 38121 Trento
Sede Amministrativa: Via Italia 6 - 98070 Capri Leone (ME)
E-mail: edizioni.universum@hotmail.it Tel. & Fax 0941/950570
Proprietà letteraria riservata – Printed in Italy

RENZA AGNELLI MANUEL OLMO AGUIRRE SERGIO AINA
LUIS ALBERTO AMBROGGIO PARADISSA ASSIMINA
VITTORI⬚ ⬚CESCO
BARTOL⬚ ⬚NELLA
CAPPUC⬚ ⬚RAMÓN
NAVARR⬚ ⬚ATELLA

Antologia di letteratura contemporanea internazionale

GEORGIA CHAIDEMENOPOULOU CARMELO CHIOFALO
SARA CIAMPI MAURIZIO COLLIGIANI CLAUDIO COMINI
ALFREDO ALESSIO CONTI FRANCISCO SALDAÑA
CONTRERAS GIANNI CORRADINI HUMBERTO DEL
MAESTRO MILTIADES G. DOVAS EDLTRAUD
ZIMMERMANN FONSECA TAMARA ZIMMERMANN
FONSECA ISABE⬚ ⬚⬚CA MORAGLIO
GIUGURTA⬚ ⬚ACHALIOU
THEMIS⬚ ⬚PONS
LAFUEN⬚ ⬚ERBA
PASQUAL⬚ ⬚LAZQUEZ
MATAS NORIKO M⬚ ⬚ NARDECCHIA

GALASSIA

FRANCISCO DE ASSIS NASCIMENTO LUCIANO NIRO
MAGDA PAPADIMITRIOU ATHANASIA PAPAGEORGIOU
ZANNETTA KALIBA PAPAIANNOU ERNESTO PAPANDREA
DJANIRA PIO RINO PIOTTO CHICHA CERECEDO REGO
GIOVANNI REVERSO EGISTO SALVI HILDA AUGUSTA
SCHIAVONI SILVESTRO SILVESTRI GEORGIOS
SKAMNAKIS THEOCHARIS JOHANN STILOS JANE
STUART KUR⬚ ⬚ SVATEK PANAGIOTA TSERTEKIDOU
ARISTOTELIS ⬚IA ARCHONTI

Edizioni Uninersum

VIGLI EDDA ⬚GHILARDI VINCENTI EDDA⬚ GHILARDI
VINCENTI EDDA GHILARDI VINCENTI EDDA GHILARDI
VINCENTI EDDA GHILARDI VINCENTI EDDA GHILARDI

LIN MING-LI
Taiwan

Scena di neve nel cortile di casa inviatami dal poeta Feima

PRIMAVERA NEVE A FEBBRAIO[48]

Questa scena di neve,
dalla lontana Chicago
mi fa sentire benissimo.

Una fila di piccoli alberi, come in un mucchio
I bambini vanno a fare un'escursione,
Il poeta in casa non è solo,
guarda attentamente il mondo esterno.

Notte

Quando la terra va a dormire
la neve, continua a volare...
vola nel cortile
vola nei tuoi occhi profondi.

Accendi
la tua poesia,
riposano gli uccelli e le bestie,
Lasciami cantare per te tutta la notte.

---

[48] Questa poesia è dedicata a Feima, scritta a Taiwan, il 14/02/2020.
Traduzione dal cinese in italiano di Giovanni Campisi.

127

*此首新詩（二月春雪）被義大利出版家詩人
GiovanniCampisi
收錄於 2021.02 他在義大利出版的新書《GALASSIA》，
頁 127，並於 2021.04 收到其寄來的書籍二本，除了收錄林
明理的此首詩歌，另一本書收錄林明理評論其詩歌的中英文
評論作品（詳見本書附錄 8），深感榮幸。

攝影／林明理

23.富源村即景

　　我總是痴迷於這裡的山海景色。在海岸山脈最南端的富源觀景台，在遠眺都蘭山或太平洋，在冬春之際，看大冠鷲或鳳頭蒼鷹遨翔於空中……

　　山巒和海岸寂靜，咸豐草和櫻花都開著。被藍天和太平洋所圍繞的深淺不一的山影之中，一條壯闊的卑南溪隨著山勢蜿蜒流過。

　　當黃昏拉長的泛紅倒影，循環著太平洋的暖流以及空氣裡盡是清甜濕潤的味道。一隻鷹開始盤旋，為生命而飛，威武神奇的身姿，像是在對海岸許下的一個古老諾言，並且讓我的心瞬間盪漾起來，領悟到什麼是動容。

　　是的，富源村的一切，是自然的。天然奇觀的富源村，所有的生態系統直接的能源來自於陽光，所有的聲音來自於風中之鳥，所有的養分來自水和土壤，所有的感動來自內心。在富源村聽聞的故事，甚至連接卑南溪出海口、小黃山、利吉惡地、島嶼和臺東平原，都貫穿富源之美。

　　就這樣，我靜靜地，靜靜地，看見富源的回聲，也記起成長於富源村的友人羅裕峰，他在工作之餘，最大的樂趣是遠離喧囂，回到童年生長的村裡，協助舉辦生態解說活動或做些事情來回饋社區。他盼望讓學生或遊客從樹屋觀看探頭的五色鳥，或在石頭山找尋小彎嘴畫眉、斑文鳥等足跡，或到富原國小編織愜意的想像：遇到朱鸝、樹鵲之後，心情被晴朗引起的激動。

　　是啊，富源村已融入我的眼眸，成為不經意間創造的一個神話。我已被這自然天成的山海吸引，成為這裡的常客。

那些疊影，在回憶的波上，賜予我歡欣，是如此素美和富饒。

－2020.12.28 完稿

－刊臺灣《馬祖日報》副刊，2021.01.07，
　及攝影 4 張。

林明理攝

24.站在太麻里的椰樹下

站在太麻里的椰樹下，
感覺世界都變得溫柔起來，
風掠過海洋和山巒，
雲依然默默無言
──追求它的歌聲。

每朵花都帶來愉悅的信息，
就像每顆星都敢於衝破黑暗：
我等待著，──
周圍和陽光朗朗，
連遠方海水的味道都是春天。

在這兒，在這族群豐富的土地上，
我所知道的每個族人
都信仰上帝，並學會分享；
那是在美之外，——
無所謂孤獨或被遺忘的歡笑。

在這兒，在鳥聲和黎明之間，
有海上的曙光照得極其璀璨，
那友好的聲音恰如一首頌，
潔淨我心……
從沿海平原向山地流淌。

　　註.太麻里原稱大貓狸，排灣族語（(Ja.Bau.Li），
意指太陽照耀的肥沃土地；因 2000 年的千禧迎曙光活動
而贏得「日升之鄉」的美名。

－2020.2.13 完稿

*2020 年 2 月 19 日 於 下午 4:37 prof. Ernest Kahan mail to Ming-Li

Dear Ming-Li,

I hope you are well my lovely friend, please take care and avoid unnecessary exposure.

You, as always look wonderful.

I am also preparing a new book, this time with my last paints. Next week is coming a photographer from the editorial in New York in order to prepare the material for the book.

Love

Ernesto

－刊臺灣《笠詩刊》，第 336 期，2020.04，頁 100-101。

攝影／林明理

25.鐵花村記遊

　　當原民歌聲在大草原上廻響，山海的手輕輕擁抱的時候，溫煦的風拂過舊鐵道，熏得遊人醉。於是那舞動的旋律像是從廣袤的景致中飄出來，讓遠方的花朵們，也跟著歡呼舞動。

　　我渴望穿越樹影斜長的鐵馬道，渴望到那藝術村裡去。夕陽躺在我臂彎……月台的背影裡殘留的鐵軌和舊枕木，讓

人有穿越時空的幸福。我常坐在整建後的日式宿舍裡，喝上一杯特調的冰咖啡，或到星巴克、誠品書店閒逛。

走進這片夜空裡，就好像走進兒時的夢。那步道上一盞盞小小的熱氣球紙燈籠，猶如千萬隻火金姑照路⋯⋯點亮浩瀚的天空。不知從哪裡來的風，飄過人們對胡鐵花的記憶，飄過駐村藝術家、街頭藝人表演、市集小農們的手作物、叭噗冰淇淋等等，處處訴說著鐵花村的故事。

那冉冉升起的月光，像魔法一般，為這座八十多年歷史的舊站灑上了一片金粉 —— 而歌聲仍在幾座倉庫和鯉魚山之間廻盪著。

我帶著那一絲絲柔光、星子和一本小詩集，蹲坐在一首歌裡。彷彿中，我聽到歌聲從廻車道、飄過防空洞、火車的供水塔⋯⋯那一刻起，鐵花村已成為我的原鄉。週邊的風，在我耳邊微語著，讓我歡慰、感恩和雀躍。

在靜謐的夜和愛的溫柔中，一座用貨櫃堆疊起來的特殊建築，是當地藝術家齊聚的文創空間——也將我的視線帶入都市的美學裡。我記得，曾在一個清蔭的夜晚，漫遊在二樓的一間排灣族皮雕師的小舖中。小小的空間，燃燒著希望。他用心把工藝品寫在部落的文化中，正因此，我能銘記住他來自一個叫卡拉魯然的部落。

啊，此刻。鐵花村，像隻小雲雀，正引領我前行。而我

看到，夜是如此輝耀，像一首沉思的船歌，將我繚繞其中，
——隨著光影，喚起了點點滴滴的鄉愁。那風中之歌，也未
曾衰老。

－2020.04.01 完稿

－刊臺灣《馬祖日報》副刊，2021.03.16，
　及攝影 5 張。

林明理攝

林明理畫作

26.木棉花開時

　　三月，木棉花陸續盛開；鳥聲是親切的，紅嘴黑鵯、八哥、白頭翁和麻雀都是窗外的常客。

　　偶爾，那一樹澄紅的花朵，在雨中擲地有聲的墜落……一股令我傷感卻又感覺溫柔的情懷，像古琴絲弦把我縈繞其中。讓我不禁想起了那年 —— 我二十一歲，臉上總是蘊藏著

微笑。

　　那些往事，如風一般流逝了，而有些回憶，卻在我腦海裡逐漸清晰。因為這是春天。

　　在這樣的時刻，我想起了當年常踩著細碎的步子，斜揹著一個深藍布袋，登上圖書館一樓溫書室。那木棉花在步道的亮光中像一支響亮的音樂，像個俊逸的英雄 —— 那麼熱情又豪放不羈，常能喚起我心中莫名的欣喜。我旋即愛上它的強勁曲線，賦予春天一切音樂、溫暖和交織的色彩。

　　風兒輕輕地吹，時時拂拭過去的時光，樹葉在微風中沙沙作響；校園的鐘聲和些微的人語聲在老榕步道上經過，不朽的時間永遠經久不息。那些年少的天真，每一個回憶都是真實的，有的讓人沉浸在愉悅的幸福中，有的也讓人感到傷感、憂鬱。

　　只有枝上的幾隻鳥雀熱烈的叫喚，朝我探了探頭，讓我從回憶中回到湛藍的晴空下。是啊，這廣闊的世界，有多少壯麗山川，又蘊含著多少奇異的幻想，讓人馳騁遐思。

　　是啊。光陰荏苒，又是春日。我頓時感悟到，木棉樹帶來的驚喜、美麗、諧和。我曾經有過徬徨，也終於找到自己的道路。如今，我無法讓時光停止飛

　　逝，但我能偶爾回顧一下那些逝去的年華，傾聽一下自己年少的心。因為這顆心曾經在木棉花開時擁有了難以忘懷的時刻。

－2020.2.19 完稿

－刊臺灣《青年日報》副刊，
2020.05.31，及攝影 2 張。

－刊臺灣《人間福報》副刊，
2021.03.09，及攝影1張，
林明理畫作1幅。

台中外埔「忘憂谷」/林明理攝影

27.忘憂谷遐思

一條鄉間小路，黃昏的河堤，無人走過。突然，一群白鷺飛起，像一束動漫音符，低低地飛往山丘。

如此美妙的景物，置身其中，再吸一口深藍色空氣，任誰都會驚歎不已！更遠處，還有幾隻踮起腳尖的野鳥在風中嘎嘎啼叫。

我不是因為忘憂谷的盛名而感到驚奇，而是在煩囂的都會內，竟還有如此純樸幽境，讓我感到心動。

看著遠方國道三號的高架路，晚霞從天邊漫過來。我知道是「忘憂谷」在呼喚，在山丘和錯落有致的田野之間。

　　若是冬寒時節各處種植油菜花、波斯菊注入了生氣，或是秋收的金黃也清晰地浮現時，整個大地便泛著懾人的多彩光澤。

　　此刻，春神從天而降，輕巧地來到這片鮮綠的世界……小禾苗在水光中搖動著。就在這時候，陽光微笑地穿過，彷彿，把我帶回童年，赤足走在很久以前那片堅實的土地上。讓我的心不假思索地迎上去，完全未察覺到暮色將臨。

　　我所企盼的恰如這清風，從田野傳來的鳥聲越來越近，月在水上。

　　每個人心中都存在著一個忘憂谷，讓人抱持著某種親切感，或者說是懷舊感。我喜歡像這樣閉起眼睛冥想，就像和這座忘憂谷共存一樣。

　　我能感覺到大自然展現的力量，透過雲的信號，透過時間的走廊，——我感恩神，並頑皮地笑了笑，朝著祂揮揮手，風也溫柔地拋下了一吻。

－2020.02.21 完稿

－刊臺灣《青年日報》副刊，
2020.04.05，及攝影 1 張。

林明理畫作

28.在山的沉默裡

　　冬盡春來，我的心在山的沉默裡，似乎聽到了黃尾鴝的鳴聲 —— 聲音從悠遠的四格山而來，由遠而近。鳥兒在風中向我呼喚：「出來吧。」於是，我變成了一朵雲，泊在山巔上，對周遭作個鳥瞰。

　　所有樹木，都長出了鮮綠的嫩葉，風是輕的，帶點大花

咸豐草的香味。

為了將太平洋盡收眼底，登上兩百四十個階梯的木棧道，笑瞇瞇地抵達眺望台。幾戶農舍，釋迦園、果樹等，全參差在綠海裡。

穿過沒一點雜色的林中，看到卑南溪點點水光忽隱忽顯。那沉睡千萬年的利吉惡地，似乎也已經有了一部分被喚醒轉來。還有臨近的都蘭山、知本主山和中央山脈稜線，也跟著同我說說話，如母親眼底的溫柔。

渴望到卑南溪的對岸去。

這個渴望是為了在那邊，──更高處，就可以看見綠島和蘭嶼，還有更廣闊的大海，點點船隻徐緩地來往於天宇之下。但眼下四處無人，只有我伴著蟲聲唧唧，獨坐一隅，世界依然閃動。

驀然，一隻黑貓出現於山角的轉彎處，陽光正落在傾斜的綠坡上。是啊，我盼望，夏日來臨。再一次，漫步山林，邀青山一道啜茶，遠方的景色，引發懷舊思愁。

我曾是追夢的捕手，也曾蹉跎過歲月，如今，在山的沉默裡，在樹影輕輕飄下的午後，我感到樹林在等待，音樂在四周浮動，讓我純然的歡喜。

如雲飛翔，高高地，在如此多的山之間。那蔚藍還在天空，墨綠也還坐落在山坡上……如煙的往事也已化為微笑，在讚美大自然的那一瞬。

－2020.2.24 完稿

－刊臺灣《中華日報》副刊，2021.03.31，及林明理畫作 1 幅。

臺東縣議會花海／林明理攝影

29.徜徉花海裡

　　所有向日葵都綻開，周遭鳥聲都滲入我腦海。我站在一棵樹邊傾聽著，沒有玫瑰的呢喃低語，卻散發春日青草和蜂蜜的味道。

　　日光還在山頂，天像海一樣，藍得靜謐、深邃。童年的夢與色彩就如此飄過，恍惚中，我感覺到它既是樂園，又是自己的美好時光。

　　我總是喜歡邊跳邊唱，有時像蚱蜢，有時像冒險家。在故鄉的田野裡，赤足走在田埂上，有時跟著青蛙跳，有時追

著蝴蝶跑，滿心的興奮。

是啊，我還來不及顧盼故鄉的風景，時光又往前奔馳了五十多年。

新春來臨時，遠山也微笑了。

究竟是這片花海，襯著回憶中田野的一片蔥綠和金黃，還是我對故鄉剪不斷的思憶？是因為它們美得璀璨，在陽光中吐露芬芳，還是花兒甜蜜的召喚，才引來歲月喜樂的回憶？

是因為向日葵象徵希望的光芒，代表著勇敢去逐夢的幸福與沉默的愛，才讓人迷醉地在花海裡來回漫步吧！

當我不經意地路過花海，狂熱地跟隨向日葵的身影，多希望久久留駐，就像聽到一首美妙的詩歌，讓我不加思索地獻上親吻。

如今我明白，無論自己走到哪裡，都能打開故鄉的記憶之門，哪怕是最遙遠的距離也無法阻擋。

回眸時，我以微妙的呼喚，一遍遍說著：那個純真的歲月，那曲不成調的小兒歌……都在此刻，成為心中永恆的珍寶！

－2020.02.26 完稿

--刊臺灣《青年日報》副刊，
2020.05.09，及攝影 1 張。

攝影／林明理

30.日出龍過脈

　　初冬的一個清晨，漫步在一條綠色產業道路的小徑上，微風向甜美的野花殷勤問候。晨光如幻影，蝶般地被妝點成雲絮，棲息在山巒外。一股甘甜的清香，自空氣中凝聚，四周盡是空寂的淡色，只有漫舞的雲彩在半空，成群的彩蝶緩緩飛來……更有酷似觀音的山巒，俯仰在依依的薄染間，在層巒疊翠的雲霞上。

　　深入山路的陰影，細細領略林木的芳香。山嵐在潑墨間，氣韻淋漓；瞬間，我的眼睛竟漾成水雲。從明峰寺前走出，一叢叢淺黃、粉紅的洛神花，讓人一見難忘。向著許多蜿蜒的小路，輕拂而過的是咸豐草、鳥鳴和花香。

　　相傳，有棵超過四百歲的老茄冬樹鎮守著這座純淨的卑南鄉明峰村。或許，自己是個擦身而過的行者，我聽見清溪

在山間湧動，百鳥在隱現中翩然回返枝頭。我在風中繼續流轉，驀然，一隻大冠鷲擎起，遨翔在崖邊的天空，我努力捕捉那美麗的的身影，時時刻刻都超凡而奇妙。

在感動的那一刻，有個老人家殷勤地對我招呼，又對我揮揮手。前路一直延伸著，而我已別無所求。只要拐個彎，就會看見欒樹又開滿一簇又一簇的紅花。我茫茫然回首，那八萬四千的詩偈，隨風低吟，穿越山林，流入相連的大地，慢慢飄散，而龍過脈漸漸杳逝的背影，卻顯得如此孤傲。

當寺院鐘聲輕輕喚醒最深記憶底的是每次回首的名字——「龍過脈」（Danadanaw），我驚訝於它的山稜線似一條巨龍盤踞的背脊，立在蘭柵尾山的南方閃蕩。有時，它像隻鷹，似乎即將沒入灰藍的遠方，卻又像是要停泊在我的心上。

—2020.11.18 完稿

—刊臺灣《青年日報》副刊，2021.03.14，及攝影 2 張。

林明理攝

31.晨曦在卑南溪入海口升起

晨曦在卑南溪入海口升起，
走在大橋上，大地如此純淨。
啊，這雲彩，這山巒，這田野，——
融入天空，鳥鳴，水聲……
春日靜而遠山暖。

一瞬曙光，便是一種禪。
我一邊冥想，一邊讓春天住進我心房。
橋墩旁，是截然不同的景象。
一株狼尾草邀請含羞草舞蹈，
粉紅的裙子在風中飄啊飄……

蛙聲跟著齊來伴奏，這協奏曲就開了場。
多麼深刻，多麼奇妙！

悠然回首。我想起了家鄉，
那一片綠野，水牛在遠方放牧，
多瓦舍的老房子，插秧機上的秧苗，
弓著背幹活兒的農夫……我馱著我的童年，
慢慢地，慢慢地回到濁水溪畔。

白天釣青蛙，夜晚看螢火蟲，
可以跟隨飛鳥，從風中回去。
我想起，麻雀唧啾的童年，故鄉的小河
似展翼的歌手，一路輕盈。
它就在這平靜裡，傳唱自己的母親大地，
多麼芬芳，如這片大自然！

－2020.03.03 完稿

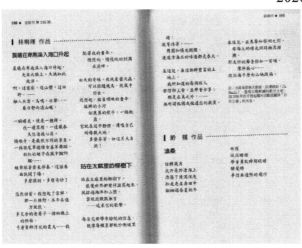

－刊臺灣《笠詩刊》，336期，2020.04，頁100。

林明理攝

32.【部落之歌】瀧部落

那是一個多良村排灣族部落，隱藏在蜿蜒的山路邊上。

出發的那一天，太平洋的天際露出第一道晨曦，我便熱烈地、渴望在那裡看到一切使我感到新奇的事物。

當我從「海天使」的觀景台眺望時，風便悠悠地講述著故事。我認真地聽著——彷彿我們之間已經開始熟識了……

「……那是很久很久的傳說了。有一隻調皮的黑色百步蛇，總喜歡拍動翅膀激起浪花，發出『查拉——查拉』的怪

聲。有一天，牠受困於部落的小湖泊，急著掙脫飛往大海，卻給部落帶來了嚴重水患。因而部落的耆老會告誡孩童，千萬不可到海邊玩耍！」

我關心地問：「那後來呢？」

風愜意地笑了，用柔和的語調說：「後來，當日本人來此聽到這個傳說，覺得很有趣，就稱這裡為『瀧部落 Calavig』，當地族人也稱此地為『查拉密』」

我笑了，高興地長舒了一口氣。繼續信步漫遊，凝眸眺望著前方的大海。

我並非調查部落而來，只是有些好奇，想知道個究竟。

這時，天空飄來一片烏雲；不久，雨點兒下來了，單調卻又帶點詩意。沿路打傘走過，側耳想細聽鳥聲的動靜，卻聽見有聲音由遠而近地從部落傳了過來。

這時，四周又傳來了回聲：再見囉 ucevungianan！ —— 再見囉 —— ……

我不清楚雨滴何時停歇的，但我記得路旁克蘭樹長滿了粉橘色的果實。有老人點著一根煙，陷入了沉思。有小孩身軀貼近母親，靦腆地笑。有洛神花沾上瑩潔的光，有紅嘴黑

鶇來回穿梭，有木工坊等待陽光燦爛，有許多族人懷抱著返鄉耕耘、打拼的夢想。

　　啊，我細細閱讀部落的面容，那是美中之最美的，—— 恰似蔚藍澄淨，無盡頭的海岸。

－2020.03.04 完稿

－刊臺灣《更生日報》副刊 2021.01.18 ，及攝影 6 張。

高頂山：臺東地區／林明理攝

33.我從高頂山的高處眺望

　　我老愛沉浸在甘美的遐想之中，幻想是一隻大冠鷲 ——頂著黑白相間的冠羽，在那多變的雲層和短暫的翱翔自得中，像個雙臂開展的孩子，飛上了高空，在深不可測的雲間閃爍。

　　讓風吻著我吧，讓雲把我擁入懷中……就像童話書裡的故事。

　　不知有多少回，我鳥瞰縱谷和大海，也把卑南溪的呢喃細語攬入心中。當花兒輕歌曼舞，我便聆聽著，更時時予以

應答。當古老的光照亮都蘭山和利吉惡地的背脊時,瞬息間,我的身影便跟著明亮了。

　　當我飛上高頂山農村聚落的原野,就融入大自然的芬芳裡, — 這種自由肯定遠比用詩表達出來的任何語言更加閃耀動人。我渴望周遭永遠純淨自然。在我住過的地方當中,就屬這裡有更多蔥綠的山林、海岸和濃蔭覆蓋的幽靜。

　　遠離塵囂,對喜歡進行默想的我來說,是個有吸引力的地方。這裡也有各式各樣的莊稼,每當果熟季節,還能讓遊客享受田園採果之樂。有時,我只需沿著岩灣山區的小路前行,便可眺望到山海和台東平原。樹林濃蔭處,有火焰木、杜鵑花和曼陀羅花開得茂盛。

　　大海是寂寞的,但它的心溫柔。山並不孤獨,它保有我們心中的寧靜。當愉悅的思緒輕輕撩撥心靈時,便更能感到萬物的可貴和生活的甜蜜了。

　　－2020.03.04 完稿

　　－刊臺灣《中華日報》副刊,2021.01.23,及攝影1張。

34.在柔和的晨光照耀下

在柔和的晨光照耀下
一個個暖暖的臉龐
在紅土操場上
奔跑跳躍
笑容是富足的，——
像小天使般
為了生命的溫情
為了榮耀
他們沒有束縛
只有努力以赴
他們驕傲地站著
歌聲盡是美好
我內心已被迷住
從校園到青山綠樹間
從棒球、柔道到各項運動
這些小小園丁
正一步一步地邁向未來
而未來就是一種希望

　　註.臺東縣卑南鄉太平國小學生多半為卑南族子弟，其少棒隊
成軍已多年，偶有善心的捐贈人幫助學生們添購些運動器材；該

校學生人才輩出，比如林宇涵獲得 2019 年臺灣的總統教育獎。據
悉，林父已過世，母親賣蔥油餅維持家計，兄妹三人與母相依為
命。我曾前往其店面吃蔥油餅，簡單樸素的店面，沒有多餘的裝
潢，但整面牆壁卻掛著小孩得獎的照片，小國手們燦爛的笑容，
讓人難忘。

－2020.01.06 完稿

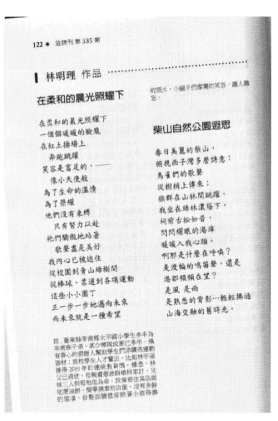

－刊臺灣《笠詩刊》，第 335 期，
2020.02，頁 122。

35.甜蜜的記憶

如山丘頂上盤旋的夜鶯，
永遠生氣勃勃，
歌詠著神妙的時刻。

如大熊星清晰浮現，
躺在海面細品島嶼四季的流轉，
驅走我心中的激蕩。

有如大自然的安排，
凡是愛過……
就會留下深刻的印記。

啊，那些久遠的往事——如秋，
讓世界如此繽紛！
總是那麼單純，令人惦念。

－2020.03.08 完稿

35.*Sweet memories*

Lin Ming-Li

Like a nightingale hovering over the top of a hill,
Always lively,
Singing moments of magic.

As Great Bear star emerges vividly,
Lying on the sea and savoring the changing seasons of the island,
Drives away the surging waves in my heart.

As if it's the arrangement of nature,
Anyone who has ever loved ......
Will leave behind a deep mark .

Ah, those long-lasting memories......like autumn
Make the world so colorful!
And so pure.

（Translator：Dr. William Marr，非馬英譯）

－刊臺灣《秋水詩刊》，第 187 期，
2021.04，頁 89，非馬英譯。

林明理攝影

36.二層坪水橋記遊

一個陽光明媚的早晨，我來到鹿野鄉的水橋畔。繞行到一個休憩處，只見碧空如洗，層巒疊嶂的山峰下面，一輛火車驀地閃現。

紅色身影又亮又快，好像衝破黑暗，迎接光明的勇士……。

「看哪，火車來了！」我高興地說，「馬上就要越過田野啦！」

　　風追逐著，雲也悠悠，集聚在一大片波斯菊花海之上；而我年少追著五分車奔跑在田野的記憶依次浮上心頭。

　　「喂～朋友，── 你們都好嗎？」

　　我聽見田野的回聲，一波一波，在那兒盤旋 ── 穿越屬於我的童年與純真，穿越我幾乎遺忘了自己曾展翅翱翔的歲月。只有風依然跟緊著我，事實上，童年已遠，故鄉的小河也只能在夢中追憶了。

　　但這座全臺灣的第一座紅色拱形的磚牆水橋，兩端橋台擋土牆上的陶板浮雕，記載著客家山歌及一段後山開鑿史，就近在眼前，令人無盡的想像；而更遠處的油菜花、波斯菊，不是夢裡的場景，徜徉其中，我輕盈得猶如一隻白鷺，一朵無拘無束的雲！

　　一定是這裡有著利吉惡地的特殊地質岩層，或者是這裡的山巒溪流，讓每一片風景都經常浮現在我的腦際，每一立方土地都似我懷舊的故土。

　　是啊，故鄉畢竟已離開很久很久了，而水橋就近在咫尺，不但使我心馳神往，也讓我的記憶之河永不歇息地流動。

　　我相信這座水橋是先人用血汗，徒手開闢水圳為後人提供的福祉，把這片綠野賜給了純樸的鄉民。我相信這裡的田畝，都會有源源不絕的水源，年年都棲息著許多美麗的白鷺，

宛如置身於一片夢中仙境。

　　　　　　　－2020.03.09 完稿

　　－刊臺灣《金門日報》副刊，2020.06.05，
　　　及攝影 1 張。

紅尾伯勞／大葉溲疏／林明理攝

37.美農村即景

　　美農村,我喜歡它的平靜,有一種單純而亙古不變的美。每朵雲都鑲了銀邊,每朵花都藏著一首詩;彷彿聞到了家鄉的泥土味,一處被遺落在時光裡的秘境。

　　蛙聲、鳥聲、蝴蝶,從風中來,暫時淹沒了卑南溪河階上的每一寸喧囂。一群紅嘴黑鵯,繞過山林,溪流,俏皮地,停在一棵木棉花樹上,四周的音樂就此展開了。

　　我走過高台,徜徉在聚落裡,禁不住回首,正巧,一隻紅尾伯勞也棲在另一棵開滿黃花的大樹上回頭。

　　「真美!」不禁讚道。

　　櫻樹紅了，杜鵑花也陸續綻放。立鶴花，落地生根，串錢柳，還有合歡和大葉溲疏，它們經風，沐雨，泛出深淺不一的紅和醬紫，也交織著沿途花木的美麗和奧妙。

　　我停住腳，看了一會兒，欣然任風吹拂，像一個孩子，投往母親溫柔的懷抱，腳步也變得輕盈了許多。

　　這裡有斑鳩溪、萬萬溪通過其間，是飛行傘運動場之一；也有釋迦園、咖啡園、無毒農場、陶燒工作坊等相伴而生的愜意。我常常想起它佈滿詩意的回聲，並向它表達了我的歡快。

　　偶爾也會沿著山徑漫步，或者俯下身來，數著倒地鈴。一個、兩個、三個⋯⋯多得數不清，在草間上，在溝渠旁，像星星一樣，驕傲地存在著。

　　當夕陽鋪滿溪谷，遠遠有三五隻牛正在吃草。忽地，「哞 ── 哞 ── 」傳來了小牛的叫聲，使我的遐想更為生動活潑。有烏頭翁、白鷺鷥掠過，抑或雀躍、抑或超然，在天際遨遊。

　　歸途，步上熟悉的冰品店。啊，眼前是一片蒼翠，幾隻黑天鵝悠遊在青山綠水間；而我的眼睛裡含著喜悅的光芒，每嚐一口，都是幸福的。

－2020.03.13 完稿

－刊臺灣《中華日報》副刊，
2020.12.12，及攝影 2 張。

林明理攝

38.富岡地質公園冥想

「富岡地質公園的海蝕景觀酷似北部的野柳，因此又被稱為『小野柳』。」許多人都這樣聽過。而我看過這裡大自然神奇的造化，有如驚人巧合的神跡。

如果我變成了一隻鷹，為了夢想，飛在那富岡漁港北方，兀自盤旋在風中，又舞動在森林與海波之上。我會愛上那厚層砂岩和薄層泥岩交互沉積的奇特地質吧，那巨大砂頁岩的單斜脊和各式各樣的奇岩怪石，近在咫尺，占據了我整個視野。

春天來了，從蔚藍的太平洋遠遠望去，海平面總會有船隻駛過，湧起的波濤，時而激石成聲，時而舒緩……爾後便一色澄碧。

我的心，和著從四面八方傳來的風，渴望諦聽浪花的歌

唱。

　　那一望無際的海面在晨光中映出一層薄薄的紅紗，也融融籠罩在都蘭山脈，如史詩般壯闊；讓我激情滿滿，鬥志昂揚！

　　時而看見了扛著魚竿的釣客，時而有白色帆影掠過；而潮聲及周遭生物的甦醒，總讓我佇立良久。心想該是這片大自然仍保留著原始風貌吧。

　　返身林中，園區間不僅有白水木、桔梗蘭、月桃花、山柚、文殊蘭等植物開得正好，就是麗紋石龍子、地蟹、蒼鷺等也把這裡當作棲身之所。

　　啊，這一片高位珊瑚礁上的海岸林，生長著多種熱帶植物，老樹出現的板塊根、氣生根在樹梢上透出點點光亮，也讓我身心頓時鬆弛下來。

　　剛要休息，遠處傳來幾個早起運動者的交談聲，打破周遭的寂靜。一隻野鴿，一邊鳴叫，一邊振翅飛入更深的林中去了。然後又是一片寧靜，只有濤聲絮雲在風中回應我的呼喚。

　　－2020.03.12 完稿

－刊臺灣《金門日報》副刊，2020.03.21，及攝影 1 張。

林明理攝影：七星潭

39.花蓮七星潭—永懷學者詩人楊牧

天上的星啊，和你一樣
在銀河中舞
你源自花蓮
那兒有朵朵浪花
眾鳥遨翔在縱谷和山巒
有你的詩情把夜空填滿
有你的夢想和太平洋的呼喚

你從銀河的北面奔向故鄉
立在七星潭一側
草海桐默默，四周是歌聲，緩緩
而你溫文的眼神

如晨星，平靜如深潭
迎接無限的陽光
健步登上了永恆的天堂

註；楊牧老師辭世於二〇二〇年三月十三日，享壽
　　八十，曾任教於美國、東華大學文學院等校；
　　一生獲得殊榮無數，值得尊崇。

－2020.03.14 完稿

－刊臺灣《更生日報》副刊，2020.07.25。

40.在驀然回首時

當愛情站在我面前，
我選擇相信奇蹟——
奮勇向前
或努力就能成就好
事；

春天來了，

風如此甜美，雨如此親切；　　　林明理／攝影
我愛它突如其來的朝氣，
也試著理解它是多麼地難以捉摸；

而今，世間一片寧靜，
回過頭來，
那越顯清晰的身影——是誰呢？
啊，原來是風，——

它對著我的耳朵，
吹著一抹淺笑，
在此刻，月兒從樹梢移過：
溫馨而靜好。　　　　　　－2020.03.16 完稿

40. When I look back

Lin Ming-Li

When love stands before me,
I choose to believe in miracles……
Forge ahead
Or work hard to accomplish good things;

spring is coming,
The wind so sweet and the rain so gentle;
I love its sudden vitality,
And try to understand its elusiveness;

Today, the world is so peaceful,
When I look back,
There's a clear shadow—who could that be?
Ah, it turns out to be the wind.

It caresses my ears,
With a smile,
At this moment, the moon moves over the treetops:
Warm and nice.

（Translator：Dr.William Marr）

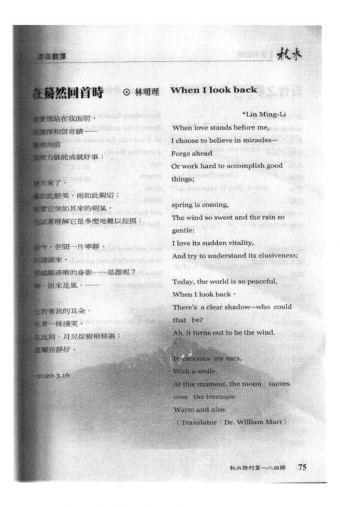

－刊臺灣《秋水詩刊》，第 184 期，
2020.07，非馬譯，頁 75。

*GiovanniCampisi 翻譯義大利語

2020 年 6 月 29 日週一於下午義大利名詩人兼出版家、主編的 GiovanniCampisiMail，以義大利語翻譯林明理一首詩：

HiMing-li,

herebymytranslationintoItalianforyourbeautifulpoem.

Greetings
Giovanni

在驀然回首時　　林明理	Quando guardo indietro all'improvviso　　*LinMingli*
當愛情站在我面前， 我選擇相信奇蹟—— 奮勇向前 或努力就能成就好事；	Quando l'amore mi sta davanti, scelgo di credere nei miracoli e vado avanti o lavoro sodo per ottenere cose buone.
春天來了， 風如此甜美，雨如此親切； 我愛它突如其來的朝氣， 也試著理解它是多麼地難以捉摸；	La primavera sta arrivando, il vento è così dolce e la pioggia è così gentile; adoro la sua improvvisa vitalità, cerco anche di capire quanto sia sfuggente.

而今，世間一片寧靜， 回過頭來， 那越顯清晰的身影 —— 是 誰呢？ 啊，原來是風，—— 它對著我的耳朵， 吹著一抹淺笑， 在此刻，月兒從樹梢移過： 溫馨而靜好。	Oggi il mondo è tranquillo; guardando indietro, c'è una figura più chiara: chi è? Ah, si è rivelato essere vento, —— Mi accarezza le orecchie con un leggero sorriso, In questo momento, la luna si sposta sulla cima degli alberi: Calda e silenziosa. (Translator: Giovanni Campisi)

*2021 年 4 月 16 日 週五 於 上午 1:35　Prof. Ernesto Kahan MAIL

Every day you my dearest Ming-li, are writing better and better. Your poems are superb

love
Ernesto

41.感動的時分

── 聽北京「梁祝誕生 50 周年音樂會」

不能忘卻，繚繞指尖的小提琴音樂 ──
那麼動人，深化了愛情。
多少歲月過去了，這經典故事
依然以歌、戲劇或交響樂的節奏，
向世界訴説，向我走來。
我相信，在恆星光譜中，
生命的起源，皆由愛而生，
無論是久已逝去的夢或天國的靈魂 ──
淒美的故事總會閃著榮光，
讓我陶醉於音樂中短暫的幸福：
它喚起我的記憶，在這感動的時分。

註：2009 年 5 月 27 日在北京的國家大劇院舉辦一場「化
　　蝶 50 年•紀念小提琴協奏曲（梁祝）誕生 50 周年音
　　樂會」，由何占豪、陳鋼作曲，呂思清小提琴獨奏，
　　譚利華指揮及北京交響樂團演出，精彩絕倫，贏得
　　了一致的讚譽和佳評。

－2020.03.17 完稿

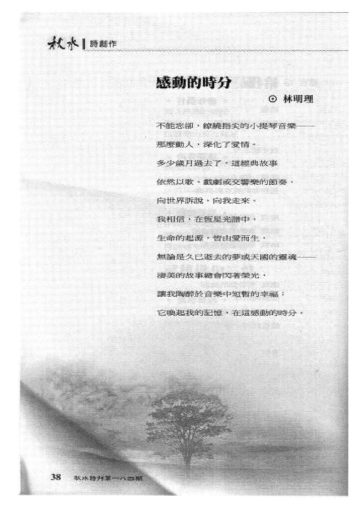

感動的時分

⊙ 林明理

不能忘卻，繚繞指尖的小提琴音樂──

那麼動人，深化了愛情。

多少歲月過去了，這經典故事

依然以歌、戲劇或交響樂的面貌，

向世界訴說，向我走來。

我相信，在恆星光譜中，

生命的起源，皆由愛而生。

無論是久已逝去的夢或天國的靈魂──

淒美的故事總會閃著榮光，

讓我陶醉於音樂中短暫的幸福：

它喚起我的記憶，在這感動的時分。

－刊臺灣《秋水詩刊》，第 184 期，
2020.07，非馬譯，頁 38。

林明理畫作

42.一則感人的故事（一）

　　友人的兒子出生時，因腦缺氧太久，竟智力不足，眼睛也有些受損。原本內疚的她，連悲哀的時間都沒有了，只能含辛茹苦地把他拉把長大。

　　日復一日，她等待著，觀望著；直到孩子長大了，卻極為孝順。儘管在求學過程中飽受異樣的眼光，但他從不氣餒，反而常常安慰為他日夜擔憂的母親。

友人的教育方法是鼓勵，而不是逼迫和苛求。雖然她的兒子功課不好，卻常把家裡打掃得乾乾淨淨，也喜愛修理腳踏車，對隔壁鄰居都很有禮貌。他也曾被少數的同學欺侮，對人間的苦難，都努力去學習承擔與原諒。

十多年前，他從私立高工汽車修復科順利畢業了。有一天早上，他興奮地從學校撥了電話回家：「媽媽，我拿到薪水了耶！老師說我很棒哦！我也通過證照考試！我的導師說，我得到市長獎啦。」

友人掛下電話的那一剎那，頻頻拭淚，讓歡喜的淚珠滴在她粗糙的手背上。

當她告訴我時，聲音充滿了笑意；因我接受了參加她的兒子畢業典禮的邀請，也獻上我長期以來的默默問候。她那多皺紋的面孔一下子變得那麼舒展！那麼開懷！就好像天上掉下來禮物一般。但不知為什麼，我有著欲淚的激動。

是呀，親情間最容易被忽略的「愛」，在這對母子身上卻很容易地被表達出來。又過了兩年，聽說她的兒子原在一家機車站擔任維修員，後來很幸運地轉到台南某電子公司上班。這消息傳來，我跟著開懷無比。

我心想，他不僅感恩母親，也為自己活得漂亮，活得有尊嚴。這該是神的愛所賜予的禮物吧！我只能祈願這對母子

的幸福，能恆久縣長。祈願他像鷹一樣，展翅高飛！

－2020.03.19 完稿

－刊臺灣《金門日報》副刊，2020.09.09，
及林明理畫作 1 張。

林明理攝影

43.加納納部落之歌

如果舞鶴村的煙雨秋霜釀成詩，那麼加納納是烙在我心底最美的記憶。

是櫻花偎在 Kalala 部落的無言相約？還是與鷹期待的一次重逢？我在你用水墨點染的畫卷繪出的風景裡，赴約來了。

我聽見竹雞大合唱在看不見的樹叢裡，彷彿早一步或晚一步，就會錯過一次機遇。紅葉溪緩緩流過，那清風，那盆地的鳥群，那檳榔樹下種植的咖啡、茶葉、鳳梨等農作物，那澄碧的天空，它們滋潤了心靈，讓我放飛夢想。

在這個陽光乍暖還寒的晌午，我忘記了時間，只被柚香

一路引領著，沿徑而上，便遇到了隱密在休閒農業區的聚落。

　　一棵高大的苦楝花，醉了春天，在風中散作萬千細語。我看到臨桌而坐的阿美族人，老老少少，說說笑笑。一張長木桌，幾道菜餚、茶飲，就擺在院落一隅。忽然一位長者從裡面探出頭來，轉向我大聲說：「吃飯囉！」

　　「吃過了，謝謝您！」我連忙道謝，望著他，我傻傻地微笑，並揮揮手。

　　「吃飯！」他又重申一遍，溫柔地說。

　　我絕沒有想到居然會這麼巧合，碰上這樣熱情的阿美族人。那溫馨的用餐畫面深深地感動我，引人入勝。

　　倘若放慢腳步，在教堂附近的導覽圖，便會讀懂 Kalala 名稱的由來。再過一座小橋，部落的歌聲依舊，幾分豪放，幾分優柔曼妙！

　　啊，自然造物就是這樣神奇！這裡不僅顯現出這座別稱「籃子裡的部落」是如此生機勃勃和獨特的純淨美，也撩動著我的思緒。我看到了部落的遷徙滄桑，令我心底泛起絲絲酸澀。

　　轉了一圈，許多鐵皮屋浪板上裝有小耳朵天線，再遠處，看到一陣陣雲霧掠過山巒。我開始愛上了部落的靜謐美好。路盡處，我轉身環顧，周圍遠近的風景情結，已深刻落在心裡，揮之不去。

　　途經北回歸線標誌公園時，路上飄著細雨。原來歷史是感嘆興衰，或是帶有想像性的。就像 Kalala，意指「籃子」，因為聚落是典型的盆地地形，像個籃子，被群山環繞。原來歷史的星空也會留下一串串熠熠生輝的名字或是美麗的傳說。

　　於是，我明白了。Kalala，不只是一幅風情畫卷，也是一座純淨農村的楷模，可以稱為我的朋友。

　　今夜，特別想你 ── Kalala，在飄渺煙雨中。

－2020.03.25 完稿

－刊臺灣《青年日報》副刊，2020.08.11，及攝影 1 張。

林明理攝影

44.六十石山遊記

　　那年秋天，驅車到了一個如新星般的地名——六十石山。無論是俯瞰花東縱谷，或是細數滿天星斗……那綠海波濤，舞動的旋律歷歷如新。

　　我喜歡漫步在這座空曠的山坡上，在盛開的金針花和巨石之間。

　　彎曲的山道留下了拓墾滄桑的足跡，雲跟我捉迷藏似的，窺視著大地，但是，澄黃與青綠交織成花海的嶺頂是永恆。

　　雲嵐，只要有藍天為伴，就很幸福；就像這般仙境，在一片遼闊的景致中。即使不是盛放的季節，那悅耳的風聲，綿延壯麗的田畝，總是在我小小的心舟，泛成千萬個音符。

　　如今我獨自前來。在一棵高大的苦楝樹下，聽到了眾鳥齊鳴，空中傳來一首無比輕柔的歌……而山巒和我之間是臺灣米的搖籃和最大的河谷。

　　在觀景亭台和山嵐輕飄的風聲賦予心靈富足的風景前，有些記憶裊裊升起，有些思緒也漸化為一首首歌。

　　風記載了那些千陌棋盤式稻田的流光歲月，也記載了散落著幾戶莊家在時光裡發生的故事及深一腳淺一腳，努力走過歲月的堅持。

　　每當走過彎彎曲曲的農路，再繞行而上嶺頂。一眼望去，就會看到一片綠野平蕪。那裡，有我皎潔的記憶，所有林木都蔥郁，青山蒼翠，讓人忘卻煩憂，忘卻了時間。

　　看吧，我像隻鷹，遨翔回到這山上。諦聽自然之歌，群鳥歌唱，也找回了一個自由奔放的靈魂。

　　　　　　　　　　－2020.03.30 完稿

－刊臺灣《青年日報》副刊，2020.4.30，及攝影1張。

林明理攝

45.重遊瑞穗牧場

　　我又走上多年前的舊路，那不時可見的山嵐，飄浮在青
山的深處。

　　剛下過雨，一群乳牛便朝向彼端的草地一派輕鬆地結伴
而去。我看見陽光在凹谷，呈現出斑爛的顏色。一隻白鷺從
空中飛入春日的水中，瞬時，空間有了飄渺的動感與節奏。

　　我喜歡坐在小葉欖仁樹樹蔭，看駝鳥在奔跑，小孩兒在微笑，宛如沉醉於童話的夢境之中。也可以想像坐在一朵雲影裡，諦聽舞鶴台地下方，是美麗的紅葉溪和秀姑巒溪匯流的水，不停地向前奔流，綿延如歌。

　　這兒有乾淨水源，且牧草豐美、空氣清新，樹和草都是鮮綠而有光澤。步道旁，不但孤挺花盛開，蝴蝶蘭也在朝露下綻香。穿過小徑，登上觀覽台時，時光彷彿在此停駐。

　　當我閉上眼，就聞得到草原的芬芳，大片金黃花田和樹林連接著山脈緣腳下。風，從四面吹來……還有湛藍的天，詩意的步道。蜻蜓、野蜂和蝴蝶隱約顯露於池畔的樹草花叢間。

　　在樹林和微風之中，充滿了野鳥的歌唱，所有的心都跟著雀躍，遠離塵囂；而一路拖邐的溪水潺潺——滋潤心田不絕於耳。若在露天咖啡座前，啜飲咖啡搭配乳酪蛋糕，是一種甜蜜的幸福享受。

　　有人說，舞鶴村是蜜香紅茶和咖啡的故鄉；但瑞穗牧場，讓我看見在地最真實的感動！因為那無邊的田野，讓我如此歡悅，或者說，它就像南北朝詩人王籍詩中「蟬噪林逾靜，鳥鳴山更幽」的靜謐美好。

　　－2020.04.01 完稿

—刊臺灣《馬祖日報》副刊，2020.07.15，
及攝影 5 張。

46.富岡漁港冥想

我沐浴在珍貴的陽光裡
廣大的雲層底下，
湛藍的海，
如天空一樣藍。

那數十條支流匯集的太平洋，
視野所及盡是鋪上光彩的波浪。
這時一艘遊艇正等待出航，
而讓我的感動是
漁港保持著隨性而安的激情。

我願是一朵雲，目光順著盈盈的
海水，穿越時空，
隨著起伏的波浪，從遠古來，
在清風裡
泛著不可複製的微光。

在初次相遇的富岡，我高興地發現
他的眼睛裡蓄滿恬淡的光芒！
當我轉身離開時，那蔚藍的海岸
像睡著的嬰兒般安詳。－2021.01.07 完稿

聰明的稻子
在田裡就已晚命運
所以米飯總是安安靜靜被人吃
什麼也不說

千軍指

千夫所指

無疾而死

古有明訓
今有綱軍

千瘡百孔
死者不知 ——

千夫來自
一人手指

▌林明理 作品

富岡漁港冥想

我沐浴在珍貴的陽光裡
廣大的雲層底下，
湛藍的海，
如天空一樣藍。

那數十條支流匯集的太平洋，
視野所及盡是鋪上光彩的波
浪。
這時一艘遊艇正等待出航，
而讓我的感動是
漁港保持著隨性而安的激情。

我願是一朵雲，目光順著盈
盈的

海水，穿越時空，
隨著起伏的波浪，從遠古來，
在清風裡
泛著不可複製的微光。

在初次相遇的富岡，我高興
地發現
他的眼睛裡著滿恬淡的光
芒！
當我轉身離開時，那蔚藍的
海岸
像睡著的嬰兒般安詳。

—刊臺灣《笠詩刊》第 341 期，
2021.02，頁 76。

富岡漁港/林明理攝影

47.初識富岡新村

　　選擇連假的一個早上，驅車來到富岡。停車場前，恰好遇上一位老先生。這之前，我未曾察覺「寧波小石浦」的指標，就在我注視「海神廟」牌樓的那會兒，舉起相機前，見到他的微笑。

　　「請問，那上面有海神廟嗎？」我上前問道。

　　「有啊，從這條小路一直走上去，就是富岡新村，也是大陳新村。」他回答我說。

「您是寧波來的居民嗎？」我轉而問。我似乎聽說過大陳人，可也沒有親眼見過。

「是的，我是十一歲時，在民國四十四年便跟隨家人坐船從大陳島一路到基隆。大陳島是浙江省的一個小港口－寧江口。如今，這裡的居民多半來自漁山列島。」他目光望著遠方，像是沉浸在片刻的回憶裡。

「那如意娘娘的歷史故事呢？」我問。

「我小時候是這樣聽說的。如意娘娘是位象山漁山島上的漁家少女，當她知道其父兄在海上遇難了，她奮不顧身跳入海裡去搶救，卻消失於大海中，後來在她跳海處浮起一段木頭。當地村民便把它雕成一尊佛像，並建廟供奉，這就是『如意娘娘』的由來。」他又補充道。

道謝告別時，我便從紅色的牌樓下進去，順著一條長長的柏油路，到了富岡新村，也看到社區數十戶人家。我走遍每一小巷，並在停車場前，仔細閱讀大陳新村的由來，居民仍安奉如意娘娘，並定名為「海神廟」。

轉身到社區活動中心時，雲終於散開了，陽光又露出頭來，能見到十里開外。我循著小山路走，空氣清新，鳥聲，還有風的聲音，這就是音樂了。

走不多久，沒想到一座漁港竟然在眼前出現。回想起那

位大陳人的故事，他的痛苦都經受過了，還能幫忙親戚一起打理餐廳，安享晚年。聽他的一席話，亦如探詢富岡新村的歷史紋理，又一次不期而遇的美好。

－2020.04.08 完稿

－刊臺灣《金門日報》副刊，2020.4.12，
　及攝影 1 張。

攝影／林明理

48.暮光裡的遐想

　　誰打開了神秘的魔盒，在海波浩渺的太平洋，那緊鄰漁港的三和海濱公園旁 —— 光影裡的一幅幅山水畫卷，畫出太麻里背倚的中央山脈，畫出原稱「大貓狸」（Tjavualji），在排灣族語中意指「太陽照耀的肥沃土地」，畫出沿海平原和山地，畫出百鳥齊飛和植物群落，但畫不出大海的壯闊，這個「日升之鄉」族群豐富的模樣。

看哪，千年的峰巒，還有觀景亭和水藍色海馬造型入口立碑，似等待依序而來的日子。在烏頭翁唧唧的奏鳴中，忽地，我聽到從遙遠的唐代傳來陳嘉言在《晦日宴高氏林亭》末句裡的一

束詩：「日暮連歸騎，長川照晚霞。」霎時間，思想跟著湧動起來，像隻蒼鷹向長谷的頂巔呼喊：「這裡看起來的確像天堂，把世界帶進這片湛藍的海岸吧。」

霞光下，群鳥輕掠，再躍起……於簡易港口的起點；唯一漁漁的岸畔，映著殘絮般的雲天。只在夢中，那漁舟的影子帶著我游動，如呼吸的星子，直到街燈亮起，再把時間折疊。讓我回到最初吧，看眾鳥展翅飛向遠處的海平面，充滿鼓舞人心的美麗景象，在難以表明的喜悅中。

那海鳥的光影點點閃爍，彷彿漸漸靠近，又像是要停泊在我心房……而我走向海邊，沿著沙灘唱吟。哪裡來的這般風景，心頭跟著歡快光明。哪裡來的落霞滿天，讓我沉浸在幸福的一瞬。讓我們一起詠嘆吧！那是山海交織的頌曲。在暮春之夕，我不停地尋思，像隻藍蝶找到了小瀑布，輕輕漫過林野，穿繞溪間……等待下一個相約在候鳥的季節。

要是我能夠穿越時空，浸沉於台九線山海的夜色，耳畔只有蟲鳴和濤聲，從高處越嶺而來。啊，所有話語都無法描繪──那群飛鳥似獨奏的驚雪，傳來陣陣美妙的歌聲。牠們繞著魚群聚集的地方飛，攬住夕陽已近隱沒的天際線，又乘著風向家的方向飛去……留下隨船飛舞、勇敢求生的身影，使我心動不已。

　　－2021.04.14 完稿

－刊臺灣《金門日報》副刊，2021.04.24，
及攝影 1 張。

林明理攝影：
桃源國小

49.在日出的巴喜告

　　初冬的一個早晨。巴喜告（Pasikau）向我走來。用布農語對我說：「你好，miqumisang masihal naupa as......」我很迅速地回答：「謝謝，早安。」兩人相視地笑了。

　　於是一群烏頭翁聚在電線桿上閃了一瞬，在天空中棉花似的雲層下，山巒在等待，周遭是種植著洛神花、香蕉、鳳梨、翼豆等蔬果的田野……那粉紅的，耀眼的，是圳溝旁的幾株早開的櫻花。

　　哦，親愛的朋友。讓我的眼睛好好看這裡生氣蓬勃的模樣吧！讓我的雙腳走在這片族人用心守護、堅實的土地上吧！讓我在這一帶氣息清香的田野之中諦聽古老而美麗的神話吧。

在夢幻似的延平鄉桃源村裡，我聽見來自鹿野溪和鹿寮溪的中上游一帶的歌聲，——飄過高山和溪谷，飄過每年巴喜告的祭典時刻，在群星齊唱讚美詩與音樂之中。

如果穿過蝴蝶谷，小水潭就在每年四、五月族人射耳祭的舉行地的不遠處，有鳥、各式各樣的樹木、植物、昆蟲呼吸著。

啊，風吹過巴喜告的每一戶家門，每一個街角。這裡的族人最早是由南投遷移到此，他們所建立的部落，就稱桃源部落。

我看到僅僅只有數十位學生的桃源國小，校園幅地小而整潔；我看到許多布農族的雕像勇士般挺直站立。我看到一棟五十多年歷史的延平郵局，房舍牆面彩繪成別具特色的外觀。

啊，這裡的孩童多麼樸拙可愛。我才剛踏進校園一會兒，就看到佈告欄上貼滿小朋友們天真的漫畫，畫中的家人手牽手的溫情……讓我的心著實感動。

我默默地遠眺著雲，就像是一路迎來的風，輕拂著……因為巴喜告太靜美了，自然而然地就有一種不捨的心情，讓我遲遲不肯離開。

－2019.11.08 完稿

—刊臺灣《中國時報》副刊，2020.03.03，
及攝影1張。

部落之歌

玉里鎮

林明理
／攝影

50.【部落之歌】哈拉灣

　　晚秋。周圍是秀姑巒溪和下勞灣溪會合的區域 —— 平埔族西拉雅人所創建的部落哈拉灣 Halawan。入口處，一隻鷹抬高了部落蔚藍的天空，片片雲朵相互扶曳。

　　繞過日本時代設立的樂合神社碑石，繞過兩座石燈籠，步上濡濕的青石階，—— 路的盡頭是活動中心，也是昔日的主殿所在。轉身回望，前路筆直地延伸著，幾十戶人家、教堂座落其中。風依依，那守在雲間的青巒時而閃爍。

　　沿著一條溪畔走過，一如真正的行者。從山嘴裡穿出一棵棵大樹幽幽地庇護我，鳥雀在鳴囀，翩翩的小白鷺無聲地飛翔，穿越了海岸山脈深處，穿越了綿延的溪谷、岩石……要飛進部落的瀑布了。

　　我聞到空氣裡蒸騰著芬多精、草香，還有淡淡的木香。我看到一隻大鳳蝶舞在粉撲花叢間……溪底清澈的水流，聲音越來越響。在俯仰間，在我感動的一刻，彷彿世界揚起了一陣笙歌，讓我無法不感到讚嘆的奇趣。

　　這聚落宛如世外桃源，卻只有百餘戶人口，一直以來以友善耕作的稻米及水果為業。每年豐收季，族人和孩童都會

穿著傳統而美麗的服飾，興致勃勃地圍起圈圈跳舞、唱歌。

　　歸途，陽光正好暖和。有三個阿美族老婦說著流利的母語，在院子裡談天，眼睛有禮貌地微笑著。一隻黑狗，溫馴地跟著我走，也沒有吠叫。一輛載滿新鮮文旦的小貨車與我擦身而過，司機向我點點頭。

　　啊，哈拉灣部落的安逸和靜好！啊，純樸和良善！直入我深情的瞳孔。於是，我默想著：我也不過是匆匆而又頻頻回首的過客，哈拉灣卻親切地牽著我，—— 像個母親，溫柔的眼眸，清亮的呼喚著，讓這趟旅遊變成一個深刻的記憶。在夢裡，我願慢慢飛回那安謐平和的天地。

－2019.10.19 完稿

　　－刊臺灣《更生日報》副刊，2020.03.27，及攝影9張。

攝影／林明理

51.關山嬉遊記

　　一個甜美的清晨，親水公園裡綠草茵茵，沒有喧囂。藍色的風喚醒沉睡的生物，只有如醉的花卉和墨綠苔蘚仍酣睡在大樹旁。

　　驀然，一隻松鼠掠過，為公園注滿雀躍的朝氣和驚喜！水聲潺潺盈耳，在廣闊的天空之下，我聽到鳥雀劃破天空，白雲悠悠，靜靜晃動。

　　原住民廣場的陽光溢滿樹梢，落葉飄舞如蝶。周遭深綠與蔚藍，溪水清澈好似晨露，那兒萬籟俱寂 —— 只有白鷺翩飛，透射出沉靜的大自然。還有一座觀星台，可觀鳥生態，

諦聽大自然的聲響。

　　我想畫一縷炊煙，穿過群鳥的方位，掬飲一片幽雅的涼意。還想畫一條溪，山巒夾著山坳，輕輕的，有白鷺掠過……湖面倒映著白頂的表演廣場，風光旖旎。或者，畫花朵的靜默，一波波雲霧裊裊……但我框不住這片青山，也框不住美麗的落霞。

　　這片土地肥沃、水源充沛，因此開發很早。當我返身離開，便開始想念那棲息在湖畔的野鳥，還有在我心中，收藏許多牛背鷺沉思的身影；或騎著鐵馬馳騁風中，登上高處眺望遠方，那些瞬間是幸福美好的。

　　當夕陽款款離去，關山洋溢著歡愉。噢，但願我是隻不眠的白鳥，再次出沒在這片如夢的山腰！

－2020.04.10 完稿

－刊臺灣《青年日報》副刊，2020.6.07，及攝影 1 張。

攝影／林明理

52.許一個願景

　　最近幾個月，每天早上八點一到，就會準時出現一群修路工人。當我從格子窗看到他們的時候，他們早已開始專注工作了。認真做事的模樣，真叫人好生感動。

　　窗外一路上蔥綠的小葉欖仁樹，是站前美麗的風情。有些工人，揮汗如雨，小心修補長長的路——開車的，揮旗的，發號施令的，還有清掃的、維修管道的，各盡其責，緊密相依。只有天空默默地注視著這一切。

　　別看他們每人所負責的部分是那樣不同，卻能一點一滴，慢慢地把道路整治起來。有時候，路面被怪手挖得坑坑洞洞，但過了幾日，就埋下了新的管道、管線，最後還是會把路面填補回來。

　　有時候，工程人員會用丁字尺測了一下路的寬度，或使用腳架拍照；而清潔員也會把道路打掃乾淨，一絲不苟，再圍上紅色交通錐或水泥護欄。

　　這群施工者做起事來當然是嚴肅沉靜的，但偶爾面對我的揮手招呼，態度就溫柔親切多了。

　　有一天，我在院子裡澆花時，向一位開著起重機的師傅大聲說：「謝謝你，辛苦了！」

　　「不會啦，每天都在做的事，已經習慣了。」他向我點了個頭，微笑。

　　今天，一場驟雨，來得太急，他們團隊仍然沒有休息。雨後，天空的雲彩依舊，施工繼續進行整治人行道或是排水溝、管道什麼的。

　　啊，夏意更濃了，我期盼在冬季時，換來新站一片充滿朝氣的新氣象。這些道路施工者，我無法 ── 記住他們的容貌，但他們那種對工作盡責的背影，在我的心目中，是我所尊敬的人群。

　　－2020.06.09 完稿

－刊臺灣《更生日報》副刊，
2020.10.31，及攝影 2 張。

林明理攝

53.踏尋瑞源農場

　　聽說二十二年前，為配合環保署政策，台糖公司管理的瑞源農場開始著手營造兩公里長的林蔭大道。

　　於是我順從風的呼喚，帶著好奇探究的目光，跟著大視野走，終於來到一大片栽種茄冬樹、印度紫檀、欖仁樹等的

林蔭深處；彷彿走進時光隧道般，揭開一個原鄉幽境。

看遠處，廣闊的田野中，串起的風動、鳥語和新鮮的空氣，讓我可以愜意地想像，大口呼吸。

在相遇的感動裡，我享受了前人種樹，後人乘涼的福份；任由大卷尾的婉轉鳴叫，在一片光影和淡淡的綠草香間，一邊走一邊停。一種閒適的感覺很妙。

走入農場的林間小徑，輕輕碰觸樹幹，默默地傾聽大自然的神秘曲調。一隻飛鳥掠過，不知將去何方，引我駐足拍攝。我可以想像，早期的紅甘蔗曾經是當地產業經濟收入來源，如今，多少歲月過去了，也仍是瑞源村許多人的共同記憶吧。

而後，我繞過村路，漫步到久別的瑞源國小。它位於鹿野鄉內鹿寮溪以北的村莊中，也是鄉內最大的客家聚落。

四月的清涼，終於讓校園裡的桐樹唱起了歌。朝霧把山巒拂拭，時間彷彿一瞬間過去了多年，而我乘著歌聲的翅膀回到這聚落，和一片美麗的桐花重相聚首。

我常想，如何讓這裡的美景永續，讓每個到訪者都看得到珍貴的生態環境，也同我一樣，深深愛上這片樹林和樹上的花朵。我願聚落聽見我真切的夢想，永遠在我心中。

啊，我怎能不欣喜，當我那麼近地端視這條林蔭大道，投入這老聚落裡寧靜的懷抱中。

－2020.04.14 完稿

－刊臺灣《馬祖日報》副刊，2020.05.22，
　及攝影 4 張

林明理攝

54.踏尋馬立雲部落

　　一個甜美的早晨，跟著風的腳步，來到舞鶴山下，開啟尋找撒奇萊雅（Sakizaya）族人最集中的一個部落。據說，他們的祖先大多參與了一八一八年聯合噶瑪蘭族抗清的一場「加禮宛戰役」。戰敗後，族人隱姓埋名、流亡百里至此，也就是現在的馬立雲部落。

　　在歷史上消失百餘年的撒奇萊雅人，他們在新的地理場域中，是否已開創一條屬於自己的路？令我好奇與關懷。

　　這是個僅有數百個族人的小村莊。一下車,就感覺,過去的歷史越望越清晰,很像一個夢境。驀然,從樹間飛下來一隻斑鳩喚醒了我,循著柚香,驚喜發現這部落。

　　一對夫婦,看我拿著相機東看看,西瞧瞧,朝我笑了笑。我說:

　　「請問您們是哪一族人?」

　　「撒奇萊雅人,我們這裡是馬立雲部落。」她說。道謝告別,信步朝前走去。

　　我看到部落裡有一片新犁過的田園,族人培育出各式農產品和運動好手。看到田野間,蜜蜂和蝴蝶翩飛,鳥雀也繞林追逐。感受到這片土地的純淨,也感受到族人在時間跨度很長的日子裡,仍保有綿延不斷的「團結情結」,而我也從中體味到了撒奇萊雅族發展的艱辛和生活中的靜好。

　　這一幕幕鏡頭,也開啟了心的寧靜,是一種奇妙的感動。我無法拿一枝想像之筆,畫出部落的靜美。但一片雲在山坳處停住了,正用熟識而溫柔的目光俯瞰著部落的風采。

　　歸途,經過一座擁有千年巨石文明的遺跡「掃叭石柱」,前方有無數的青山。偶然駐足,彷彿聽見奇萊平原的谷水潺潺,聽見紅葉溪水響,望著我笑。

　　車抵達北回歸線標誌公園，順便啜飲了一口清香好茶。
啊，那久久不散的芬芳，十分消暑，也為花蓮之旅畫下了一
個完美的句點。

　　－2020.04.16 完稿

　　－刊臺灣《更生日報》副刊，2020.11.19，
　　　及攝影 5 張。

臺東線東河鄉　　攝影：林明理

55.寫給金樽海岸

黎明時分，倚在那座眺望台旁，我聽到浪花淺唱低吟，看見伏臥在藍海中的綠島，做會心的微笑，好像似曾相識一般。

啊，聳立的山脈是那樣綿延，高入雲霄。我的心停泊在這形狀看似酒杯，又有點像船錨、全台灣唯一正在形成的陸連島上。每次靠近太平洋，我便感到自己多麼卑微、渺小。

在這靜謐中，海鳥在它柔細的沙灘上掠過，遠方的船舶在海平線上若有若無。我願是一朵雲，在這小海灣、離岸礁和附近的山澗峽谷四處遊蕩，誰也猜不透我，挺好。

我願是依伴在漁港的燈塔，將這衝浪勝地，好手們盡情

享受追浪的樂趣，── 盡攝其中。

　　我願是一片片浪花，望向海灣──那些留下一串串堅實的足印，還有蘊蓄的歡聲笑語。在風中，諦聽著落葉沙沙、啾啾鳥鳴……就這樣靜靜地想念著，不求什麼回報。

　　我願是一隻飛鳥，渴想到海的對岸去。那是我夢中的綠島，── 那村落、平原沙灘，還有亙古的斷崖……而風輕輕吹拂著我的髮，又是如何地恬適幽趣，當我望盡綠島的身影引我思念的時候。

　　歸途中，向外觀望。我看到雨點吻著車窗，烏雲開始密佈。我能夠想像得到，這美麗的海岸風情，雖然只有片刻的停駐，對我卻是一個美好回憶的開始。

　　這就是從大自然中獲得內心愉悅自在的力量，也因此感受到平靜，是我對金樽海岸由衷地流出一首讚歌。

－2019.09.10 完稿

一刊臺灣《更生
日報》副刊，
2020.04.17，及
攝影 2 張。

林明理攝

56.寶華部落記遊

　　大約數月前的某一天，驅車由防汛道路接上寶華大橋，再越過卑南溪，就抵達巴伊拉善部落（Pailasan）。這是個阿美原住民聚落，村民大多數來自花蓮瑞穗鄉富源村。

　　我想起堤防的瞭望亭，兀立自若。有鷺鷥群從溪畔穿過大橋振翅上升，那波光裡的姿影，是一次偶得的相遇，常駐在我的心頭。登上高處，便可一覽整個卑南溪和利吉惡地；臨近的海岸山脈旁有片濕地，原是河灘地的一部分，周邊是

稻田，現在已規劃為野鳥棲息地、水源供給及自然觀察區。

　　凝視眼前翠綠的農田，頓時，也感悟到族民開墾定居的禪意。就這樣，我靜靜地走過每一戶人家。每一朵花都開得錯落有致，每一片雲都願意飄過來歇息。

　　落入溪底的天，藍得那麼純淨。那些交頭接耳的白鷺鷥，一會兒飛起，一會兒在溪畔討論熱烈，像一群發現了奇聞趣事的老人家。世界彷彿變成一片亙古的寂靜，只有風穿行在樹蔭間。

　　我看到活動中心旁，有個彩繪牆，畫出木杵與臼、一對族人正搗碎著穀物，還有一間傳統屋。我看到歲月裡曾經美麗的圖騰與祭典儀式仍受重視，有些感動。如今有些屋宇看起來有些陳舊，但聚落的成長與進步一直都在，也與族民的心緊連在一起。

　　當我走到村子的盡頭，有一個族人蹲在門前勞動。我靠著牆站著。

　　「請問這是你做的小水車嗎？好特別哦，全是用廢棄物製成的。這裡是巴伊拉善部落嗎？」我問。
　　「是的，這裡位於寶華山腳下，所以也稱為寶華部落。」他說。

　　我想多虧了他的解說，原來眼前這片優美而遼闊的田

野，大多是由族民開墾耕種，也保留至今的純淨美好。

　　返身離開時，目視著蒼穹和卑南溪，難得平靜，正如每次看到農村，都感到無比親切與愜意。啊，這片風景，融入我的眼裡，十分恬靜安詳，也融入我的心底，讓我長長思念。

－2020.04.23 完稿

－刊臺灣《更生
　日報》副刊，
　2021.03.14
　及攝影作 7 張。

人形舞蹈紋林明理攝

57.泰安部落記遊

「大巴六九」是個很古老的部落，位於卑南鄉太平村。在卑南族語中，大巴六九（Tamalakam）原意是「驍勇善戰之士」，居民多為卑南族，亦稱「泰安部落」。

有個早晨，初次走到部落的街道。靜下來，聽見風低微的回響，鳥聲在樹梢。當我回望，便看見臺東市平原、蔚藍的太平洋呈現眼前，給人帶來滿滿的驚喜。大巴六九山巨大又恬靜，如一個隱居的勇士，正面對流瀉而下的陽光。

純樸的古老聚落，保存了許多傳統及歌謠，充滿生氣與奧妙。

　　我沿路被風引領著，找到了部落的文化聚會所。可以想像，每年七月舉辦的收穫祭和年底的大獵祭是多麼美好的傳統習俗，也維繫族人的情感及團結，

　　這也加深了我對部落歷史的好奇心。巷弄裡的族人，大多仍過著儉樸的日子，我邁開大步走入其中，不時停下來凝視。

　　一隻紅鳩棲於電線桿上唱歌，周遭空氣清新純淨。我站在竹林旁，舉目所見，不只是部落的全景，還有部落裡各種形式的快樂。

　　我的眼睛順著路的另一邊，看見一排牆壁上，處處可見色彩鮮明的圖騰，有的是特殊的幾何圖形，有的是人形舞蹈紋，都是卑南族特有的圖案，讓我忍不住停下來聚精會神拍攝。它們訴說著卑南族的聯繫，也訴說著文化的傳承。

　　近午，轉身離開時，部落的孤挺花靜靜開放。我願擁抱這自然的神采，我所見的「大巴六九」是勇士的意象，我所見的是族民團結互助的精神。他們一起走過歲月，挺過風雨，令人感動，我願這部落在未來的每一個季節，都美得傳奇又精彩！

－2020.04.29 完稿

－刊臺灣《青年日報》副刊，2020.06.16，
　及攝影 1 張。

林明理攝

58.小馬部落遊蹤

　　清晨，沿著成功鎮最南端的山海，穿越一片種滿水稻及農作物的土地，抵達小馬部落時，除了鳥聲，週遭一片寧靜。

　　這是個小村莊，它坐落在開闊優美的馬武窟出海口北端，卻有著流傳多年的美好故事。我看到在台11線公路邊，有一座用竹子、漂流木及鋼筋做成的裝置藝術，十分顯眼。創作者以海馬為形象，紀念飄洋過海來自瑞士停駐於此的神父們的默默付出。

　　入口處的小馬聖尼各老堂，猶如塵世裡安寧的憩園。這

是白冷會（SMB）在臺東地區的代表作品，也是瑞士籍修士傅義設計建築的第三個教堂，於 1968 年落成，由花蓮教區的首任主教費聲遠神父祝聖。

　　當我緩緩遊移在部落的小徑和田野之間，一隻環頸斑鳩居高臨下好奇地看著我，風便開始講述部落的故事。有六位來自瑞士白冷會的傳教士皆安眠於小馬部落。六十多年來，族人不忘他們帶來的福音，也為阿美族中的聚落增添厚重的歷史感。

　　現今想起，漫步在活動中心旁，看到一個族人正在修補漁網，向我投來溫暖的目光。我站在老天主堂的山路上眺望太平洋時，心情明淨清澈。那層次優美的肥沃梯田裡，有族人正在耕耘；他們迄今仍保有純樸、耐勞特性，是部落裡袒露的風情。據說，當年原住民一鑿一斧的挖掘隧道，小馬圳歷經了百多年風霜與接力建設，才得以今日的通水無阻，讓聚落古圳生機盎然。

　　啊，讓我記得這片土地芬芳的氣味吧。讓我把這部落的故事記在心底。因為它的美，絕不是四季更迭的風景，而是那友善的族人，演繹起人和自然的和諧；而那些和諧在風中，令我充滿感激。

－2020.04.27 完稿

　　－刊臺灣《青年日報》副刊，2020.07.05，
　　及攝影 2 張。

59.我心嚮往大海

大海有許多故事
悲傷的…
雀躍的…
神奇的…
甜美的…
都離不開一個主題
——愛
它無需言語
也沒有現實的距離
只要一想起
便如風輕拂著
世界也變得清晰明澈

愛情也是一樣
不會一直都平淡無波
不論是神迷的
或是狂放的
它讓人受苦煎熬
也讓人再度堅強驕傲
只要一想起
有時讓人心酸
有時會揚起微笑　　　　－2020.4.28 完稿

59. My heart yearns for the sea

Lin Ming-Li

The sea has many stories
sorrowful…
   Captivating ...
magical…
   sweet…
all with a theme
 —   Love
It needs no words
  There is no realistic distance
once you think of it
  It would rise like the wind
And the world would become clear and transparent

Love is the same
It won't be bland all the time
Whether it is entrancing
Or wild
It also makes people suffer
It makes people strong and proud
once you think of it
Sometimes it will make you sad
Sometimes it will arouse a smile

（Translator：Dr. William Marr）

詩語翻譯　　　　　　　　　　　　　　　　秋水

我心嚮往大海　⊙ 林明理

大海有許多故事
悲傷的…
　　雀躍的…
神奇的…
　　甜美的…
都離不開一個主題
——愛
它無需言語
　　也沒有現實的距離
只要一想起
　　便如風輕拂著
世界也變得清晰明澈

愛情也是一樣
不會一直都平淡無波
不論是神迷的
或是狂放的
它讓人受苦煎熬
也讓人再度堅強驕傲
只要一想起
有時讓人心酸
有時會揚起微笑

My heart yearns for the sea
Lin Ming-Li

The sea has many stories
sorrowful...
　　Captivating ...
magical...
　　sweet...
all with a theme
—— Love
It needs no words
　There is no realistic distance
once you think of it
　It would rise like the wind
And the world would become clear and
transparent

Love is the same
It won't be bland all the time
Whether it is entrancing
Or wild
It also makes people suffer
It makes people strong and proud
　once you think of it
Sometimes it will make you sad
Sometimes it will arouse a smile

（Translator：Dr. William Marr）

－刊臺灣《秋水詩刊》，第 185 期，
2020.12，頁 87。

林明理攝影

60.重遊東管處

　　驅車來到座落在成功鎮東管處。藍色的海面上金光閃爍，越發耀眼。廣場邊，有座二層的都歷遊客中心，從觀景台上看下去，一艘大船緩緩遊移在廣闊的太平洋之間。綠澄澄平整的草地上，有些竹製、石頭等裝置藝術作品。這片淨土有股令人無法置信的寂靜，遠方的綠島也隱約可見。

　　記得有一回，順石級而下，穿過了開滿睡蓮的池畔，一

群遊客好奇望著。幾隻善變蜻蜓時而棲在蓮蓬，時而飛在水上，再加上一群小孩驚喜的笑聲，煞是熱鬧。

回到樓前的看台已將近中午。走道上只剩下仍然遊興不減前來遊玩的人開心地合影留念。風是無時不在的，先從海對面吹拂過來，陽光把背面山脈上的山林映得一派蒼翠，海岸這邊已經籠罩在一片寧靜和舒暢的閒暇中。

我看到一棵大樹下，有的坐下來眺望美景，有的圍成一小圈，還有一對父女在草地上追逐嬉戲。我看到有子女推著老人家的輪椅，幸福就掛在嘴角，沒有絲毫扭捏造作。也有八十多歲的老婦堅持自己步行，步履蹣跚，還不時招呼著孫兒別跑得太快。頓時，我被包圍在一片溫馨的畫面之中，心想親情原本正是這樣，全出於自然，無所謂現實和各種利益。

我看見了他們在旅遊中用期待的目光看著我，我不覺親切地微笑。我看見老婆婆嘴角也微微一笑，卻沒有出聲。我趕緊揮揮手，便轉身離開了東管處。

啊，我深知風也笑了，太平洋的眼光閃爍，依依不捨的情緒在心底生根。只因為這裡太迷人，都是山海風情的緣故，讓我盡享大自然贈予的浪漫與遐思。

－2020.05.04 完稿

－刊臺灣《更生日報》
副刊，2020.10.25，及
攝影作品 5 張。

恆春民謠館/林明理攝影

61.恆春古城的黃昏

跟我來吧，像遠空之鷹，在恆春半島間穿行。

一首民謠兀自響起，自古城的角落，為族民輕唱著。

是風在低訴歷史，是或近或遠的城門、海浪……

在暮色來臨前，悠悠地聚力演奏。

是猴洞山的老榕，在風的親近中，回應著各種草蟲。

跟我來吧，像草原之鳶，和世界跳支舞。
那歷年整建的古城，物換星移的樣貌，已隨風而逝；
只有那老榕，依舊伸展著枝芽，
顯出它經歷滄桑的風骨，讓人感悟到
這座二級古蹟已有百年歷史的厚重。

跟我來吧，像臨風的飛蝶，再一次漫步老街，
我感到音樂在四周浮動，古民也唱出心中的歌。
讓我們走入那民謠館，在純粹的喜悅中溜轉。
說說大家印象中的《思想起》，說說作家陳達的創作，
說說那遠處有珊瑚礁公園，遼闊而古老。

跟我來吧，帶著海波之間的夕陽和唇邊一朵微笑，
在半島的星砂邊緣，滿懷安寧和自由。
啊，月琴的律動，──已深入我靈魂之中。
每當晚風吹起，就會撩起我的思念。
我願帶著彩墨，為老城裝扮那美麗的天穹。

－2020.05.05 完稿

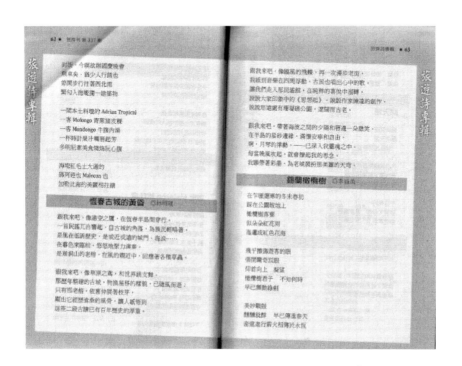

－刊臺灣《笠詩刊》，第 337 期，2020.06，頁 62-63。

林明理攝影／畫作

62.池南夢尋

　　近午時分，大地溫柔地看著園區蝴蝶飛舞的影子，風與山丘寂靜。池南的聲音，嗡嗡的蜂鳴，縈迴於我夢中，如風吹過原野，如河流流過我身邊。

　　我毫不猶豫地迎向它，不管夢境究竟是否虛幻，但若是真的，我也會遠遠地望著，那或近或遠的山櫻、樹林、部落……在陽光映照下，從山頂俯瞰的鯉魚潭，格外充滿朝氣。春雨方歇的山徑，一隻背著光的人面蜘蛛在枝枒間成了剪影，除了烏頭翁，配合著樹蛙、草蟲的鳴聲，萬籟俱寂。

　　漫步步道兩側間，我緩慢而謹慎地踮起腳尖；正要拍下一隻白鶺鴒的身影時，牠卻迅速飛離而去。驀地裡，從天空傳來一聲嘹亮清脆的鷹啼，劃破這春日的寂靜。沿徑有筆筒

樹、山蘇、梅樹、八重櫻及樹型高大的楓樹，但匆匆來去的
蜂蝶和臺灣獼猴、松鼠卻在此刻藏匿得無影無蹤；只有那遍
植林間的楓香、肖楠等林木，依舊伸展著茂密的新葉，美得
像一首抒情詩，讓我內心對這座森林遊樂區溢滿了愛和驚嘆。

我坐在林道旁，默然無語地注視著區內保存的蒸汽機關
車等早期木材生產時期使用的大型機組設備。雲霧悄然隱沒
在林梢的邊緣，風正密談著池南部落的故事……那歷史的片
斷及前塵往事，在天際盪漾。

美景如畫的池南，當地阿美族語為「Fanaw」，聚落卻有
段遷移的艱辛。當年七腳川事件後，日本人將七腳川社的人
分散到各社，幾經遷徙，頭目 TopecFotol 遂率領族人移住在
壽豐鄉池南村的鯉魚山與銅門山之間。

如今，我看到了一個沉睡的池南部落，數聲雞啼，喚醒
了安靜的夢幻。部落的歌聲在夢裡……夢裡的朝陽，爬上屋
宇的老牆、碟型天線，還有巷道，有族人說笑著。那些記憶
裡的花香，飄舞的櫻影，又在我心中澎湃不已，彷彿我已然
回去了。我的額上被輕輕一吻，來自於阿美族人熱情的鼻息；
村民的歌聲，深化那一片莽莽青山，包容一切的林相萬物，
延續在紅塵的陽光中迴盪……迴盪在池南森林的空氣中。

歸途，掠過溪邊的櫻樹林，波光盪漾的山林跫音。那緩
坡的小路，那影樹交錯中的粉紅，像個花仙子……有一大群
白耳畫眉在晃動的樹枝上跳躍，在香階的霧中。漸漸地，溫

暖的陽光把芬芳變得清晰起來。我聽到遠方細微的聲音，從東岸吹來的風，默默無言地在花徑裡藏身。

　　我想起泰戈爾的詩裡有段佳句：「美對我們是甜蜜的，因為它與我們的生命伴著同樣短暫的旋律起舞。」我願跟著風，回到那些曾經身歷的飛行……喔，朋友您可知，所謂幸福是什麼模樣？我很好奇；原來在某個思念的瞬間，感受到內心充滿了愛，就是幸福。

－2021.02.27 完稿

　　－刊臺灣《青年日報》副刊，2021.03.28，及畫作1幅，攝影 1 張。

林明理／攝影

63.在日出的月光小棧

　　初次到達都蘭山麓的月光小棧，是去年三月的一個午後，它的前身是都蘭林場行政中心。我用雙臂擁抱大自然，閉目靜聽圓柱狀的空間水琴窟的妙音…那翠綠叢林和太平洋的湛藍，交融成最美的景致。

　　這次前來，雖然入口處告示牌上寫著，因疫情暫時閉館中，但我分明聞到了一股清新又純正的味道，周遭葉片也是舒展的。幾隻藍蝶舞在粉紅九重葛花間，野鳥和斑鳩也從林裡飛來，在樹梢間鳴唱。只有小小的花，默默地在石階旁自顧自地生長，大地靜好。

　　站在令人懷舊的日式木造建築前,我看到了遠方的綠島,也想起有位駐站的阿美族藝術家對我們笑了笑,便繼續埋頭苦幹,以木片烘製成手寫的「心經」。那專注的背影,讓我難忘。風也靜靜地立在那兒,跟靜立的山巒一樣。

　　清晨的一縷光讓綠島從海平面醒來。一艘漁船划過,不多久,海面又恢復了寂靜。數十畝水晶的林野,就在山巒的臂膀上。不知不覺間,我的身體裡也裝進了鳥聲,樹林和山的氣息。

　　聽說,綠島有著世界上最古老的活珊瑚群體,正以極緩慢的速度移向本島;而我像大冠鷲留戀盤旋不去。微風習習,天空澄靜,那轉瞬淡去的雲彩,徐徐漫過來。小憩在林間,閉上眼,滿耳幸福。

　　歸途,路過都蘭部落,突然間,我聽到一群小朋友高聲唱頌,從教堂裡傳出來,音色甜美豐富。那一刻,心也跟著喜悅了起來。原來,每一朵花,每一種植物都是大自然的恩賜,值得我們感激深思。無論是感受清風拂面,或聽一曲久遠久遠的歌,都能讓人思念綿綿。

　　－2020.05.12 完稿

－刊臺灣《中華日報》副刊，2020.05.25，及攝影 2 張。

巴西鳶尾花/林明理攝影

64.漫步在山海鐵馬道

這一天早晨，黎明如閃電般，從對面山巒上出來。我走進熟稔的木棧道，夏風像是調皮的小孩，潛進樹枝的空隙，引起花兒的笑聲。

記不清在這裡走過多少回，從不曾感觸到北宋詞人周邦彥所寫的「春歸如過翼，一去無跡」的對景傷感之情，只是覺得日子過得好快。那些不經意間綻放的花兒，又再一次開花結籽。經過了暴雨的洗刷，殘花綴在細枝上，卻變得更加堅強了。

在我耳旁響起的，除了自己的腳步聲，還有風聲，鳥聲。我不時回望這片蔥綠的樹林，呼吸著熟稔無比的新鮮氣息，

心頭湧起一股深深的眷戀。這條環繞臺東市區的環狀自行車道，它是利用廢棄後的舊火車站與所屬的鐵道空間所構築而成；而長長的小徑，也是我心靈永遠的棲息地。

從舊站的鐵馬道入口望向前方，看沿途公園、河流、海濱、田野和隱於遠處的山林，景象萬千。無論漫步於青枝綠葉間，或是騎鐵馬於紅綠相染中，一俟夏季，蟬鳴四起，這裡的花兒就會跟著繽紛起來。

我感覺到，現存的舊鐵道難得保存良好的，唯有這條有八十餘年歷史的台東舊站，完整地保留了日治時期車站的素樸風貌，始終留著一段悠閒的時光空白任由旅人去打撈。它是過往歲月停靠的驛站，也是市民心中難忘的圖騰。

走入綠色，走到臺東縣警察局民防管制中心前，那一片優美的白鶴芋已在黎明的晨曦中若隱若現。還有早起健走的年輕人、推著輪椅的老人也紛紛出來，品味晨光的美好。彷彿中，我也是自然的寵兒，徜徉在大地山水間。

是啊，人是無法戰勝回憶的，而故鄉的風景，永遠是最美的。瞧，鳥兒飛走了，天空又漾出了霞光。那些沿著鐵道的記述文字，從軌道、枕木，還有火車的故事或愛情，也一一掠過……猶如拂過綠樹的清風。

－2020.05.18 完稿

－刊臺灣《中華日報》副刊，
2020.06.13，及攝影 2 張。

畫作、攝影／林明理

65.新蘭漁港之晨

　　涼晨中，我用眼睛拉開蒼穹，那守在雲間的山頂如金銀般閃爍。沿著碼頭走過，大千世界漸漸地光亮起來。我聽見浪潮就在前方，彷若一切拂逆與困厄，全部漂走。

　　長堤末端的紅色燈塔、或近或遠的山林、綠島、村落……在波光粼粼下，多麼靜寂，多麼愜意。涼亭旁，每根細枝，每一隻蟲動，在互訴心事；而我像一片微醺的落葉，在空氣裡喃喃。

　　驀地裡，一隻蜜蜂在紅千層花間舞動。一隻野鳩，在林

頂上低飛，又對我繞著圈，終於停落在椰樹上，也棲息在我的心巢中。

那漫無邊際的海天之間，風悠悠地，掠過曳船道、淺灘；充滿甜眠的光，浮漾起海的蒼冥。我踱著步。仔細瞅瞅這座位於都蘭灣的唯一漁港、防波堤，還有海巡署巡防局設立的安檢所。是什麼闖入我眼眸在靠近？是浪花，是瞭望潮汛的燈塔？還是一個海巡隊員帶著一隻外貌威武的警犬不經意地露出一抹微笑。

這時，白雲背後，以及海面的銀波上，滿是朝霞的金光。遠山幾片，紫精屏風般的灰綠，比天空更柔和。看，還有幾艘船筏，三五釣客，在岸邊垂釣。一陣風拂來，把我幻化成一棵樹，昂首矗立，靜靜地享受著陽光的沐浴。

德國詩人里爾克曾說：「美為最初、天然。一切正在形成中的，皆會變美。只要人們不去干擾它。」在這裡，壯美的晨曦，海岸線綿長而迷人。一個記憶，慢慢在此佇足，而時間是唯一會呼吸的海洋。

啊，那是太平洋柔柔的海波，清晰地輕喚，此處或彼處。而福爾摩沙正以遼闊之藍，和雲朵競相唱和；引我獨處光陰深處，滿滿都是故鄉的思念與祝福。

－2020.09.02 完稿

－刊臺灣《中華日報》副刊，2020.11.10，及水彩畫作品 1 幅。

66.水果詩二首

林明理攝

1.石榴

累累石榴，
每年春天總能躲過風雨，
像是花中的智者，
在五月繁枝中綻放。

我愛看它的花，
結成圓嘟嘟的果，還有
動不動就臉紅，
像極了小女孩的笑。

林明理攝

2.酪梨

多年前，種了棵小樹，
某天早晨，
發現它已開出小白花蕊，
且爭氣地結了九個奶油果。

每當蜜蜂和蝴蝶親吻它，
我便感到如此快樂。
它在陽光雨露中歌著，
我只幫忙鼓掌叫好。

　　　－2020.5.26 完稿

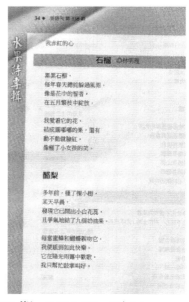

－刊臺灣《笠詩刊》，第 338 期，2020.08，頁 34。

紅嘴黑鵯攝影／林明理

67.遊賞賓茂部落

歲月讓我聽到了濤聲、大武山的靜好。於是，我帶著對往日旅遊的眷戀，被一朵雲帶回溫泉水脈蘊藏量豐富的金崙小鎮。

風吹過美麗的聖若瑟天主堂，吹過紅嘴黑鵯們歡唱的聚落，也吹過我雀躍的心。它裹著紅藜香，也含著樹林的芬芳……而我彷彿乘著風來到賓茂部落，一個寧靜純淨的桃花源。

　　一般遊客恐怕絕少有人知道，村裡的六個頭目門前都立有木雕標誌。一路走進去，隨處可看到許多屋牆都有彩繪壁畫，或穿著傳統服飾的人像，或百步蛇，太陽，或陶壺等圖騰，線條簡潔有力，顯示出藝術美及族人保有的純真。

　　告別了賓茂村，順著迤邐山路，抵達一座虹橋，從這裡眺望太平洋，山巒在雨後一片蒼翠，耳邊是潺潺的河流。恍惚間，有股清新空氣撲面襲來。再往前行，深入山腹，入館前，有一片廣闊的花園，其旁不遠，矗立著一座展翅老鷹的地標，頓感氣氛恬適開闊。

　　但見一樓展覽室排灣族、魯凱族的展示文物中，有狩獵武器、服飾、木雕、編織等工藝品，使我印象深刻。還有多媒體放映室播放影片，展現大武山林相、動植物等生態之美。

　　步上二樓的生態展示室，除有食蟹獴、赤翡翠、黑熊、藍腹鷴、野山羊等動物標本，形象莫不生動逼真；此外，這次還有義工從旁解說，十分親切。

　　眼前景象交織著大自然的薈萃和族群的融洽，歸途中，我聽見鳥鳴在看不見的樹蔭裡，我聽見溪水的回聲，帶著心湖上的漣漪，一圈圈……湧起自己對這片廣袤生態林與風情的感激。

－2020.05.29 完稿

　　—刊臺灣《青年日報》副刊，2020.12.27，
及攝影1張。

林明理／攝影

68.台東大學記遊

這個假日，自市區驅車，經知本大橋而上。至台東大學圖書館旁，有座蓮池，是我常流連探幽、神馳不已之處。

我真的很愛睡蓮，愛它花開花落，一種自在恬靜、迴清倒影。

展眼一望，花徑周遭建有多棟教學大樓和宿舍等建築，青山環繞，飛鳥入林，生態豐富。我常兀自坐在黃昏的大樹下，遠眺如琴的「鏡心湖」湖畔，看白鷺輕掠淼淼波光。或縱覽一片迷人的晨霧盤踞山頭、雨後花叢間綻放的各色小花。

此刻，時光彷彿倒流數十年，回到當時還是大學生的我，每天下課後，也喜歡扛著背包，窩在圖書館埋首苦讀。偶爾也會抬頭看窗外校園裡那片木棉花，帶著不可思議的色調。不知何故，那景象一直在我心中縈繞不去，也讓我湧出希望與釋然一笑。

是啊，世間有好多美好之物，比如山明水秀、琴音和回憶、大海和夕陽，天宇和星辰。當時間飛逝，縱然我們只是滄海一粟，但老天總會留給我們悲憫、一個施善與努力以赴的舞台，留給我們舒發平靜的一些好書或一片難忘的風景。就像漫步在這校園，只能通過美感，才能領悟其動人的光影和形象。

邊回湖畔近側，暮靄裡緩步徘徊，一座宏偉建築出現在眼前，我記得那時有三隻小野鴨並肩悠游，一隻蒼鷺迎眼而入，在淺水中舞動翅膀，趣味盎然。

令人印象深刻的是，校園裡有座金字塔形的圖書館榮獲全球八座最具獨特圖書館之一和 2019 年全球卓越建築獎。它不只是校園裡最好的與最生動的景點，對我而言，也是一座真正的、崇高的綠建築。站立於旁，按下快門那一瞬…純粹的歡愉湧冒於心中。

－2020.05.28 完稿

－刊臺灣《中華日報》副刊，2020.07.08，
　及攝影 3 張。

林明理攝影

69.穿過舊時光的瑞和站

　　我曾於夏蟬正熾時前來瑞和站，進了門口，這裡曾是村民唯一對外的地方，如今已經沒有台鐵人員駐站，變得有些空空蕩蕩。環顧了一下，售票窗口上方還保存著站名，旁邊立有標示，可洽詢或購買冷飲、小點心等服務。

　　別看這小小的車站，卻有著豐富多元的人文歷史。它設立於大正十二年，一九八九年後改為招呼站，歸瑞源車站管

轄，瑞源站因瑞和站獲得二〇二〇年交通部頒發的「金路獎」。

　　倘佯在這近百年的鐵道旁，偶爾聽到一聲蟬鳴，鳥語吱喳嘹亮。我看到一片綠色草地長廊上，貼滿了各式各樣經由追尋村民的集體記憶所連結而成的黑白照片，其動人的畫面及背後的故事，有種返樸歸真，耐人尋味之美。

　　令人懷舊的是，這些緊密相連的舊時代農村生活照，它們聚集而成一條時光走廊，在金色的天空下閃動，互相輝耀；而那些老屋、陳年舊事、耕耘播種或婚嫁、結業合照的居民或鐵道員，也映著動人的光澤。如果我們用心去看，就會重新認識這塊土地上的回憶，就會瞭解它的紀念性及歷史性。

　　我信步走著，在一棵綴滿黃花的阿勒勃大樹下，清風徐來，涼爽而愜意。我看到號誌桿上掛著「七腳村」的鐵牌，特別引起我的好奇；也看到山巒之間，一條展開的軌道，兩旁綠林上方鑲著藍天白雲，悠悠緩緩，在鹿野鄉的田野山河間遊蕩。

　　在秀麗山色面前，我出神注目，遊思遠揚。是的，過去那些曾經走過大時代歲月的火車，如今藉由驛站的重生，已展現幸福和一片安寧。當暮色漸上，歸途，那時光驛站的靜，是回憶，也是展望，成為我內心的風景。

－2020.06.02 完稿

—刊臺灣《馬祖日報》副刊，2020.12.09，
及攝影7張。

林明理攝影

70.加路蘭之晨

驟雨過後，加路蘭（Kararuan）海岸像母親的殷盼，如鷹的歌聲，騰飛到我身旁。於是我穿越都蘭山下的土地和環繞太平洋的風，只想瞅見那壯闊的山影、金色的波光，還有聽那浪濤砰砰擊響。

步入觀景台，朝霞漫染。當曙光掠過我心房，掠過柔細而耀眼的長灘上，掠過我足下踩著被海浪磨光的鵝卵石……那些疊影，活在心中，也勾起了無數的仲夏夢。

在這麼廣闊的靜謐中，遠眺波紋狀的海岸線、特殊的海蝕景觀，漁舟三兩個，甚至還能看見綠島俯臥在海面上。

忽而夏蟬聲起，遂想起鳳凰花開時節，童年的點點滴滴，都是腦海中幸福的記號。一隻烏頭翁由枝桿端詳我，引領我朝向純真的歲月 ── 釣青蛙於其中，螢火蟲於其中，都可以從風中回去的。

當記憶的空隙，漫無目的地飄浮，沿著我的傘尖看去，雲彩變成了小白船，那麼輕盈，那麼柔美。無論幾度寒暑，浪花都會逐一記錄我的憶念。

啊，美麗的加路蘭，這藍碧的水，稀微的風與白色的光，彷彿置身夢幻的史詩場景。我感覺到沉默的沙灘和相依的風是多麼柔和，如一旁的林野等待於光與礁岸之雲的呼喚。

涼亭前，還有片寬廣的草坪，豎琴上的小風車、或船型漂流木等裝置藝術，在日出之時似乎無言地宣導永續自然的美學觀念，而我深深地喜愛這種創作的價值。

每當妙曼的月兒在林梢，我把耳朵貼進這塊上蒼遺落在臨界山海之間的翡翠海岸上，就聽到那浪潮在夢中的旋律，那阿美族部落的故事和遠方不斷眨眼的星子如一群頑皮的小孩向我招手。這的確是幸福的倒影，也是永恆的珍寶。

─2020.06.05 完稿

－刊臺灣《中華日報》副刊，2020.09.13，
　及攝影2張。

林明理攝影

71.重遊泰源幽谷

一隻鷹從峽谷飛起。青色的泰源盆地、馬武窟溪下游的溪水，瞬間，都有了音樂性的圖象，空靈絕俗。

這裡有個百年以上歷史的阿拉巴灣部落，祖先來自富里、瑞穗等地，大多在此墾植稻田和果園。恍惚中，時光停滯，有阿美族古謠飄揚山谷間。我在聽，夏蟬的交響曲也迴盪在登仙橋畔。

但見獼猴三三兩兩，遊盪在樹叢間。兩旁陡峭的岩壁、壯麗的原始森林以及滿佈巨石的河階，是最浪漫的。

　　沿著舊橋走來，山巒起伏，野鳥低鳴。驅車抵達泰源國小門前，茂盛的茄冬樹上歇滿蟬的歡快鳴叫，在嘹亮的聲音裡，我聽到隱在山中深處的寂靜。我看到佈告欄上貼著許多溫馨感人的紀事，訴說著部落裡的親情和感恩。

　　當我找到了白冷會傳義修士所設計的泰源天主堂時，心靈便安靜下來。我看到有個社區的年輕男子正關照著老人，心中湧起一股暖流，也感謝聖母醫院的志工團隊，讓我把集聚內心所有的感動，安頓在這座老教堂的歌聲裡。

　　在這裡，彷彿有種光芒透著純淨的氣息。因為時光裡的泰源村，被鳥雀和歌聲環繞的森林，水面似透鏡。我踮起腳尖，按下快門的一瞬，細碎的陽光是背景，天空無語，卻令我沉迷。

　　我看到族人互相扶持的感情，看到散發潔淨光芒的神職人員及義工們無私的奉獻。那些古老的故事，把過去的歷史串連，在天幕之間迴盪……而風總是靜靜地吹，在這夏日慵懶的午後。

－2020.06.09 完稿

　　－刊臺灣《青年日報》副刊，2020.7.26，
　　及攝影 2 張。

林明理攝影

72.海邊冥想

我想和妳依偎在
加母子灣，共享晨昏
和所有參差的回憶。
在這個古早傳說 ——
阿美族人視為祖先留下的
神聖場域裡，
時間輕盈地飛躍……
沿灘走去，海水澄淨透明，
偶而傳來珊瑚礁聲音。
此刻我的身體浸透著

海藻、晨光、樹林
和都蘭灣的藍。
啊，浪花真可愛 ——
自我們暖暖的
小時光張望。
我想畫妳微笑的
姿勢：慵懶，甜美，還有
荷葉邊裙襬。
在我眼睛深處，大海
一直都在，
與我分享快樂和悲傷，
而妳的微笑如歌，
不可思議卻令人開懷。

－2020.06.11 完稿

－刊臺灣《笠詩刊》，第 340
期，2020.12，頁 114。

攝影／林明理

73.雨中的部落

一隻烏鷲飛過,驀然停在電線桿上,於是群山有了動感,節奏悠遠。

沿著雨水打濕的田野上的蟲鳴,映入眼簾的是一座遺世的「山里福音教會」。古樸的老松,扶桑花,還有草葉上的垂露,純淨如雪。

風把相思剪成了紛紛細雨。我站在教堂前,聽歲月低吟淺唱,恍惚間,聖歌響起,像一灣清泉潺潺流過。

信步走到阿美族人稱為 Kamatolan 的聚落,我看到部落的長者正細心地關照著幼童,看到院牆上彩繪著阿美族的圖

騰文化，煞是好看。雖不懂他們的語言，但知他們喜歡歌舞熱愛自然。

不期然地走入初鹿國小山里分校，一隻紫斑蝶沿著教室的舊牆邊輕盈地飛著。這裡曾是部落的孩童們朗讀、嘻笑、歌舞的樂園，如今空蕩蕩的鞦韆給人留下無限的懷念。

最後來到寂靜的車站，沒有天橋或地下道。當我在月台看到站長的背影以及一輛區間車緩緩靠近時，彷彿跨時空的超連結，不知怎地，就憶起小時候，也是這樣清早的雨天，蹲在月台上握緊父親剛買的綠豆沙餅，一邊注目著北上火車進站，一邊揮手告別……突然聽到父親喊我的名字，我回頭一笑，心頭暖暖的。

我把目光投向軌道，悠遠背景下是迷濛的山。以車站為中心，四面八方有更多的風景。剛見識了月台旁有隻貓咪瞇起眼睛在打盹，現在又感受了小狗搖尾巴的良善，高懸的珠頸斑鳩也在梳理羽毛，平添許多逸趣。

候車室牆上貼滿了舊時代的車票及導覽圖，訴說著百年來族民踏實的記憶與歷史。那時刻，已成為我旅遊中一個難忘的瞬間。

－2020.06.16 完稿

－刊臺灣《青年日報》副刊，2020.09.02，
　及攝影1張。

作者於木雕室前攝影／林明理

74.重遊初鹿牧場

　　記得四年前偕友遊卑南鄉境內全台唯一的坡地牧場，那時的阿勃勒步道已花開璀爛，像是音樂注入這片愛情之樹，每一片花瓣都是一首浪漫的詩，讓我印象深刻。

　　今年仲夏，我又走上金雨紛飛的舊路。那些自由歡快的蟬，盡情吹著高亢而悠揚的曲調，那麼響亮動聽。遂想起蟬

嘶的童年，農莊的房子，水牛在遠方放牧……想起了莿桐花開，舞動的金黃稻穗，閃耀的蔗田。

時間在走啊走，在這蟬鳴季節，沿著傘尖看去，忽地，一樹幹上一隻攀木蜥蜴，瞅著我直看，帶給我許多驚喜。陽光在花間跳舞，水舞區戲水的孩童，還有整片英式花園醉人的綠，蕩漾在融融的笑語間。

那放牧區木欄邊的花，綻放於廣闊的草坡上；浮雲層層翻湧 ── 在清靜的茵綠與藍間，互相映襯。而那群乳牛背上托起的太陽，是如此緊鎖我心靈的故鄉，遠山的目光，已斟滿了我的思想。

當黃昏的淡雲飄來，時間泳於森林咖啡館前鋪滿草皮的碎石上。於是我點杯薰衣草奶茶，細細啜飲……外界的一切輕浮，彷若雲煙。一片葉，一朵花，讓我的繆思，合起了眼瞼。

此刻，大地靜寂，一襲微風穿過溪流和山崗。那淡淡的月光如夢似幻，總使我聯想起，曾經在草坡散步時看到一隻白馬與我四目交接的悸動，風在前面的小路上，我們邊走邊談，依舊對未來閃爍著斑斕的夢想。啊，那熟悉的樹影與草坡漸漸靠近，讓我再次沉浸在喜悅的一瞬。

－2020.06.23 完稿

　　－刊臺灣《中華日報》副刊，2020.08.12，
　　及攝影 2 張。

*2020 年 7 月 31 日週五 MAIL

明理安，因待刊稿甚多，抱歉讓您久候了，本文安排於
八月十二日刊登。

敬請期待。謙易

林明理攝影

75.原生應用植物園記遊

一個明媚的夏日，帶著單眼相機、一個行囊，偕友驅車去踏青。山路幽幽，滿眼都是綠色。

這是座落在卑南鄉山區初鹿牧場旁的植物園，可謂臺灣藥草的故鄉。徜徉在偌大的園區裡，如一尾愜意無憂的錦鯉，再浮躁的心也會被撫慰。

這裡有廣達上千坪種滿各式保健藥草、本土香草或藥膳植物、養生野菜等，映襯植物園的綠葉與池水，讓人遐想聯翩。聽說，園內有珍奇的蕨葉，堪稱蕨類遠祖，彷彿穿梭在

時光的倒流裡，古老的氣息，圍繞在我的四周。

　　此外，園內還飼有駝鳥、羊、小型鳥等動物，在草地上，白鷺鷥、野鳥隨處可見。蟬在叫喚，聲音傳出很遠，「知了－知了」地，牽住旅人的衣衫，連髮都染上淡淡的菜花香。

　　近午，邀友人入養生餐廳，我嗅見長桌上擺滿了山芹菜、土人蔘、龍葵等野菜，這裡的汆燙鍋堪稱園區的一道名點，還可暢飲白鶴靈芝茶、香茅綠茶以及冰品、糕點等熱食冷食，讓遊客大飽口福。歡快的用餐時光，如今想起，鮮若昨日，心裡也甜滋滋的。

　　臨行前，我們在園區正中央一座造型優美的「生活伴手館」二樓購買了茶品。自然恬淡的茶香，讓來自香港的遠道友人臉上都洋溢著笑容和滿意的神色。

　　臨走時，微風吹來，一個清澈的水塘裡，有幾隻水鴨正在嬉戲，銀光飛濺。三五成群的小羊悠閒地在吃草。每一眼看出去，都是一幅靜止的畫面，一分安逸與自在，一分從容淡靜，還有綠色的內涵和外延，令人興致勃勃！

－2020.06.24 完稿

－刊臺灣《金門日報》副刊，2020.7.2，
　及攝影 1 張。

林明理攝影

76.集集站遐想

當區間車動身時
偶一回首
我找到軌道旁的一方陽光
是那樣亙古
那樣寧靜
那樣明亮

月台上的風習以為常
讓「九二一」都變得淡然
而最能挑起我記憶的
正是庫存的往日 ——
雖然震垮了
又得以原貌重建

在這裡一切跟天空十分相像
沒有任何矯情
卻更讓人嘖嘖稱奇
那斷斷續續的
回音
在廣場前飄蕩

是風在訴說 ——

歷史的迂迴或淒涼

引我進一步想像
讓我忍不住回轉身軀
望它的背影
是那樣勇敢瀟灑

－刊臺灣《笠詩刊》，第339
期，2020.10，頁103。

註：集集站（1922年1月14日啟用），走過九十八
　　年的集集站，舊稱集集驛；曾經歷1999年「九
　　二一」大地震襲擊，而今是南投縣旅遊勝地，
　　設有集集鐵路文物博覽館，為台灣歷史建築百
　　景之一，也是從日治時代留下的唯一車站。

－2020.07.06完稿

林明理/攝影

77.日出新蘭漁港

那個山海環伺的秋日，
世界像首詩，梭巡蒼穹下。
青春與愛情在沉默中
逝去，又悄悄向前。

但是晨曦依然絢麗，
所有熾熱而純粹的愛——
掠過波光，
忽地變得栩栩如生。

是什麼闖入我眼眸在靠近，
是浪花，是瞭望潮汛的燈塔
還是愛情馱著我在岸邊，
不經意地露出一抹微笑。　—2020.07.08 完稿

—中英詩刊臺灣《秋水詩刊》
，第 186 期，2021.01，頁 74，
非馬英譯。

77.Sunrise at Xinlan Fishing Port

Lin Ming-Li

An autumn day surrounded by mountains and seas,
The world is like a poem, moving under the sky.
Youth and love remain silent
Disappearing, then quietly moving forward again.

But the morning light is still gorgeous,
All the passionate, pure love
Carrying by the waves,
Suddenly become   alive.

What is that moving toward my eyes?
Is it a wave? a lighthouse that looks over the tide?
Or is it me carried by love on the shore,
Inadvertently showing a smile?

（Translator：Dr.WilliamMarr）

林明理/攝影

78.老驛站懷舊情

不知不覺間，鳳凰木的殘花停留在八月，風總是微微的，甜甜的吹，時時送來的野鳥聲也沒有變。

放眼望去，台東舊站佇立著三座逾百年的機關車庫，軌道旁有珠頸斑鳩咕咕咕叫個不停，而陽光正好暖和，向臺鐵舊宿舍牆上雨痕悄然走過。

在曠蕩的草地裡，我凝視遠方 —— 廣場的建築與山色，是奪目的雄姿。沿徑而行，幾朵低雲，幾多思古情懷……只有風相繼訴說鐵道小故事。

　　步道上大樹郁郁青青。有孩童在花草中雀躍奔跑，有老人拄著柺杖慢慢地走，**倚著欄杆**流連憑眺。當我撫摸這舊倉庫斑駁的木牆，似乎有首老歌在吟唱。我看見車庫內鐵軌在廢站後早被拆除，留下的工作台遂成為碩果僅存的半木造結構車庫。

　　如今的臺東舊站已轉型為藝文展演空間的鐵道藝術村，它在歷史的洪流中像一首夜曲，自平鋪的星空唱響。而我穿游在音符與音符間的譜面，像是初次飛臨的雀鳥，拙笨地飛舞，在鯉魚山腳下。

　　我深信，無論度過幾個寒暑，這舊驛站週邊地區依然是市區的文教中心，繼續守護臺東的未來。就像這藝術村裡奮力滋長的葉瓣與蟲鳥，是那樣生機盎然！它醒在華燈中，有音樂在露天廣場上流動。

　　啊，古老的驛站閃爍著朝氣的光，它的柔音像首詩，輕微地在那兒奔馳。這裡只剩下美和真，美在藝術村的腹地，真在旅人心田裡。

　　我從不忘記這座舊站的面貌，歲歲年年，它溫潤了多少遊子最遙遠的夢。它殘留著無數孩子的純真，也將永遠披滿陽光的笑語，長駐我心中。

－2020.07.09 完稿

　　—刊臺灣《青年日報》副刊，2020.09.27，
　　及攝影作品 1 張。

攝影：林明理

79.流連蝴蝶谷

　　是自由的風不停地帶著我來到鹿野鄉桃源村北端，那是與龍田村臨界的鹿鳴溪流所形成的峽谷，我意外的發現了成群蝴蝶的蹤跡，就在曉月殘星漸漸隱退之際，我聽見了蟬聲唧唧，光影搖晃在一片濃稠的翠綠中。

　　經過鹿鳴二號橋之後再往前，就抵達蝴蝶谷。在這裡，白雲躺在水裡，花間野鳥妝點了森林，讓我思緒漫漫。

　　一條依傍中央山脈山脊，一道清澈的溪流，孕育出樸實的鹿鳴部落，還有樂天的布農人。只要一片森林、肥沃的土地，流動的月光映照著優美的祭儀歌謠，對他們生活而言即

已足夠。

　　溯溪而上，瞥見一隻雌性豆娘停棲在葉緣處，惹人憐愛。一隻黃鶺鴒踮著腳尖在橋上張望著我，一群白鷺鷥正交頭接耳討論熱烈，隔不多久，又飛往林梢。

　　在一朵山扶桑旁，我發現一大片紅藜、鳳梨田，還有數哩之外石碑旁有座祭祀廣場；每年族民都會在這裡舉辦射耳祭，展現族人的勇氣和自信。

　　我抬起頭，聆聽紅嘴黑鵯的呼喚，直到聲音消失。雖然已經來過多次，但樹林裡總是充滿了草本木質香氣，讓我一踏進蝴蝶谷，心便雀躍。這些安靜的夢幻或芳香，是大自然為我舉辦的音樂饗宴……從風中，傳遞給我滿滿的幸福。

　　歸途，所瞭望的盡頭，我聽見了更高、更遠，更原始的山區，有野鳥在看不見的群峰裡鳴叫。我聽見了布農族耆老在尋找兒時蝴蝶谷記憶的低語。我聽見了流水聲和陽光向著步道，循環往復。我聽到了森林在季節的更迭中，仍用深情的目光守望著。

　　是啊，只要用心諦聽，世界便有了歌聲，心靈便浸潤了美好。

　　　　　　　　　　　　　　　　　　　—2020.07.14 完稿

－刊臺灣《青年日報》副刊，2020.08.20，
　及攝影 1 張。

攝影／林明理

80.知本森林遊樂區遊蹤

　　我自己也說不清為什麼喜歡到這裡來。或許是過了紅橋，風便開始有了神祕而雀躍的氣息，或許是四季的更迭和大自然豐富的樣貌，只要用心諦聽，森林便會告訴我許多故事。

　　從榕蔭步道高處的鏡頭裡不時可以看到蝴蝶、蜻蜓或攀木蜥蝪的身影。夏蟬的歌聲，清晰、持續輕喚著，此處或彼處。經過大池塘，水面似透鏡，雲終於落下來。

　　我踮起腳尖，按下快門的一瞬，就聽到百鳥在林間啁啾，泉聲日夜拍打著山巒。池畔有個木橋，週遭是常綠闊葉次生

林，景物都恬然自足。

我在木棧道旁佇立良久，陽光細碎地灑落，像是給我光亮，讓我享受片刻寧靜的時光。然後，再一級一級往上爬；每一塊疊石，都沾滿泥土的芬芳。從山林間透出的天空和那片雲絮，也顯得格外飄逸奇幻。

折回頭時，偏遠的森林溪流和一片古老的土地，那片綠仍在耀眼的藍空下。我忽然記起一首歌謠：

> 在那遙遠的地方，有位好姑娘，人們走過她的帳房，都要回頭留戀地張望。

一支青海民歌在懷舊的風中迴轉，響亮至極。

剎那間，我從童年裡跑出來，聞到了那熟悉的稻香的氣息，在田中又唱又跳，像隻小蚱蜢。有隻小白鷺振翅了，旋舞如縷煙。我聽到了稻桿在清溪的小河畔呼喚，一輪紅日隔著那片稻田、田水的雲影，而天邊那片雲絮已伴隨著一小抹晚霞消融在田壟的盡頭。

啊，在這夏末月亮升起的光裡，知本森林遊樂區的靜好，讓我深受觸動，是心靈的愉悅與奇想之旅。

－2020.07.22 完稿

　　－刊臺灣《金門日報》副刊，2020.7.30，
　　及攝影 1 張。

Molly 的畫

81.莫莉和她的畫

莫莉是一位充滿熱忱又懂得與人分享的國中特教班老師。那年她正值二十歲，刻苦勤奮，隻身從臺灣到美國科羅拉多大學留學。

與許多同學不同，莫莉並不是藝術家，她所擁有的只是繪畫的樂趣、生活中簡單樸素的感性以及對她童年時代所能直覺感受的聯想力的眷顧。

如今的她，周旋於教學、研究進修及與人分享的生活當中。前幾天，我在整理書櫃時偶爾發現一張她的近作；讓我驚訝的是，畫中依然保持著純真的一致性構面。按我的猜測，

她是把美學思考與酷愛寵物想像在一起完成這幅畫的。這讓我眼底迅速劃過一絲快意，遂而想起兒時的莫莉，天生是個貼心的女兒，更樂意對父母坦言：對音樂與繪畫，她有著深深的愛。

多年來，雖然她在遠方，但我的思念卻從未減、心更熱。偶爾我會掛上老花眼，翻開她在幼兒時一些天馬行空的畫，有的像是神妙的語言或無字天書，也有許多畫著奇幻的自然或豐富的動植物。突然，一個念想浮現在我的腦海，有什麼辦法能使我的莫莉跟我在一起呢？我既不能飛到遠方，只有想辦法把這些回憶裝回一張張令人難忘的畫中。

正看得入迷，忽然郵差按電鈴的聲音，把我的思緒打斷了。收到的包裹是莫莉再一次快遞寄來的老字號糕餅，可見她的一片孝心。

每當神秘的星群，畫出星際線，或看到這隻可愛的小狗兒安適地打著盹的畫時，彷彿看到小莫莉熱情地向我跑來，歡跳著，紅噗噗的臉頰，讓我欣慰地笑了。

我深信，懂得愛的人，將永不會變老。有深愛的人，日子才會充滿幸福。當你愛時，上帝將光耀於你身邊。

－2020.8.22

—刊臺灣《中華日報》副刊，2020.09.28，
及 Molly（謝宜廷）的畫作。

林明理畫作（此兩幅畫已由臺灣的「國圖」
（當代名人手稿典藏系統）存藏之一）

82.時光裡的好茶村

聽說山愈高，愈接近上帝的殿宇。但我寧願相信全心體
味整片景色，不受旁人的干擾，也是一種心曠神怡的幸福——
——因為現在我想歌詠一個穿梭在時空的故事。

在時代的寧靜裡，原本世居於屏東霧台鄉海拔九百多公
尺山腹上的 Kucapungane（舊好茶部落），是臺灣唯一以保
存原住民聚落為主的二級古蹟。它有著魯凱族的傳說，發祥
地源自大武山西側、隘寮南溪中游。

　　據說，其祖先越過中央山脈，跟隨雲豹的指引而來，在此建立了部落，以石板屋建築文化聞名。後來因天災、土石流等因素，族人歷經數次遷移，最後移居到原瑪家農場的禮納里（Rinari）的永久屋。

　　而今，往返「雲豹的故鄉」好茶村之路迢迢，沿途行進艱難，有水瀑自大崩壁傾瀉而下、險峻的山坡、棧道、斷崖……回家，成了族人遙不可及的夢。

　　春去秋來，故鄉醒來了……它已長成一片百合花海。

　　第一個降臨的彩虹仙子，溫柔地凝視著，卻什麼也沒有說。第二個來自森林探望的小松鼠，立刻跟老樹攀談了起來。只有我在心裡急急地說：「好茶人，你們是否安好了呢？」

　　於是，天空沉默了。

　　涼風把我的眼眸變得深邃，看得更遙遠。我的心跟著編織一個夢，一個奇蹟般的夢幻畫面，—— 注視我的高山是一位勇士，晚秋的雲霧是它的孩子，在它的肩膀和胳臂上俏皮地躲藏嬉遊。

　　我看到山谷中有一條溝壑，一條小溪汩汩有聲，漫過河床……順著陡壁，時而遮掩著，時而追著陽光的峰巒，不停地歌吟著。

　　我看到，自己輕輕地踩著古老的石板路，眺望北大武山的壯闊，然後開始走在新好茶村的街頭。

　　我看到，一間石板外牆、刻有百步蛇圖騰的房邸，美麗又原始；迎面而來的山風沁涼如水。就在新好茶村前的溪邊，有一處水潭，是族人戲水的好地方。

　　此刻，我走在時空的空隙中，聽見部落的風喃喃細語：「哦，我的朋友。」我喜出望外仔細地聽，才聽個明白。離開時，水雲瀑布復響。我揮了揮手，內心莫名地感動。

　　「那麼，雲豹真的消失了嗎？」我滿懷期望地問，背景上的大山還鬱鬱蔥蔥，此刻在初曉的清霧中彷彿多了個虛影。牠是山林史中的精靈，正沉醉於池畔的樹影；那尾巴溫和而輕柔地擺動，神隱的身影有一種孤獨的靜默。風給我打了個手勢。

　　「是的，牠仍在耆老們神話傳說中，依然存在於每個魯凱族人的心靈深處。」然後，風發出了一聲悠遠的長吟。

　　這是一趟心靈的旅途，恍若浮動的心影，真實與想像之間亦如好茶村走過滄桑的探尋，也是我最想望的、美麗的部落境況；那原始的聲音，經常縈迴於夢中，如風吹過原野，如溪河流過我的身邊，總是喚起最真摯的思念。

－2021.01.09 完稿

－刊臺灣《青年日報》副刊，2021.03.21，及
　林明理畫作 2 幅（本文畫作在青年日報副
　刊的網路刊登 2 幅，在報紙刊登 1 幅）。

作畫及攝影／林明理

83.小莊和她的希洛

希洛原是流浪的一條小公狗,被鄰居小莊家飼養了九年。牠忠心不二、極為乖巧,久而久之,牠把自己當作是社區的一份子,大家也習慣牠在晨昏跟著主人到處閒逛、巡邏。

記得第一次認識牠時,正巧是微雨的清晨,小莊站在紅

磚的人行道上對著我大聲說：

「看哪，妳家屋頂上出現兩道彩虹！」

希洛沖著我搖頭擺尾，似乎也懂得彩虹的奧妙，樂在其中。那一幕，讓我過目不忘，從此對希洛多了一份莫名的關注。

前天，小莊載著我直奔鄰近的卑南水圳公園。開始我也不太留意希洛的興奮跳躍，直到不經意地發現牠不再時而蹲著或趴著，像一位耳聽八方的哨兵，而是變為一個驍勇而善感的詩人，時而望著遠方的山巒，時而把眼光躍入池中浮潛，神情生動活潑，讓我不禁暗自忖度。

到底希洛在想些什麼？我靜靜地按下快門。牠也時不時回頭看看我，目光是溫順的，卻一副若有所思。

翌日，起身梳洗後我便出門遛躂，念及希洛。沒想到那麼巧，剛繞過小莊的家，就看見希洛從草地上對著我搖尾巴。我示意牠跟我走，牠卻只抬頭看看我。我心想，牠八成是記住我了，但必須等主人起床，這是牠的職責所在。於是，我向牠揮揮手，繼續踏著碎步離去。

有一次，我問小莊，當強颱來襲時，希洛住在哪兒呢？她說，她會把牠從庭院進入客廳裡避風雨。經她這樣一說，我心裡暖呼呼的。當我拍下希洛用舌頭去舔她的主人的手和

她帶笑的嘴角,從那時起,我深信,希洛已有了長久的依靠。

是的。在希洛的幻想世界裡,牠的媽媽不只是個護士,而是給予牠溫暖和信任的人,而牠同樣回贈全部的愛。有時我覺得這種關係比人與人之間的關係更純粹,更讓人感動。

不知什麼時候,我竟也察覺望著門口守候主人的希洛,坐在晨光照射的草皮上,或靠或躺,身影是如此美好!

-2020.08.28 完稿

— 刊《馬祖日報》副刊,2020.09.02,
及攝影 3 張,漫畫 1 張。

84.一個熱心的朋友

── 林參天議員

　　初次拜會時，是鄰居開車載我前往的一個上午。入門，目測了一下，三角窗的辦公室內，有些悶熱，卻只有電風扇高速吹著。

　　他說著一口流利閩南語，目光炯炯有神；親手沏上一壺好茶後，便開始傾聽我的訴求。接著，他搖了一通電話，一下子就把我的問題妥當地加以處理，讓我寬心下來，並聊上幾句。

　　「以前的我是教書的，現在是作家。聽阿堯說，你很熱心，又有正義感，對環保議題十分關注哦。」我嘗試打開話匣子。

　　他並不多話，看了看我，並禮貌性地遞了名片。我只記得當時我們提到了 RCA（臺灣美國無線電公司）廢棄舊廠殘留有毒污染事件時，話題才開始熱絡了起來。

「噢，你也知道 RCA，」我更有興趣了。「我曾在自立早報寫過一篇《別讓 RCA 悲劇再次歷史重演》。」我接著說。

他看了看我隨手帶來的一份剪報後，剎那間，我感受到友情的溫度，那張柔和的臉充滿熱忱了。

前些日子，我又撥了電話求助於他，處理一些道路施工方面的問題，他在最短的時間內親自趕來幫忙，讓我再也不必為這些事操心。他除了添些白髮，精神奕奕。再往後，我漸漸從他辦事的幹勁中，體會到他為市民服務的努力，也見識到他助人不求回報的優點。

多年來，做縣議員也好，為民喉舌也好，他都盡量提供方便，做到關懷弱勢、守護臺東的責任。我當然也知道，他總是傾聽別人請求講述經受的那些難處，有時得忙碌到夜晚，是常有的事。但我只謝了他，他揮揮手，一副理所當然的樣子，又匆匆趕往下一個需要服務的地方去了。有這樣熱心的朋友，是我的幸運。

-寫於 2020.08.29.（感謝林參天議員）

－刊臺灣《金門日
　報》副刊，
　2020.11.14。

85.靜遊射馬干部落

一個綺麗的黃昏，空氣中飄著大自然的氣息，讓我的思緒隨時間飛揚，誰也想像不到我會來到一個滿山遍野盡是杭菊的部落來。

那是臺東市射馬干部落（Kasavakan），意為「山谷的部落」，清代譯為「射馬干」，為卑南族的傳統八大社部落之一，又稱為建和社區，每年元旦舉辦的年祭都會有盪鞦韆活動。

一下車，隔著農田，豔紅的洛神花和黃澄澄的杭菊花海，在深深的山影下輕舞漫動。再往前去，見到幾個緩緩晃動的身影，像是農友夥伴在採收。他們遠遠聽到我細碎的步聲，便停了下來。有幾個布包頭的農婦和族人繼續彎腰勞動著。

有一個回過頭來，看著我，就那麼單純地笑了。

　　再開著車子到射馬干部落轉轉。靜寂的小街上，有許多的石牆，裝飾著色彩豐富的木雕畫，每條巷道都有一尊木雕，每個木雕，都有它們的故事或傳說。路經台福基督教會時，我看到教堂頂端的紅十字架在陽光裡，默默散發隱形的光芒。

　　夕陽微笑著，風則同我講述卑南族的故事，一個「神鹿與公主」的淒美愛情。那是個遠久的傳說，但當部落裡「神鹿與公主」的木雕湧入我的視線，還是帶給我瞬間的感動。

　　一天結束後，我回到自己的書房，閉上眼睛，一邊回憶起射馬干的容顏、花海和故事，一邊想像自己奔跑在洛神花田旁邊的小路上，像個孩童在曠野上打滾。

　　造訪射馬干部落，可以無拘無束地漫遊，欣賞遠近田間的農作物，還有籬笆上的百香果、蝶豆花；站在農場邊上或部落地勢稍高的地方，還可遠眺太平洋藍色的海影。

　　夜來了，當歌聲響起，我願是隻遨遊的螢火蟲，滿懷希望再次接受大自然的洗禮，在黑暗中微微閃爍。

－2020.08.31 完稿

　　—刊臺灣《青年日報》副刊，2020.11.08，
　　　及攝影作品 1 張。

攝影／林明理

86.部落秋色如詩

涼秋時節，再次來到一處淳樸寧靜的部落。鹿野溪與鹿寮溪緩緩流過，涼風習習，野獸隱入山林，鳥兒飛向高空，使我愉悅，煩憂盡拋。

沿著舊聚落的技藝場，繼續往前走。察看了一會兒壁畫，想像就張開了翅膀，開始翱翔，—— 飛向善於狩獵的勇士，飛向發出祈福之音的族人，飛向綴滿星辰下那些美麗的傳說，和為了族群生存的所有榮耀事蹟。

瞧！每當成群家燕遷徙來臺，又返回這小村，等待秋、冬再度往南飛。這一時刻，那美麗的小身影像從前一樣，棲

居在這片大地上，總叫我窩心難忘。

部落裡的每一幅壁畫，都訴說著過往及族人的故事，刻畫出滄海桑田的風雨與變遷脈絡。據悉，這裡因大水及艾琳颱風帶來的土石流，將舊部落房舍、道路全部沖毀，經政府統一遷移至新的永康部落。如今永康社區僅存三百多布農人，他們繼續依循大自然的法則，唱著生命的讚歌。他們單純的心靈和對土地發出共鳴的歌聲，在俗世裡的更顯珍稀！

我靜靜地待在永康涼亭站牌前，面朝遠方朦朧的純淨世界的光輝，雲絮如淡墨的山巒。忽然聽見一陣樂聲，拐彎前去，見活動中心內舉辦喜宴活動的村長，正拿著麥克風走上台邊大聲祝福著；村長太太穿著傳統的布農族禮服，坐在一旁微笑。我上前低聲問她：

「妳的穿著好美！我可以為妳拍張照片嗎？」

她望著我，眨眨大眼睛，轉而對我點點頭，讓我順利捕捉住她的笑容。

或許所有自然美景裡，都曾存在一些久遠而滄桑的故事，認識這片土地以及布農族群之間緊密相連的情感，卻奇妙地燃燒我的心房。每一憶及，它便詩意地凝視，讓我心頭產生一陣激動，也讓我感受溫暖，如浮動的一道月光。

－2019.09.03 完稿

－刊臺灣《青年日報》副刊，2020.10.18，
　及攝影 2 張。

林明理攝影

87.春天的魯巴卡茲

　　越過冬天，風依舊蕭索，送來一地的寒。位於臺東太麻里北里村的魯巴卡茲，繼續等待春暖花開。那一定是礁脈傳來的聲音，沿著海的髮梢飄遊著，讓我不禁循著灣邊端視車窗外模糊灰藍的大海，還有幾艘沒有熄滅的漁火，正在波浪中起伏。

　　走入部落，像是走入一座藏著意想不到的藝術村；映入眼簾的是一對排灣族勇士夫婦的雕像，還有街道兩旁美麗的原民壁畫。一隻綠鳩好奇地看著我，牠鼓翼緩緩，羽冠在微風中，好像浪聲如影隨行……落在山影的視線裡。彷彿中，我聽到了從不懂謊言的四季，帶著輕快的詞語，由遠而近地訴說了部落的故事。它在風中歌著，恰如一首詩，兀自響起自每一個季節的角落，為排灣族子民輕唱又輕唱。

　　我貼進張望，拍打傘花的是木香的氣味。一株探頭的花兒，一隻蝶，一群野鳥的鳴叫、相聚，都紛紛投遞再熟悉不過的鄉音。微雨方歇，沿著山路拐彎，遍植釋迦等果樹的山區，除了鳥聲，一片靜寂，但透射出沉靜的本然。在我深深的足跡上，一切歷史圖騰，慢慢從土地消失……當涼風徐吹，整個村落所有的花木、蟲鳴鳥叫，牽出盪漾心頭的甜蜜。

　　而此刻，在我憩息的地方，黃昏是繆斯沉默的眼神，清風高坐在樹巔上，描著蛋彩的畫布，像往日般候著雲霓。一輛火車緩緩地接近部落的前方，又離開。一隻紅嘴黑鵯投入林中，山坡上的霧氣就更明淨了。我們佇立在黃昏盡頭，時間悄悄地過去……而我視線之下，從未感到如此純淨。不知何處莊稼地，輕輕哼唱起一首不知名的歌謠，在田野間有許多記憶升起。

　　印象中，魯巴卡茲部落裡有許多勇於追夢的孩子，他們熱愛藝術，組成青年會及原民舞團，參加表演歌舞活動。在他們成長過程中，參與了部落的繁榮興衰，每年七月中旬，在收穫季來臨時，他們也會身著傳統服飾，在會場裡牽起手，圍成一個圈，唱起自己的歌。孩童的笑容是如此可愛、純粹，令人難忘。

　　歸途，車在飛奔，向未來繼續前進。那太平洋柔柔的海波，雲絮般的浪花，在黃昏時分踏起舞步。我想起白居易有句經典詩歌：「來如春夢幾多時，去似朝雲無覓處。」是的，

連詩人也會感嘆美好的事物，總是短暫易逝。有時，我也會放鬆自己，遠離都市踏青，讓風兒帶著我，聽潮聲不被俗事的繁重所打亂，讓世間塵埃網在天水之外。我深信，春天是開朗、活躍

的季節，也是滿樹嫩綠的氣象，像溢露著生命的喜悅和對青春的讚咏；而魯巴卡茲無論陰晴，已吹化了春天的酣容，迴旋在我的雙臂擁抱中。

－2021.03.05 完稿

－刊臺灣《青年日報》副刊，2021.04.11 及攝影

攝影/林明理

88.邂逅初鹿角落

　　初鹿幽靜，鳥雀一唱，周遭山野便聽得見。除了時間變得緩慢，當地族民生活十分單純。

　　當我初次看到走過七十一年歷史的初鹿教會還矗立在原地時，感覺就像一首永遠哼唱不完的詩，既艱辛又豐美。

　　一位教友滿腔熱情告訴我教堂的由來，曾經有一間古老的屋子，是家庭聚會禱告所在，後來承蒙教友、鄉親及母會奉獻，才得以成為木造的堂會。日後又重建教會、開辦托兒所、新建兒童圖書館，也推動社區服務，因而，教友與牧師間擁有深厚感情。

　　耳聞解說，讓我不禁抬頭望去，屋頂的十字架與老屋同樣閃爍著歷史的光輝，而那間老屋，經過改造及新建，不僅是當地的風景，更是一種精神信仰與奉獻的象徵。難怪我一踏進，目光就被屋牆上寫著「我心渴慕上帝，如鹿渴慕溪水」所吸引，旁有幾隻石頭拼圖的梅花鹿走成自然的隊伍，生動可愛又暖心，使我的精神飛揚及身體愉悅。

　　那一幕，讓回想起童年跟著父親到荊桐教會做禮拜的點點滴滴。每逢週日上午，父親牽著我一起靠著長木椅聽著牧師佈道，然後跟著風琴唱頌。那逝去的時光，那些記憶裡的影像，如今蜷縮在歲月的角落，無論是悠揚或舒緩的聖歌，都像是在述說對生命的感悟、對主的讚頌。

　　當我轉身離去，便開始想念，那沐著金光的教堂，讓我回歸如初，思慕童年時光，真是少有的快樂。

－2020.09.08 完稿

－刊臺灣《青年日報》副刊，2020.11.26 及攝影作 1 張。

◎圖文林明理

89.給岩上的信

我的朋友，
今天，頭一次
抬頭看著天空，看著您。
驚奇於您離得這麼遠，
卻依然能挺起腰板兒，——
高貴地
走路，恰如壯年。

啊，我的朋友，
人間最幸福的，
是相知的美麗
和常懷悲憫心；
而您生命之光
將存在於所有思念的人的記憶裡，
您不朽的豐功，
亦將與神的榮耀同在。

－2020.9.10

89.Letter to Yan-Shang

◎Lin Ming-Li

My friend,
Today, for the first time
I looked up at the sky and looked at you.
I was surprised that you were so far away,
But still able to stand up straight,   ⸻
Nobly
Walking just like in the prime of your life.

Ah my friend,
The happiest thing in the world,
Is knowing each other
With compassion;
The light of your life
Will remain in the memory of all those who miss you,
Your monumental achievements,
Will be with the glory of God.

（Translator：Dr. William Marr，非馬譯）

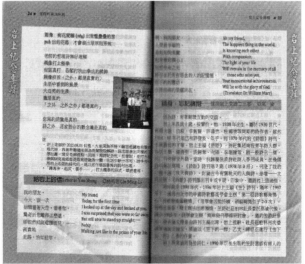

－刊臺灣《人間福報》副刊，2020.9.29，及畫作 1 幅。
－中英詩刊臺灣《笠詩刊》，第 339 期，2020.10，頁 24-25，
　非馬（Dr. William Marr）英譯。

攝影／林明理

90.徜徉在杉原海岸

杉原海岸海水深湛、清澈，有所謂「戲水的天堂」之說，而海灣上有一片柔軟的沙灘，綿延一公里長，美得讓人迷醉，讓人嚮往。

那是個秋日的黃昏，友人帶著愛犬希洛與我驅車抵達時，遠遠望去，覺得比之前兩三回所留下的記憶都來得深刻些。

這是牠第一次親海，我按下快門那一瞬，約莫有三十秒，時空好像靜止了，所有的煩憂也全無關緊要；因為大海洗滌

療癒了身心，連牠都聽著浪花聲，出神地在沙灘呆立著，就是一個明證。

那幾片暮雲，卻盡夠使我感到宇宙的溫暖；而此刻徜徉在這裡，雖然不見駕著舢舨的漁夫穿梭在海域上，但我看到了溫馨的親子戲水畫面及遠山閃射出奇麗的光彩。

聽見大海在吟唱，遠近高低各不同。就因為太寧靜了，靜得像是個夢，讓我彷彿聽見大海給我唱了許多傳統的古調，就算聽不懂歌詞，卻有一種莫名的感動逕直從我心裡盪漾出來。或許大海是個天生的詩人，那嗓音特別優美、溫柔。

回到停車場，穿一身寬鬆的灰衣黑褲的友人，褲管全濕透了。她擦洗了一遍腳丫，咕嚕咕嚕在喝水，也倒了些水給希洛。

「哇，這真是個好去處！」她指著那一片沙灘。我點頭稱是，如果不是趕著回家的話，等星宿相繼出來，那灰藍色的夜空肯定熱鬧非凡。

我之所以愛上杉原灣，是因它的美如此樸實無華卻內含光芒，有一種單純而真實的美，常喚起了我種種遐想。而我深信，多年以後，這片蔚藍的海岸在天地與山峰之間，仍有部落歌舞著 —— 恰似時光在歌唱。

－2020.09.13 完稿

－刊臺灣《中華日報》副刊，2020.10.14，
　及攝影 1 張。

攝影／林明理

91.崁頂部落遊蹤

　　在記憶中，位於海端鄉崁頂溪沖積扇上有座布農部落，周圍一片蒼翠，林木巍然，在風中無聲搖曳。入口處，有座勇士和忠犬的地標，引起了我用敬慕的目光興味盎然地看著。

　　那是在一個初夏透亮的清晨，我走向倚靠紅石山和加那鹿山腳下，一個曾經由日本打造的小聚落。朝霧把山巒拂拭，時間彷彿一瞬間過去了近百年。如今，我所見的一塊塊小米田中混雜著紅藜，閃著光燦的顏色！還有洛神花、山茶樹、芋頭、水蜜桃樹等農作物，都安靜生長。我也不知是為什麼，這幅景物總讓我不知不覺地停下腳步，心中有一種莫名的感動。

　　當風兒輕輕地吹，我又悄悄地前來拜望。看哪，那白雲撩撥著歲月，還迷掛著一畦畦的綠和老農閃光的汗。整個田野像彩虹般，群蝶離開了水窪，翩翩的薄翼閃爍晶亮，多麼輕靈，充滿夢幻。

　　站在崁頂國小裡，忽然聽到從教堂悠悠響起的歌聲，在我心的風景裡，顯得格外地歡愉。從校園到街道，我徒步走完了全程。太陽微笑著，眼睛好似在說：「這就是妳愛戀的地方嗎？」是啊，是這片古老的風景，帶我驅車而來，感受它不朽的面貌；雖然鄉內幾乎是高山深谷，地勢起伏甚大，但仍透射著驕傲的亮光。

　　我看到有兩隻紅嘴黑鵯在枝上停棲跳躍，一條彩繪圍牆描出族人互動的情境和神話。那些美麗的圖式，手拉手牽拉成圓或記述下來小米開墾、播種和豐收的文字，也一直與族群的情感緊連。

　　彷彿中，我背後傳來族人帶領著布農族小朋友們的歌聲……我所聽的八部合音是這裡布農族世代的傳唱，繚繞在山水間，嘹亮悅耳。回頭見一個趕著上山工作的婦人從路徑過來，肩頭扛著農具、騎著機車，特別囑咐我沿著山坡漫步，便會看到一片美麗的景物。

　　突然，一隻白鷺從溪的那邊飛過來，山巒靜靜地矗立，遠方的溪流依舊沿著鄉境緩緩地流動。那種寧靜，聽得見花落的輕聲嘆息，似是有聲又無聲。

這是個以「家」相繫相伴為核心的部落，處處都有著族人友善耕作的美德。有位林管處朱木生先生在崁頂社區參與活動時說：「傳統植物的種植，其實是一種很長的道路，希望永續發展協會跟我們林務局一起陪伴大家、一起走下去！」據我所知，小米是布農族生活的主角，在前年秋天，關山鎮農會結合崁頂部落曾提出「大米小米打獵趣」方案，深獲評審肯定，還獲得全臺第一名的殊榮。

　　這些鄉景，這些親切的族民，這部落，淡到極致的美！它不是神話，卻總是帶給我許多驚喜。我愛純淨的田野和部落小孩純真的歌謠，真心盼望，年年小米和紅藜綴滿山林，再有相聚之時。

－2021.1.20 完稿

—刊臺灣《青年日報》副刊，2021.02.28，
　及攝影 4 張。

林明理畫作刊《金門日報》副刊 2020.10.06.

92.一則感人的故事（二）

　　九月下旬，臺東醫院成功分院新進的葛醫師，炯炯有神的眼眸，蘊藏一腔熱血與悲憫的情懷。在一次偶然的機緣，我親自聽到她談起祖父葛光遼在最後一次執行偵照機任務，英勇殉職的故事，字字句句，除了緬懷對祖父母的愛，也有著對未來行醫濟世的期許。

　　葛醫師在下班後，與我前往海濱的車窗內，講起有關她小時候住在松山新村時常與祖母一同睡覺，祖母總愛在睡前留一盞燈，癡情地等待祖父的歸來。多年前，祖母過世的那

一夜，她在床邊看到迴光返照的祖母忽然站起來看了看窗外，模樣嬌羞地說：「您回來啦！」彷彿她看到丈夫光遼正在她耳邊微笑地說：「咦，妳怎麼不去梳理一下頭髮？」那一刻，她永遠忘不了，因她的祖母對著空氣自言自語地說：「好啊，我這就梳理去，我還要去修修指甲。」也就在那個晚上，祖母便安詳地走了。我聽後，深受感動，遂而把這一則光陰的故事獻給所有黑蝙蝠中隊的罹難者家屬，並祝禱他們升入天堂，永享安寧。

今夜，月光從黃金雨樹冠上流出來。我想起友人的童年，她的祖母，她的祖父和她最隱秘而珍藏的感情。或許人們已經淡忘了，但她的故事深入到我的心坎裡，有幸同她一起再緬懷一次她記憶中的印象。

是啊，曾經，在深藍的夜空中，黑蝙蝠中隊的飛行官們以最低安全高度，掠過海峽，像隻展翅上騰的神鷹，無畏風雨。如今人們已為他們命名，而我彷彿聽到昔日那些勇殉的靈魂猶仍被歌者稱頌，一遍又一遍……恰似這迷濛的月光，也進入我的記憶裡。那些眷村故事和所有的顛沛流離，不久將被歷史重新考掘，而我心跟著飛揚，在風中，也愛故事中的葛奶奶 ── 單純的美麗。

　　　　　　　　　　　　　　－2020.09.28 完稿

一刊臺灣《金門日報》副刊，2020.10.06，
及林明理畫作 1 幅。

林明理畫作刊《青年
日報》2020.10.25.

92.戰亂情緣

　　葛醫師炯炯有神的眼眸，蘊藏一腔熱血與悲憫的情懷。
在一次偶然的機緣，我親自聽到她談起祖父葛光遼在最後一
次執行偵照機任務，英勇殉職的故事，字字句句，除了緬懷
對祖父母的愛，也有著對未來行醫濟世的期許。

　　葛醫師在下班後，與我前往海濱的途中，提及有關她小
時候住在松山新村時，經常與祖母一起睡覺，祖母總愛在睡
前留一盞燈，癡情地等待祖父歸來。多年前，祖母過世的那
一夜，她在床邊看到迴光返照的祖母忽然站起來看了看窗
外，模樣嬌羞地說：「您回來啦！」她彷彿看到丈夫正在耳
邊微笑細語：「咦，妳怎麼不去梳理一下頭髮？」那一刻，

她永遠忘不了，因她的祖母對著空氣自言自語地說：「好啊，我這就梳理去，我還要去修修指甲。」也就在那個夜晚，祖母安詳地辭世了。我聆聽後深受感動，遂將這一則光陰的故事獻給所有黑蝙蝠中隊的罹難者家屬，並祝禱他們升入天堂，永享安寧。

今夜，月光從黃金雨樹冠上流出來。我想起友人的童年，她的祖母、祖父和她最隱祕而珍藏的感情。或許人們已經淡忘了，但她的故事深入我心坎裡，有幸陪著一起再次緬懷她記憶裡的印象。

是啊，曾經在深藍的夜空中，黑蝙蝠中隊的飛行官們以最低安全高度，掠過海峽，像隻展翅飛騰的神鷹，無畏風雨。如今人們已為他們命名，而我彷彿聽到昔日那些勇敢殉國的

靈魂仍被歌頌，一遍又一遍……恰似這迷濛的月光，也進入我的記憶裡。那些戰亂的故事和所有的顛沛流離，將被歷史撰寫記錄……我的心跟著在風中飛揚，也愛故事裡單純美麗的葛奶奶。

－散文修版〈戰亂情緣〉刊臺灣《青年日報》副刊，2020.10.25，及林明理油畫 1 幅。

攝影：林明理

93.聽聽山村的梅音

　　冬盡之後，我期待著另一個春天的來臨。沿著下野東部落轉進山路，登上海岸山脈南端的鸞山村眺望，只見上百頃的白梅爭相綻放，滿山的春花，含著三分帶雨的朦朧，靜靜地被梅園、綠海環繞，彷彿是陽氣初萌的太陽，但比它淡薄清瘦還溫暖。

　　當晨光與雲霧又流轉在山谷之間，遠樹凝寂；斟上一杯熱茶，淺酌細賞白雲愜意地飄揚空中。風吹飄然，從許多蜿蜒的小路走過；驀然回首，滿枝花朵的樹叢，像是空山的彩蝶，緩緩飛來……

　　聽聽那山村的梅音，時而低首輕嘆，時而凝神淺笑，在

依附的露珠，在層巒疊翠的朝霞上。即使在清曠的夜色，當一切都靜止下來，卻仍能夠使我感到懷舊的是，梅花的清瀅皎潔是如此的美，連時光亦是如此深情而流連忘返吧！

這種感覺是從第一次到茂林自然農場遇見主人時得來的，才短短三年，卻讓我隔著兩地相思。路的盡頭，幾株野櫻藏身樹林，竟熱望地開著；那一小撮的紅，是微笑的影子，掩映著四季更迭的風景，如波鱗的光。每次貼近那望不盡的梅林，看遠方幾隻白鷺掠過 —— 安然自得，也算是久別重逢的一種安慰。

雨後的五葉松更綠了，那沙沙的枯葉聲和沃野的白梅香味，讓我把所有煩囂都盡拋腦後。山林坐落在溪谷和部落之間，我看到春天的眼睛閃爍著童稚的快樂……微風輕拂，梅雪皚皚，周遭溢滿野鳥的鳴啼，而大自然就是吟唱的詩人。

沿徑而行，一切是那麼熟悉，又那麼神奇，梅花在波光的倒影中傲然屹立。我聞得到泥土的香，鳥雀驚動了松果……彷彿中，世界揚起了一陣笙歌，而笙歌在我四周，在利吉惡地緊臨著卑南大溪的陽光下，有無法不感到讚嘆的奇趣。啊，讓我飛吧，像雲那般，那四季的足音，似乎馱來了新的訊息。

我看見歲月流逝，也聆聽出寒梅歌裡的沉默與堅韌 —— 那是一首優美的詩，洋溢著單純與希望。它歌詠著偉大與渺小，聲調時疾時徐，真誠而美好。從賞花到登高眺望溪谷，我聆聽草間的蟋蟀說話，也夢見那些原野和搖閃的螢火

蟲……

　　就這樣，在難以表明的喜悅中，那片梅林花開花落的聲音，引導我宛如源自遙遠的水頭聚落的聲波。至於，它的柔音像首詩，輕微地、輕微地在哪兒奔馳，已無關緊要。因為在我腳步之夢的盡處，梅花的純樸孕育了我的哲學，像穿越金色麥田的月兒，已以它的歌注滿我的愛。那輕快的白雲，群山和寧靜的沃土……都在我的血液中搏動。它的美在鸞山村的腹地，在耕者鋤禾裡，它，讓我感到自在消遙，它的傲骨與清白，是我頭心盤旋不去的歌。

－2021.01.30 完稿

－刊臺灣《青年日報》副刊，2021.04.18，及攝影作 2 張。

林明理畫作

94.母親的微笑

　　記憶中，童年雖然貧困，母親總在夜裡挨著老屋的一角，坐在昏燈下縫補著衣服。一把陳舊的木椅，遠去了的縫紉機聲，用舊了的針線盒……那背影，還有一雙長繭的手，在微明中若隱若現，是如此熟悉，如月澄明。

　　那時候，我們住在濁水溪畔的一個小村落，我的世界只是母親的田園。比起許多村景來，我的家鄉似乎要單純些，也顯得更沉靜。然而，秀美樸真，對於一個從小愛夢想的女

孩來說，真是嚮往極了。只要我一問再問：「媽，田的那邊有什麼？」她就不厭其煩地告訴我，有牛、有白鷺鷥、小河……讓我織就出無數美麗的夢想。

　　最為快慰的是，我可以跟著母親每天種菜和耕田，還圈養了十幾隻小雞。田地雖小，然而各式各樣的作物隨著季節變化而紛呈眼前。和村裡的多數窮小孩一樣，我的童年少了錦衣和物資，但卻有著更多自然的蒼翠，更多的青天和自由，只要有母親的誇讚，我便忘了憂愁。忙完後，便一同收拾農具、茶壺，攜手踏著夕陽回家。事實上，更多生活的種種磨難，也就存在更多深深淺淺、迢宕相連的懷思之中。

　　記憶中，母親的微笑像幅半完成的畫，永遠保持一份矜持與淨潔。那時我不到五歲，母親為了改善生計，二十出頭就到西螺鎮上的醫院當幫傭，負責煮飯的工作。當年，當代書的父親罹患肺癆，病情一直是時好時壞，他偶爾會騎著鐵馬，沿著公路旁，邊騎邊喘地載著我到鎮上去找母親。當我用一雙小手緊緊地環抱著父親瘦弱的腰身，突然間，在我幼小的心靈裡，也會感到寂寞；等見到了媽媽，才有十足的安全感。她總是會摸摸我的小臉蛋、掐掐我的鼻，要我的腦袋瓜兒不要胡思亂想，而是希望我展望未來、做好功課。

　　輕煙升了 —— 一縷縷同爐香似的，那是母親在廚房忙碌的背影。我愛那髮上每一處泛白的花朵與每一個偶現的微笑，就像蝴蝶在風之上飛舞。自年輕時候起，母親的堅強正是我學習的好榜樣，才五十歲，那風霜的臉就佈滿了皺紋；

而她眼底的溫柔，早已繫住我所有的懷念。日復一日，年復一年。在幽思綿綿中，給我撫慰的親情裡，我經常陶醉在當時那樣患難相依的景象。

　　而今方驚覺，母親已度過了八十六個寒暑。我最常憶及的倒不是那些與她出遊歡欣的畫面，反而是她不經意地在廚房裡哼唱的歌聲，或者是燈下習字、微笑的側影；而這種思念常是與日俱增，直到最後，燃起一種極致的幸福。今夜，屋外寂然幽靜，我再度打開窗門，清涼的風湧了進來，舒爽不少……而母親的微笑變得明晰而單純，在閃耀的虹彩中。

－2021.04.09 完稿

－刊臺灣《青年日報》
副刊，2021.05.09.
及畫作 1 幅。

圖文／林明理

95.顏校長的菜園子

　　鄰近史前館的小路上，一塊生機盎然的農田前，前岩灣
國小退休的校長顏惠貞，正殷勤整理著菜園子。無論晨昏，
來自太平洋的風徐徐吹來，今年七十一歲的她經常穿著一件

短袖的運動服，後腦勺上還隨意綁上了小馬尾，素顏模樣多了幾分清純。

記得初識她時，是一種機緣，我們邊開車邊聊。她說她數十多年光陰，都奉獻在教學崗位上，退休後又種上了田。我問起都種了些什麼？她說起來樣樣有趣，並邀請我前往參觀，我心中自然大喜。

不過二十分鐘，一路沒有坑坑窪窪的土路，我已順利地來到她悉心呵護的田園，這時，鳥鳴啁啾，背後斜陽餘暉返照的山光，交織成一幅詩意的畫面。我跟著她到處採摘絲瓜、大冬瓜、秋葵、木瓜、洛神……她還摘下一大束薑黃花送我。我問她辛苦不？她說現今都時興吃素，一說是有機蔬果營養，二是抗癌。在一旁跟我揮手問好的吳先生，跟著點頭，表示認同。他是校長的先生，從東興電廠廠長職退休前，曾罹患胃癌，經手術後，平日多飲用自然農法耕種的食物，果真在家人的照料中康復起來。

聽校長說，集集大地震那一晚，她從睡夢中驚醒，看到先生已驅車前往電廠，並用手動關閉發電機制，處理妥當後再返家。我不禁向他豎起大姆指。可不，老廠長對電廠自有他的使命感。

一番忙碌後，我似乎已成了貴客，校長把她親手栽種的菜都拿了出來，大包小包地都掛到我手上。霎時間，她的臉上充滿欣喜，笑容可掬，像想起家鄉一樣親切。載我回家時，

我轉身問她：

「校長，進來喝點仙草茶吧？您剛才太累了呀！」她一邊先拿著一杯給她先生喝下，再匆促地一口喝完。隨後便望了我一眼，微笑地驅車離去。我在門前揮了揮手，步子也悠悠緩緩。這時，我深深感到，校長少時勤奮，老而彌堅，願這對賢伉儷長壽，精神健康！

－2020.10.12 完稿

－刊臺灣《馬祖日報》副刊，2020.10.27，及畫作 1 幅，攝影作品 3 張。

96.夜讀林豐明《角落的聲音》

無論是在後山的山脊，
或是在遠離塵世的故鄉，
他的眼睛成了自由意志的體現
和大自然的保衛者；
他的詩句活化了人生的至真體悟
和提升的自我探索。

也許多年後，我在月夜下重溫
我的朋友留給我的詩行，
那福爾摩沙吹來的風，越過東岸——
已過了一個又一個秋；
對於他來說，歷史比不上
咀嚼生活的從容，甚至如鷹展翅
翱翔天際——作自己最好。

－2020.10.16 完稿

詩創作 ● 113

蔡忠修 作品

懸念
—給父親—

父親忘了
受傷的歲月
父親忘了
回家的時間
忘了夢裡說舉明天見

忘了以後
剩來無恙？

忘了以後
近日可好？

追思
—給母親—

好不容易找到妳的聲音
失去以後
夢的入口
只有我在那裡
等妳回家

林明理 作品

夜讀林豐明《角落的聲音》

無論是在後山的山聲，
或是在遠離塵世的故鄉，
他的眼睛成了自由意志的體現
和大自然的保衛者；
他的詩句活化了人生的至真
體悟
和提升的自我探索，

也許多年後，我在月夜下沉
澱
我的朋友留給我的詩行；
那福爾摩沙吹來的風，越過
泉岸——
已過了一個又一個秋；
對於他來說，歷史比不上
咀嚼生活的從容，甚至如鷹
展翅
翱翔天際——作自己最好。

—刊臺灣《笠詩刊》，第 34 期，2020.12，頁 113。

林明理攝影

97.我知道的羅老弟

　　認識羅老弟已經快一年了，每天早上八點一到，他帶領著一群工人就會準時出現。當我從格子窗看到他們的時候，他們早已開始專注工作了。認真做事的模樣，真叫人好生感動。

　　窗外一路上蔥綠的小葉欖仁樹，是站前美麗的風情。有些工人，揮汗如雨，小心修補長長的路 —— 開車的，揮旗的，發號施令的，還有清掃的、維修管道的，各盡其責，緊密相依。只有天空默默地注視著這一切。這群施工者做起事來當然是嚴肅沉靜的，但偶爾面對我的揮手招呼，態度就溫柔親切多了。

　　記得初識羅老弟時，我在院子裡澆花，向開著起重機的他大聲說：「謝謝你，辛苦了！」

　　「老師，不會啦，每天都在做的事，已經習慣了。」他

向我點了個頭，微笑。

　　今天，一場驟雨，來得太急，羅老弟帶領著他的團隊仍然沒有休息。雨後，天空的雲彩依舊，施工繼續進行整治人行道或是排水溝、管道什麼的。負責營造包商的他，期盼在年底換來新站一片充滿朝氣的新氣象。這些道路施工者，我無法 ── 記住他們的容貌，但他們那種對工作盡責的背影，在我的心目中，是我所尊敬的人群。

　　在這以前，羅老弟是卑南鄉富源社區發展協會理事長，平日熱心公益，關心榮民及弱勢家庭。此外，他也是守護家鄉鳳頭蒼鷹的行動家。從認識他起，一個勤奮、不屈不撓的形象，便出現在我的腦海。據我所知，他的本名應為裕峰，是個懂得慈悲、珍惜大自然的人。他總是充滿著樂觀、努力以赴的精神，帶給了我對新站的希望。

　　　　　　　　　　　　　　　　　　　－2020.10.21 完稿

　　　　　　　　　　　　　　　　　　　－刊臺灣《金門日報》
　　　　　　　　　　　　　　　　　　　副刊，2020.10.28，
　　　　　　　　　　　　　　　　　　　及攝影 1 張。

畫作及攝影／林明理

98.難忘的音樂會

　　十月二十三日，我同友人在天堂路稻田區，跟著出席的歌手、來賓還有鄉親來到「2020 池上稻穗藝術節」音樂會。時已兩點半，遍地秋色連波，正是稻浪翻風、諦聽穀籟的時節。大地無聲無息，只有幾隻白鷺翩然掠過，充滿了凝靜、飄逸。

　　突然，卑南族桑布伊以母語唱起了創作歌曲，我感到一種巨大的喜悅從心底向外延伸……歌聲飛向若隱若現的時光背影裡，把我拉回了童年，在故鄉那片豐收的田野裡，露珠像明珠似的，掛在瓜棚。在濁水溪鐵橋上，聽風說故事，聽雨不緊不慢地下著。歌聲繼續飛向一灣灣的田，從近處往疊加的金色高處，盪漾在山與山之間，彷彿連結著人和自然一同俯仰呼吸，多麼令人歡喜讚嘆！

　　當掌聲響起，臺灣的蔡總統跟一起聆聽的鄉親們親切地揮手離去。歌手盧廣仲等開始輪番上台，精彩的演出同一陣陣稻香、深淺不一的綠、金黃的稻、灰藍的山，以及流動的雲絮，形成了一幅立體的油彩！

　　如果說，每年的音樂會都帶來池上一種自然的饗宴，那麼，這秋收的黃昏，從我面前的層層稻浪湧現出來，深入我腦海裡的，不僅是聽一場動人的樂音或是看一看稻穀的成色、嗅一嗅田野的芳香，而是思鄉的情懷，從歌裡的情感深處傳來，在我耳畔縈繞。

　　偶然回顧，在伯朗大道旁的田野，連舒緩的風都富有強節奏的音樂感。我慢慢回味著音樂帶給我的感動和田野豐收的喜悅。我覺得池上的大自然是有內涵的，這種內涵像欣賞一件古陶器般樸實無華；而桑布伊的歌帶著濃重的故鄉情調，也勾起了我萬千感想，深刻難忘。

　　－2020.10.27 完稿

　　一刊臺灣《馬祖日報》副刊，2020.11.24，
及水彩畫 1 幅，攝影 2 張。

　　一刊臺灣《人間福報》副刊，
2020.12.03，及攝影 2 張。

攝影／林明理

99.瀑布下的布農族

　　一個晴天的午後，初次造訪龍泉部落，沿著一片畫牆往裡走。剎那間，所見的風光，整潔的小村，景物，人情陸續在我心中引起莫名的感動。

　　稻穀結穗了，在陽光下閃耀。數十隻野鳥在電線桿上歌著，被車聲干擾，箭一般地穿過半空，一晃眼就消失了。只有雲朵泊在山坳，像是在等候什麼？溝壑縱橫，溪水湧流其中。

　　被山環繞的鄉村，也被稻田環繞。雲層背後，當陽光微露，一行白鷺從水面掠過。我一邊諦聽風中微語，一邊感受豐收的預兆。

　　據我所知，昔日海端鄉廣原村龍泉溪右岸有一瀑布，日

人稱之為「瀧」，光復後改稱為「龍泉」。傳說，那是女巨人死後遺留下來的；平時水流極小，但逢大雨時，飛瀑如一條白鍊，懸空墜落。

關於布農族，在歷史上曾有許多傳說，特別是兩位傳奇性英雄——拉荷•阿雷和拉馬他•星星，他們曾經為尊嚴而壯烈成仁，他們抗日的鬥志，讓日軍懼怕；愈是艱苦，他們愈是團結、高歌。

因為，有了歌，他們才能製造原鄉的記憶，才能讓自己和祖先的土地有了緊密的聯繫。他們樂天知命，散居山林。過去以狩獵維生的布農人，如今成為平靜祥和的部落。

勤奮的布農人敬天惜物，他們挺過風風雨雨，微風帶來希望的種子，鳥兒嗬來野花幽草，還有天上的雲，時常細細端詳著，並不停地問：「你們好嗎？你們好嗎？」族人熱情的習俗與回歸自然的傳統，也讓整個部落增加了明朗的氛圍，使人心情愉悅。

鄰近的廣原國小校園，林木青蒼。師生會用小米、石菖蒲、刺蔥等製成手工皂；曾校長也積極推廣食農教育，更帶領學生們在海端鄉的「布農族文化館」展覽藝術創作等活動。我特別喜歡有位小朋友的畫作，筆下有氣勢磅礴的龍泉瀑布，還有他父親和家鄉的風情，色彩豐富，也讓我透過孩子眼中看見部落的樸實與真摯而感動！

　　瞬間，我也跟著想像的翅膀一起走過木棧道，走過一座木橋，路旁的野薑花冒著強壯的芽。我看到瀑布下的水潭，清澈見底，一群小魚自在地優遊。一隻豆娘棲在草叢間，背脊閃閃發光，獨自舞著。我踮起腳尖，將鏡頭伸展到極限，心裡想著：「啊，就停在那邊，讓我拍照吧！」但牠快速地閃了一瞬，往另一邊飛舞而去，留下我靜靜聽著大自然的聲音。

　　那日離去時，叢綠中的野薑花彷彿來自星群，從木橋下的溪流飛出無數的白蝶飛向部落，飛向和悅清澈的水面……我祈禱著，龍泉瀑布下的小朋友繼續將夢想完成，也默默地向部落行道別之禮。

－ 2021.01.25 完稿

－刊臺灣《青年日報》
副刊，2021.03.07，
及攝影 2 張。

攝影／林明理

100.樂山遊蹤

　　背著相機，站在滿是蔥綠和空氣芳香的知本樂山產業道路上環顧。

　　和煦的陽光剛好灑在傾瀉而下的瀑布，在岩石上，水花四濺。周遭的大千世界，一切生物、或遠或近的山巒、溪流、

屋舍、林木……皆萬籟俱寂。

　　驀地，傳來「啁啁—啁啁」的聲音，一隻黃鶺鴒尾巴不停地擺動、跳躍，試圖飛到更高的枝頭，並用牠婉轉的歌聲點燃旅人的遐思。

　　遠處，青山隱約，有座斜張橋耐人凝神眺望，這該是為了紀念在四十六年前在當地殉職的郵務士而命名為「勇南橋」。

　　我折回頭，那遍地的萋萋菅芒花，咬人狗樹和小花蔓澤蘭交錯盤纏……匆匆來去的黃紋蝶，也藏匿在咸豐草間，無跡可尋。只有路邊那棵老茄冬依舊嫩綠、健壯。

　　走到中途，望著山凹處，山芙蓉開了，欒樹的花零零落落。新生的蕨類、果實已經乾枯的月桃和掛滿枝條的金露花，蔥綠的、赭紅的和橙黃的，各自展現原始林的姿態，我說不出為何總是那麼吸引著我。

　　直到發現一隻大冠鷲，在溪谷盤旋著，占據了整個天空的視野。牠來得太突然，以至於消失成黑點時，更撩起我的相思，覺得牠美極了。

　　我想起車停在忠義堂附近的停車場，初次看到兩隻白鶺鴒在野溪溫泉旁，我加快腳步去追蹤牠們的身影。是的。算我幸運，我拍攝到牠們白淨的小臉上，圍著一條黑圍巾的俏

皮樣，像個孩子，時而躲入野雞冠花叢，時而飛到溪流的岩石上，又叫又跳。就這樣，讓我傻望著。

　　是啊，我曾努力去追求知識，也曾為教育盡一己之力。但我發現，親近大自然，樸素的生活，是支配我心靈趨於自由的感情因素。之後同寫作聯繫起來，才坦然地面對自己的人生。或者說，這是我生命中該學習的功課，也是上天給我最好的祝福。

　　－2019.12.12 完稿

－刊臺灣《馬祖日報》副刊2021.04.07，及攝影作 5張。

攝影／林明理

101.重遊拉勞蘭部落

　　無論經歷過幾度寒暑，對我來說，拉勞蘭（Lalaulan）總是親切的，這名字在我心中迴盪；它就像個奇幻的修士，帶著一片黃金似的歌聲，讓冬天展開步伐，追逐地上的洛神花叢和蜜蜂。

　　再一次漫步山徑，陽光仍在花間跳舞。前行不久，看到牆上彩繪精美絕倫的作品，比安徒生的童話還要洋溢著強烈的生活情感，彷若走入一座隱藏人間的神秘之城，在流水般的琴聲中，擁抱著一份安逸與恬靜，不禁讓我的想像飛向更遠的八方。

　　「多美的壁畫！這是多麼美好的創意。到底這個族人跟

大魚在說什麼？」我暗自忖度。

「相傳很久很久以前，有個頭目不慎遇難落海，突然被一條大魚相救，從此以後，這裡的排灣族人每年都會舉行海祭，這是族人為了感念大魚的救命恩情。」風悄悄地告訴我。

在樹影輕輕飄搖的午後，聽蟬鳴於一次次蛻變之中。一朵赤腳跑走的雲，引我在遠方聽見海角之音。我心歡喜，因為自己知道寧靜，如一隻白鷺正緊跟著夕陽而且習以為常了。那太平洋就在部落的前方，映照出深淺不一的藍。

我喜愛山樹、小米園、青草與野鳥和撒可努書裡的山豬與飛鼠，也喜愛收穫季和齊聲歡呼的勇士們歌舞，而熟悉的天空永遠眷顧這片肥沃的土地。

當我從容不迫地向部落的深處走去，陽光在路的兩旁延伸著，屋宇連著鐵皮屋頂上的天線，像是在與宇宙對話。在大片的無聲中，我似螞蟻般步移在約數百公尺的緩坡上，部落的風從千里外吹來，輕輕把我的臉向天空抬起。

驀然，我在天邊獨自遐想，並邀請群山一道啜茶，慢慢譜寫這個位在太麻里鄉南端，一個原本位在香蘭山上，幾經滄桑和遷移，而風在低音區敘述一個又一個古老的故事。喔，那是部落的歌聲，清晰持續地在此處或彼處起伏。我看見歲月流逝，也聆聽出歌裡的沉默與堅韌。

現在我知道，無論什麼季節，有一種聲音像隻蟹，眼裡還沾著細沙，就迫不及待往岸上爬。它總是牽引著我，在清蔭的夜晚，當柔和的光芒映照在拉勞蘭的臉龐上，我願是低翔的歌雀，向著部落的純淨，深邃張望。

任憑時光匆匆，這部落幽淡到極致的美，總是帶給我許多驚喜，又如母親眼底的溫柔。遠遠地，我聽見了古老的叮囑，那發自周遭的合鳴，使我不再感到孤獨。啊……拉勞蘭，在山的臂彎裡和時間的繪影中，在小米豐收祭裡，每一次族人團聚中都藏著歡笑的歌，每首歌裡都有一個故事，每個故事裡都有悲歡離合。它彷若一滴雨露，靜靜測度世情的虛空，在燈火間燦然睡了，美如星辰，在太平洋東岸的幽靜之中。

－2020.11.27 完稿

－刊臺灣《青年日報》副刊，2020.12.30，及攝影 2 張。

（自 2020 年 12 月 30 日刊登此篇散文起，本人獲《青年日報》副刊江素燕主編邀請為每週提供一篇千字散文的作家，特此致謝。）

詩人非馬（馬為義博士）
和他的寵物可可／照片：非馬提供

102.我的摯友

照片中的非馬，仍一臉稚氣，伴著他的愛犬可可坐著，睿智的目光裡洋溢著溫柔的笑意。那神情，喚起了我許許多多遐想，忽然明白了為什麼他時時刻刻把他的寵物放在心頭，也理解他常輕吻另一隻愛犬萊茜的歡樂。

他曾向我說:「我的萊茜，美不勝收，只是有點小姐脾氣。」彷彿中，我看到了萊茜深情地伏在主人腳下，然後靜靜地等待閃光燈拍下的那一瞬。哇！真像一個驕傲的公主。

這一切，讓我一點一滴地想起了五十多年前，我也曾有過一隻毛小孩。那年，我大約只有四、五歲，家境拮据，但常在田野間玩樂。每當我喊道：

「過來吧！King，過來！」

我的夥伴就來了，帶著牠那一頭蓬鬆的髮，一蹬一跳地，如飛一般奔向我。那感覺，就像是帶給我許多驚喜，說不出的快樂。牠總那麼可愛，跟前跟後，傻望著我，或給我一個突來的擁抱。

是啊，塵世中，有多少聚散離合？又有多少感動的時刻？那些愛我們的動物，如同是一個孩子，或是瞭解主人的朋友。

近日，非馬寄來幾張居住在芝加哥的生活照，其中有張千禧公園內雕塑的夢幻世界，經他簡述後，面對這座奇妙的建築，感覺到作品具高度表現性，又兼具審美。就著燈光細看了看，天秤座的他，是個真誠而優雅的詩人，筆墨趣味，生性淡泊。

每次他返台演講或應邀於世詩會見面時，我總凝神聽他講述人生往事，也感謝他為我翻譯了詩集。當他分享快樂時，我便用心傾聽、細看、鼓掌，因為，沒有東西比朋友分享快樂，更讓人覺得欣慰，感到幸福。

－2020.09.04 完稿

－刊臺灣《金門日報》副刊，2021.03.10，
及照片 1 張。

攝影／林明理

103.濕地踏青抒懷

　　當太陽從利吉惡地的背脊上升，鹿野鄉村莊像一幅綠色
的畫帷。在卑南溪與鹿寮溪會合處的河川浮覆地，有座被鳥
雀和蓮花簇擁的新良濕地公園，湖面似透鏡，雲終於落下來。
它是臺東縣民的桃花源，帶給周遭百姓一片願景，也是野生
動物駐足流連、覓食的夢土。

　　初次來到這片使人夢想的生態池畔，我踮起腳尖，按下

快門的一瞬，細碎的陽光是背景，天空無語，卻令我沉迷。如今已不見十多畝荒地及村落的污水問題，只有這親水公園在希翼中引領保育效益兼具教育推廣的陸續實踐。

這兒真好，它為瑞源村和瑞隆兩個村發展了新的生態景觀，讓村民不再勞心。這座廣達十多公頃的大型濕地公園啟用的成果，讓周遭環境美化邁向光明，也讓我目不暇給地在時空中慢移。

當我從解說平台繞過蜿蜒的湖島，穿過一整排開滿花的欒樹，群山環拱，閃著一種天藍的澄淨，在中央山脈與海岸山脈雲層裡的禪音之間。那綿延的山峰像世界畫冊，罕見而莊嚴。

當我走向種植香蒲、莎草、水丁香等植物的密植區，走向一大片荷花、睡蓮的廣大水域，走向賞鳥平台，走向緩緩潺潺流向遠方的卑南溪，眺望經受風風雨雨，進而沖刷成條條的雨蝕溝，形成壯觀的利吉惡地。我想，這片濕地並不只是一個傳說。我將導覽圖上的解說，藏在一朵記憶的雲朵裡，開始追逐這些遠山的回音。

美麗的多良濕地啊！它是淨化空污的推手，宛如魔術師，從堅毅的軀體汲取陽光和雨露，再伸出手輕觸我的肩頭。當我移步到景景相連的湖島，看湖水清清，看遍野的荷塘秀色，看一隻黑水雞穿梭於水草叢之間的呆萌模樣，彷彿看見了奇異的珍寶，並追尋一隻蒼鷺飛翔的去處。

　　坐在一棵大樹下，掠過池畔的蓮影，波光蕩漾的山之音，想像濕地是怎樣變成今日的樣子，怎樣貫穿時間的祕辛。我向巨大穹蒼仰視，溪水依舊不斷地流，敘述著鹿野鄉的古老故事。而我感到幸福的是，那微風中漫步的小徑，有黃蝶、蜻蜓在綠蔭間閃現，那些水聲與黃昏來臨前和諧動人的自然風景，全都框進我的眼眸。

　　當四季的風吹過卑南溪畔、海岸山脈尾端的地質奇岩，還有捧著湖島思念家鄉的樂音。是啊，最美的風景，總是要在自己心裡喚起的感動之下才存在。誰都無法否認，這片濕地依舊會守護著子民，擎起了一份責任。只要用眼睛，就能看到它的美，在花蕾的影像投射於濕地的光芒和蝴蝶飛舞於草叢之中。只要用耳朵，就能聽見周遭鳥聲啁啾，風便抒情地揚起愉悅的歌謠……既不喧囂也不矯飾的聲音。

－2020.12.01 完稿

－刊臺灣《青年日報》
副刊，2011.01.10，
及攝影 2 張。

攝影／
林明理

104.瑞和站記遊

　　踏上鹿野鄉瑞和站,沒有天橋和地下道,舉步就會踩到細碎的陽光,牽出一段驛站的歷史。它設立於大正十二年,當時稱「大埔停車場」,臺灣光復後,站名和地名方改為「瑞和」,自一九八九年已無臺鐵人員駐站。如果站內沒有社區老舊照片的陳列展覽和規劃出歷史專區的解說,它就和其他鮮為人知的車站一樣,沒有今日贏得掌聲連連之路。

　　當火車穿越遠山的山脊線，站在月台向前望去，山連山，雲霧似銀蛇盤繞，飄逸在山際。再走進廣場的腹地，與草地相接的紅褐色欒樹開得燦爛。忽地，一輛疾駛而過的火車點綴其中。我看到號誌桿上掛著「七腳村」的鐵牌，據我的回憶，這村落也聚居著花蓮七腳川社後裔、叛清的阿美族和平埔族、客家人等族民。

　　這座驛站三十年來因搭車人數銳減，如今只停靠區間車，成為一座觀光車站。最近在鄉公所與當地社區發展協會支持下，將驛站布置成具有人文特色的展覽空間，讓遊客和鄉民能回顧當地發展的歷史和看到最古早的車站風貌；而此地美景已被無數鐵道迷、攝影家和文人墨客所咏嘆。這是臺鐵最美的招呼站，因而榮獲二〇二〇年交通部頒發的「金路獎」美譽。

　　我在廣場內踱步，又朝裡探望時光走廊的農村生活、珍貴的客家歷史照片。從站內展示花東沿線的鐵道之美、車站外牆有列車行經的時刻表，到步入廣場一整排貼滿了村民的集體記憶所連結而成的黑白攝影。那些陳年舊事、耕耘播種或婚嫁、勞動者或鐵道員的舊照，在長廊上相輔而行，似一條舊時代的通道，積澱著逐漸被遺忘的記憶和不斷被添加的驛站歷史，也映著動人的光輝。

　　這一切，不禁讓我想起兒時的記憶，像鳥兒般歡笑。在稻田收割後，油菜花開滿地黃，悅耳的鳥鳴和平野的風混和著。故鄉的歌聲，在流年的河裡，總讓人感到溫暖而幸福。

等我轉身告別時，友人說：

「麻煩妳幫我們拍張合照。好嗎？」一位負責管理的女義工微笑了一下，便答應了。

「謝謝妳，這裡真美。」我向她點點頭。沒有五光十色的燈光，沒有喧鬧的街道，只要放慢了腳步，便感身心鬆弛。低頭細看，碎細的野花和綠草融為一體，隱約傳來的鳥鳴盈耳。山下的村落，鑲崁在綠樹和花影的彩畫之中。

啊，這景象中的花木、火車、鳥和天空……讓我生出一種願望。那比天空更加柔亮的風景，倘若沒有歷史和文化注入新能量，驛站便無法大力吸收存在的意念和涵義，也就不會讓我忍不住想起，在一個冬天攜友於瑞和站前留下的腳印。

－2020.12.03 完稿

－刊臺灣《青年日報》副刊，2021.01.17，及攝影 3 張。

攝影／林明理

105.漫遊茶園賞野趣

　　如果龍田村是鹿野鄉極富歷史與人文風采的聚落，那麼茶葉改良場臺東分場就是當地的一枚標記，也是讓我流連忘返的好地方。

　　當歲末來臨，我聽到茶花開滿土地的聲音，那是一種美妙的樂曲。車抵達這座隸屬於農業委員會專門培育優良茶樹的行政大樓前，我聞到草地的泥土香，伴隨著杜鵑花，漫成一片花海，令人賞心悅目。

　　驀然，一隻紅嘴黑鵯頂著蓬鬆的冠羽出現在枝條，那美麗的身軀像一本翻開的詩集，鑲著響亮又變化多端的語言，強烈地吸引我的注意力。對這裡的村民來說，牠不只是布農

族傳說中的聖鳥，更是旅人不可錯過的隱藏版必拍嬌客。

我習慣了在這樣的早晨，沿著友善耕作茶園示範區走，幾隻白鷺鷥時而用眼睛掃描牠的獵物，時而抬頭張望四周，不久，牠們決定到另一邊長滿咸豐草的田野碰碰運氣。一條高大的小葉欖仁、黑板樹和開花的欒樹……重重的疊影使步道暗下來，卻交織著大地的薈萃和動植物間生存的融洽。

在這鳥聲躍動於大自然的音符間，我漸漸地愛上這片蝶舞出自然生態的園區，也理解了茶葉改良場存在的意義。我聽得見風的旖旎、相思樹林哼著歌，艷紅合歡翩然起舞的美姿，彷彿進入一個奇妙的音樂世界。

我開始想像，中央山脈的水從山上往下流，在樹層下茁壯的每棵茶樹，每棵植物都在爭取一個小小的堡壘。有許多盤旋在水面的昆蟲、覓食野花蜜的蜂蝶、各種蕨類從岩縫間滋長於真菌和藻類之間。有些地衣就在樹上，這些植物群落在我遐想的每一秒中都自然地分布在遠近的高山或田野，而悠悠的河流永遠奔向河口，流過城市，潤澤了一座又一座四季如畫的村落，灌溉沿途的農作物，也滋養了這裡的百姓。

在我背後，有根被樹林圍繞的大紅圓柱是茶葉改良場重要歷史地標。平野的盡頭盡是山影，白雲舒卷處，大地遂將鄉村的一幅幅畫卷徐徐展開。在這美好的一刻，園區裡有著千株茶花相扶，在種滿愛心的田野間，平凡中的一切源自當地農民與工作員的無私奉獻，讓我身心沉浸在幸福的溫暖中。

　　環視左右，生態區內，從一隻環頸雉經過，打動我的心弦，相伴而生的烏頭翁高聲鳴叫，讓我在轉身回眸間，將所有的美麗留給鏡頭，珍藏在心中。開車回家之前，未及*晌午*，*順便*繞路到鹿野高台，這區域也建立了觀光茶園。站在高台之上，可以盡情飽覽山中逸趣。那徐徐吹來的風，像給茶園殷切的期望一樣，連大地也微笑了；而我的心裡，有龍田村的光亮，是回憶，也有欣喜。

— 寫於 2020.12.09.

—刊臺灣《青年日
　報》副刊，
　2021.01.24 及攝
　影 2 張。

攝影／林明理

106.冬季遐思

　　歲末的某一天，環繞島嶼的灣流，讓吹過太平洋的風，變得暖和。攜友置身於鹿野鄉新良濕地，情不自禁被眼前的湖島所吸引。

　　這是卑南溪和鹿寮溪匯合處的浮覆地，為賞鳥平台增添了傳奇的色彩。我感到：這裡最迷人的地方是種植香蒲、蓮花、蘆葦、水蘊草等植物，除了解決當地的廢水問題，也造就一個新生的生態景觀。

　　這一切彷彿欣賞著一首優美的樂曲。水中的雲天，猶如雷諾瓦畫中充滿閃閃發亮的色彩和光線，讓我的感官越發靈敏；而環湖步道的環境也符合了我歡悅的感覺。

　　多想斟上一杯咖啡或紅茶，體驗法式的緩慢生活步調，就像在普羅斯旺種滿美麗花卉的村莊般，微雨也很美。步道沿途林木蓊鬱，視野所及盡是鋪上光彩的綠地，群山和林木讓許多生物一年四季都各有不同的美景魅力！

　　瞧，在廣大的雲層下，溪流匯集的濕地竟成了翠綠的世界。一隻蒼鷺在岩石上東張西望，驀地飛起，似乎發現又有新奇的事物可以探索了……另一邊，藏身於水生植物底下的黑水雞，淡定地潛入水中，又浮出水面迎向我……

　　我的聲音已預備竭力讚美！因為濕地本身就是一首純淨的詩歌，亦是所有生態系統當中最獨特的。它讓許多水生植物生長在土壤浸泡的特定環境中，創造出多變的棲地環境；而我的聲音並非獨自在響，蟲鳥也開始天籟般的唱和。

　　德國詩人里爾克曾說：「一顆愛戀著的心促使我們歌詠世界，而非自己，也非愛人。」是的，我愛這片濕地乍雨初晴的容顏，也愛湖島的花影及潺潺的溪流。它讓我歡慰、感恩和雀躍。

－2020.12.12 完稿

—刊臺灣《人間
福報》副刊，
2021.01.18，及
攝影1張。

攝影／林明理

107.遠方的綠島

那是在遠方離臺灣東海岸約三十三公里處的太平洋小火山島，如一隻俯臥的雄獅，充滿著不可思議與原生的力量。當我在都蘭灣北方的加母子灣興奮地發現了它的身影，就在曙光開始接觸海平面之際。我聽見來自深海珊瑚礁岩的聲音，那聲音緩緩悠悠……伴我飛翔。

多想化為一條魚，去親近海灣北側水域，流連於那片珊瑚覆蓋的海底礁石。多想化為一隻鳥，去親近阿美族人視為

祖先留下的神聖場域，聽大海泊泊拍打礁岩，在這兒留下波光粼粼的激影。

而眼前的綠島，站著，猶如一介亙古的勇士，指揮著千軍萬馬。它帶著一片純淨的藍，向我迎面而來，在碧波盪漾的海面，閃著奪目的光燦。這幅抹不去的美麗景象，似乎像世間所有相遇都是久別重逢般，緊貼我的思緒。

在歲末裡晨光熹微的一個冬日，我沿著涼亭拐彎處走動，除了風，海潮，鳥聲，一切靜寂。我願像透明的風，像浪花的樂音，讓大自然擁抱，將懷念到下一世。這裡也是喜愛水上運動者及釣客的最愛，因為海浪經常平靜無波，也可在淺海區浮潛欣賞海底世界，偶爾也會在岸邊驚喜地發現從花東縱谷沖刷而下的彩石。

那一刻，靜在一棵大樹下，把匆忙的腳步慢下來，把心疊上加母子灣的柔波裡。當遠近的三五艘小漁船緩緩向前，讓我的精神為之一振，忘卻俗慮。而歡樂的時光總在驟然間悠悠而過，回到參星橫斜的月夜裡。

噢，遠方的綠島，影印著蒼穹之空，感動著我和移動的時間，我們都記住了加母子灣的盪漾。讓每一次回憶，都銘刻在心的深處。

— 2020.12.19 完稿

－刊臺灣《金門日報》副
刊，2020.12.30，及攝
影1張。

攝影／林明理

108.微風輕拂卡拉魯然

　　午後，驅車沿著一條彩繪著排灣族圖案的柏油路到臺東市新園里去。

　　活動中心內，正舉行著一場豐盛的婚宴！既有歡樂的氣氛，又有一種原始的樸真。當新郎帶著美麗的新娘到場，進行婚禮儀式，並互相敬酒後，大家開始說笑又談情，然後大跳傳統舞蹈。這是他們祖先傳下來的，卻讓我有股溫暖的親切感。

　　我也喜歡他們穿著黑、紅、深藍底色配上彩色小琉璃珠的服飾，和分享喜慶上的小米糕、芋頭等美食。駐足了一會兒，又走過一家家門戶緊挨在一起的街道。有幾個穿著傳統服飾的

族人在街上閒談，還有婦人三五成群地走在一起，不知在說些什麼。她注意到我在觀察，連忙說：

「你們是從臺東來的啦？」然後微微一笑。

「是啊，妳們的服飾好美哦！」我應答道。他們不僅服飾，就連神態及言語，也都像幾世紀以前那樣古樸、傳統。

正在那個時候，風起了，我諦聽著部落的聲音。彷彿中，有一首古調由遠而近，不停不息地，吹過利嘉溪北岸的河川地，吹過這裡的街巷田園，棲息在我的心頭上。我笑著，一邊跟著聲音走，一邊閱讀部落的故事。

卡拉魯然（Kalaluran）創造的起源，是偉大的。除有蛇生神話故事，也有一種口述，說是由陶壺內部的突出物所生，稱為「陶生」；而其祖先共有四個部落，在一九四〇年代被日本政府強制遷徙至此。近八十年來，新部落歷經了生活困頓和遠離山上故鄉所失去的根，只是如隔世的雲煙，鮮為人知。

這是個典型的農村部落，約有近百戶人家，名字意旨「來自各社共榮之地」，是臺東市最北邊的排灣族部落。每年七月，都會舉辦小米祭，鞦韆舞、狩獵舞等等祭典；族人們手牽手，凝聚了力量，也凝聚了希望。他們曾用歌聲捍衛家園，不受外界污染其土地。因為，部落就是他們的「家」。

據說，這部落出現一位苦學有成的首位女巫師 Lukuz，也會為部落祈福。我循著街道走去，走過一座低矮圍牆的天主堂，天空忽然明亮起來，婚禮的熱鬧聲音淡薄一些了，還

能見到教堂對面一間繽紛的彩繪雜貨店。在社區一隅，也有間很特別的咖啡店，裡面有許多傳統的排灣族服飾，女店長是位社會運動者，曾為捍衛家園而努力。

　　如今，我以一種認真的神情凝視著午後的天際。我只消閉上眼睛，就會聽到那風中之鳥的呼喚，從部落中傳到我的耳畔……好似那北宋程灝吟唱的《春日偶成》：「雲淡風輕近午天，傍花隨柳過前川。」而我的心靈，從部落積極尋回文化的根找到感動，正如微風輕拂卡拉魯然的溫柔一般。

　　－2020.12.26 完稿

－刊臺灣《青年日報》副刊，2021.01.31 及攝影 2 張。

攝影／林明理

109.利稻，一片詩意的土地

　　每次踏上這塊詩意的土地，彷彿來到上帝遺落人間的桃花源，心靈的歌就會飄蕩在綠色山巒的晴空。利稻，這座南橫公路東段最高的聚落，在蔚藍色的雲朵下，沿著溪畔河階台地的布農族家家戶戶都整理得井然有序，空氣中瀰散著櫻樹與花的香味。

　　風自二月來，每個旅人都情不自禁地東瞧西望。而我所見的利稻，像個自然魔力的詩人；是一生的感動，是一次次深邃的熱望，在簇簇清風，在每一縷陽光上。

當我看到兩隻鷹一派閒適的翱翔，滑落，棲停……在相遇的時候，我幾乎忘記了語言。當我聽到綠繡眼清脆婉轉的鳴叫聲，是大自然中最美的樂音，在夢幻似的山櫻花樹上，那橄欖綠的羽色更顯溫存可愛。

當我走在川流不息的溪谷旁，我的心跟著雲朵飛馳，它輕飄飄地帶領我前往一座又一座大山。我的眼睛閃爍著整個村谷的光華，像在夏夜裡講述一個美麗的童話。

這座人口約三百人的布農族部落，在派出所旁的利稻國小，花木一片繁榮。從櫻樹環抱裡瀉出的陽光落在紅土操場時，我聽到下課鐘聲響了，遠遠地，我看到一些小朋友跑出來玩，讓我又驚又喜。

我看到校園裡所有杜鵑花都綻開，鳳蝶翩翩飛舞，在找尋最佳產卵地點。早晨的利稻，雲霧輕籠，野鳥或孤飛或比翼……有時從空曠的溪谷，有時從周遭的樹林；而我的心完全會意，像親密的朋友在那兒等候般。

吹過峽谷的風，也吹著百鳥咸集的利稻村。繾綣的風裡含著花木香、也含著湛藍。它告訴我，海拔一千零六十八公尺的利稻部落，地名是由布農話「立豆」的諧音而來，意指吃起來黏呼呼的當地野生枇杷。每年國曆四月下旬，布農族進行打耳祭祭典時，原本寧靜的小村就會變身為一個充滿熱鬧氣息的部落。

穿過漫漫隧道，我被一路上的野趣吸引著。利稻，這片神眷顧著的地方，也曾久經風霜，被時間掩埋之痛；但此刻，

陽光以祥和的方式吻合每一寸土地，終於有了如此秀色。再次來利稻，看晨光灑落、鋪滿山谷溪澗；看六口溫泉對面，有塊金色的鐘乳石岩壁，像幅藝術氣氛的抽象畫。看沿途迂迴的路，綿延不絕的山峯……那自由的風穿梭在繁花盛開的街道，在時間之外。

　　而利稻的光，輕輕穿過山徑，穿過雞鳴的早晨，穿過我心境，引我從容看待一切；一如曠野輕輕踱步的雲，再次向它親近。何曾擁有這般的感覺，純淨、縈迴而充滿深邃！我感到一種富於音樂性的思想忽地而起，在天籟中交織……這趟帶有奇幻色彩的旅程，夢裡盡是思念，擁我入眠。

　　　　　　　　　　　　　　　　　—2021.02.03 完稿

　　　　　　　—刊臺灣《中華日報》副刊，2021.04.11，及攝影 2 張。

攝影／林明理

110.暮春的野桐

　　多美的雲天！在暮春的晨光下，沿途低海拔山地和鹿野鄉道間的野桐竟張苞吐蕊，花朵擁簇成團，如同不食人間煙火的仙子。

　　涼風習習，一眼看去，花兒歡欣旋舞，竟唱起了歌。朝霧把山巒拂拭，時間彷彿過去了千年，而我乘著歌聲的翅膀，回到鹿野鄉踏尋它的芳蹤。跟其他地區的開花季節略有不同，每年此地縱谷，便多了浪漫與希望的色彩，質樸純真。

　　當我佇立在卑南溪谷旁，向這個典型的農業鄉鎮莞爾一笑，是愛讓我們再度相遇，在鄉公所舉辦客家桐花季絢麗熱鬧的慶典下，在桐花旋舞似雪，轉身飄落的時候，又讓我那麼近地端視著它，看蜜蜂俏皮地吸吮花蜜，無視周圍的一切……這景象便在我心中永存。這裡花香流轉，更有稻田縱

橫。這裡油桐樹散佈在鄉內山麓和平地，水源豐沛，與龍田北側的一處高地為鄰。

然而，置身這被清末知州胡鐵花先生譽為臺東第一大平原的境內中，我瞥見了日復一日的農家生活，也看見在一沉靜無垢的二層坪水橋旁，遙思昔日客家山歌浮雕中記載的後山開鑿史。我禁不住要扮演吟哦頌讚的墨客。看盡鹿野鄉穿梭著峽崖和巨石區、寬寬窄窄的河道，看盡這裡曾經是群鹿奔馳的獵場……而今這裡的一鄉一景，是飛行傘降落場，是茶葉之鄉，就連這片清新婉約的桐花，都是我的精神至寶。

風兒好似在問：「這就是妳羨慕它的目光？這就是你們友誼和愛的橋樑？」是啊，這美麗而優雅的桐花！過去我弄不清它若有似無、神秘的微笑。今天，倘若風兒你願意諦聽，我想把它譜進一支曲中。你會聽見我的傾訴和我小鳥般的清鳴。這兒有沉睡中的山巒，蟲鳴鳥叫和花落聲，真好。

之後，我順路來到鄰近的舞鳳部落。有幾位族人在巷弄裡相聚，他們在路燈底下邊吃小菜邊聊天。一位老人家告訴我，在這社區裡，除了阿美族群，還有客家人和閩南人。每年的七月是他們阿美族的豐年祭，出外在各地讀書或打拼的遊子為了團聚，便會紛紛回到故鄉的懷裡。

當我把耳朵貼進部落旁的一灣溝渠，我就聽到那百鳥在空中振翅的旋律。信步到瑞源國小校園賞桐，假日的上午，沒有孩童的嬉笑聲或打球聲，一片寂靜。只有旋舞的桐花繼

續訴說著部落的故事，以及草地上不斷好奇地望著紅鳩振羽飛走的聲音，才把我的心喚回來。

　　揮手告別時，車過鹿野橋，我聽到了稻桿在清溪的小河畔散播春天的顏色。而後，我拉開車窗，讓風恣意吹亂了髮稍，像水鹿諦聽那雪白而寧靜的野桐。瞬間，思想在飛旋，而我的驚異溢滿樹林間。

－2021.04.07 完稿

－刊臺灣《青年
日報》副刊，
2021.05.02，及
攝影 2 張。

林明理〈在清靜的茵綠裡〉
文/圖　林明理

111.金龍湖冥想

　　似乎從三年前起，便喜歡上這個美麗的湖泊幾近葫蘆形
的靜謐。這座湖又稱「大武水庫」，位於大武溪和朝庸溪的
凹地之間。十分奇妙的是，無論四季如何更迭，它永遠超出
了我單一的想像和緬懷，讓我毫無理由地來，又隨時將其影
像回旋在我心中。

　　我喜歡清晨時分，立足湖畔的步道，四周早已渲染出流光溢彩，聽蟲鳴入耳，聽風講述著過去、現在、未來。今年三月穀雨後，群雀及松鼠聚集在野花、樹林、山巒的周邊；那雲兒撩撥著悠悠歲月，還迭掛著滿眼的綠與湖面泛起的亮光。

　　信步走在環湖小路上，我樂於找尋些新的植物，也豎耳聆聽葉的絮語，以及輾轉傳來欣逢的回響。偶然低首，一群鳳蝶翩然在一片娟美的綠野，風跟著紫花飛舞起來。當我喜愛這一切，看樹影倒映在水上，看小白鷺輕輕掠過……點亂水底交舞的沉水型植物，讓湖面更顯得光耀。

　　我聽見野鳩輕輕地低喚，與唧唧的蟲兒密約。涼亭下，想起去年春天，曾經有絲絲的雨，一陣風過，流動在百草上，而枝上的雀兒也唱出我心中的歌。如今週遭的茄冬、火刺木、鐵蘇等植物，還有小雨蛙聲，又再次親切地靠近了。我繼續向前走去，像陽光裡的羊，把腳步放慢。

　　一條彎路連接不盡，鄰近的農田、肥沃的土地上，有許多停棲在牛背上的白鷺悠遊其間，那份溫馨的感覺，彷若時光重現，童年的舊夢重溫。於是，一個記憶，便慢慢在此佇足。

　　我曾經到過許許多多的湖，卻全沒有這麼多自然的蒼翠，除了山間鳥囀的清響，沒有任何喧嘩煩囂。每當十一月間，候鳥南遷過冬時，在我眼睛深處，時時期待著蒼鷺、小水鴨，還有高蹺、小白鷺來此溼地整理羽翼、覓食。記得俄羅斯純藝術派詩人費特曾在〈春季情思〉前段這麼寫著：

　　來自遠方的各種鳥兒，／又飛向冰消雪化的河岸，／溫暖的太陽高空輝耀，／期待著香氣撲鼻的鈴蘭。

　　這就是吸引我想像的主要動機之一。如果不是詩歌啟發了我，因受觸動而對大自然的偉力深信不疑，也許我永遠不會進行這番思考。歸途下山時，趁著紅雲還在天邊，我也在暫歇的老樹下暢懷呼吸。從山的一隅眺望太平洋，幾隻舢舨，白濤閃耀，碎在浪峰的盡頭。一隻鷹飛起，懸在崖邊的天空，點點水鳥化成細浪漂漂，流入相連的大地，又慢慢飄散了。

　　是啊，雲不曾改變其顏色，我的思念也未見停歇，在金龍湖與和風一起散步的季節，紅蜻蜓也翩翩飛舞在水中枝椏的向陽處。彷彿中，那隻小白鷺不知何時又悄悄飛來，並不遠去；而我默默地遠眺海和一簇八角梅，金龍湖的影子映照其上。

　　—《中華日報》中華副刊，2021.05.18，刊
　　林明理散文〈金龍湖冥想〉，及畫作 1 幅。

中華民國一〇四年五月十八日／星期一　2021.5.18　中華日報　中華副刊　A6

責任編輯 王鏡玲

林明理（在灣潭的溪橋邊）

金龍湖冥想

文／畫 林明理

牧童石雕

文／攝影 久潤

謎糖三重奏

■波戈

第一樂章 啟程迷離

附　錄 excursus

（詩歌評論及其他 Poetry reviews and others）

附錄一

溫婉和堅毅的思想感情

──吳開晉詩歌析論

台灣林明理

T Tenderness and perseverance

──Analysis of Wu Kaijin's Poems

©Dr.LinMing-Li

Abstract: Wu Kaijin (1934-2019) is a much-loved scholar at Shandong University. His poetic creation not only shows his unique style of new poetry, but also has his own literary theory, which is expressed in most of his work. His poetic elegance and spirituality are full of rich tenderness and perseverance, which are the hallmarks of his style; such exploration of poetry has also become the reason for the recent study of his high-quality character in the academic circle.

Keywords: Wu Kaijin, new poem, thoughts and feelings

摘　要：吳開晉（1934-2019）是山東大學倍受愛戴的學者，其詩歌創作中不僅顯示了自己獨特的新詩風格，也有著自己的文學理論思想，多表現在具體的作品之中。詩性優雅、靈動中又充滿了濃郁的溫婉氣息和堅毅的思想感情，這是他的風格標誌；而這樣的詩歌也成為最近學界表達對其高潔的品格的探究之因。

關鍵詞：吳開晉新詩思想感情

詩美意識是以人的靈性去體驗到的一種本原的、悠遠的意境之美；從而展現出詩人獨特的審美理念和藝術開拓。如何凸顯審美觀是新詩發展需要反思其深度根源與現代含義的一項創新的視域。更為重要的是，必須揭示出新詩的意象及心理學解讀，才能昇華當代新詩的審美體驗，藉以反映出詩人的精神本性，探索其內心的情感世界。當代中國新詩發展已臻於成熟的階段，比較引人注目的是，除了審美轉向研究方面的拓展，詩論的創建也興起了熱潮。而吳開晉詩歌也反映了中國新詩發展與社會文化現象的歷史縮影，並將其畢生的心血都投注在詩歌評論與創作上，給我們提供了藝術開拓

的啟示；也讓後人嘗試理解其新詩的深度根源和學術性的價值。

一、吳開晉詩歌是情感與藝術的交匯

莎士比亞曾說：「詩人的眼。做一種優美狂熱的溜轉，從天一瞥到地，從地一瞥到天；猶如想像，使未知的事物成形出現，詩人的筆，使它們的形象完全。」詩人追求的心靈自由，並非脫淨一切的束縛，而是要揚棄高雅華麗的語言，透過創新的手法，以真樸純粹的語言呈現。美國心理學家巴爾文〈Baldwin〉說：「人類有一種把自己的思想情感加以具體化，而表現到外面的本能，藝術即由此而誕生。」詩的真義例子不勝枚舉，但從中可歸納出一個重要的共通點：即詩人都想開創更寬廣的藝術境界。

作為一名從事詩歌創作與研究的大家，吳開晉從一九九四年出版的第一本詩集《月牙泉》，繼而一九九八年《傾聽春天》和二〇〇四年《遊心集》開始，到二〇〇八年《吳開晉詩文選集》，就顯示了自己獨特的新詩風格。他有著自己的文學理論思想，多表現在具體的作品之中。詩性優雅、靈動中又充滿了濃郁的溫婉氣息和堅毅的思想感情，這是他的風格標誌。

詩美的觀念，是由詩的潛在次序或詩的深層結構中發現。吳開晉初期詩作，清純、質樸，人物刻劃情真意切，大多以寫實為主。中期作品則是旅遊情思、人物緬懷，與現實

生活貼近。晚期的創作更加入了細節和敘事的因素。其中，尤以〈土地的記憶〉一詩獲得一九九六年以色列米瑞姆‧林德勃哥詩歌和平獎，評委會評語寫道：「吳開晉教授所著〈土地的記憶〉是一篇扣人心弦的，凝聚了反對惡勢力的、充滿感情的詩篇。詩歌通過非凡的隱喻手法，表現了犧牲者的痛苦和對惡魔的愁恨」。看得出，他努力地將自己的感悟用簡單與莊嚴的方式描繪出對史實理解的高度。正由於吳開晉詩歌藝術的獨特思維，始終將詩情融注於形象，而伴隨時間而來的智慧和經驗的包容力，都存在著喜於寫詩的火花；所以，在我們面前樹立的，乃是一位堅強而慈祥、超越性的詩人的形象。

例如，〈站不起來的命運 —— 看猴戲有感〉一詩：「銅鑼敲出了歡快的節奏，/佳肴催動著騰跳的四肢，/猴兒東瞅西望，/瞧著主人的臉色……//鑼聲把我引向遠古，/莽林中他和猴兒一同爬行，/雷電中他猛地直起腰來，/毅然走向燃燒的火堆。//於是，他脫去了長毛成為主人，/猴兒却被雷電嚇走了靈魂，/他用力拉它也不肯站起，/只是蹦跳著爬進樹林……//千年萬年過去了，它仍不能站立，/主人從林中又把它捉回，/用鞭子和誘餌輪流給它上課，/叫它表演那站不起來的命運……」全詩的視覺空間感極深遠，另一方面也注入了超現實性，以期豐富詩的內層意涵和對存在的覺識。第一段寫客觀的景，就像那猴戲中的銅鑼、奔騰的快奏、桌上佳餚及猴子的騰跳，取悅觀眾的肢體語言以及不停地東瞅西望主人的眼色……這些都是展現熱鬧的秀場之景。第二段在看似欣賞的景中，作者加入了冥想，遠古莽林中猴子與人類的靈性

發揮與意志的博擊的掙扎與困頓，讓詩中一股莫名的動容在
「景」中流竄。要歷經多少的歷史浩劫？多少的慘痛教訓？
那人類數不清的血淚奮進史與一次次的蛻變，終讓人類遠離
蠻行，成為萬物之靈。當人類毅然走向燃燒的火堆，懂得披
衣蓋屋，懂得取火與進化的一刻，宇宙的夜忽地閃動了起
來……第三段道出了人與野獸的不同處，在於人是有思想與
意志力的。地球上多數的人類是喜歡追求尊嚴的，人也是宇
宙中最具靈性的動物，不似猴兒終因不肯突破心界，甘於為
奴、或取寵於人類的工具，其靈魂也因寧願被雷電取走而不
願醒眼，宿命無法改變。最後一段，是暗喻人猴本是同屬性，
但在漫長的時間流動裡命運卻背離。那站不起來的命運之
線，體現了為人者的尊嚴與價值，亦體現了詩人悲憫的品格。

　　如果說詩美與藝術的關係已日漸密切，甚至合一，這是
當代新詩發展中的價值所在；那麼，吳開晉的很多詩句都有
著溫柔又充滿力量的內在氣質！例如，〈懷柔響水湖〉一詩：
「一萬隻金瓶在敲／聲聲塗染了過路的雲／雲也敲響了銀盤／
降下陣陣光雨」，詩句清俊逸麗，詩人以此頌美所住的北京湖
色風華，畫面以擬人手法，描摹雨落水湖的清響，鮮明塑造
出詩人胸懷溫柔的形象來。「一萬隻金瓶在敲」比「嘈嘈切
切錯雜彈，大珠小珠落玉盤。」的意象還要生動，有聚焦
的功能。在白居易的〈琵琶行〉中雖是暗喻琵琶彈奏出的
動人聲樂，但原意為「大小雨點落在荷葉上的聲音。」吳
開晉卻把對湖光之愛透過隱隱的雷響，比喻如萬隻金瓶輕
輕的地震，的確帶來赫然有力的節奏，讓雨的起落、等待
更有亮度。第二行「聲聲塗染了過路的雲」，接準精確，更

在雷雨預來前寄託了詩人深摯的情感。水湖之美讓過路的雲禁不住也停歇下來，這裡有詩人幽默、淺笑的表情，點出觸目所及皆是情。第三行，詩人也心裁別出，以「雲也敲響了銀盤」來比喻如樂音般的雨聲呼之欲出，頃刻間，水湖的生機勃發，使詩人懷擁思念，同「雨聲」予人一種獨有的凝望；詩思細膩，視效精敏。最後以「降下陣陣光雨」，轉為設想之筆，自然是「徐徐的」亮麗，洋溢著浪漫的筆調。全詩偏於舒緩愉悅的審美風格，彷彿中，讀者也能穿透時空，沉浸於京城雨的旋律與美的冥想。

　　詩人多信賴直覺，直觀與思維在瞬間的統一，是直覺的基本特徵。另外，我們也可以將這種本質上的問題，由吳開晉詩作闡釋的邏輯為起點，來探索其藝術真境。真、善、美從來都是詩人追求藝術的最高價值，吳開晉的詩歌除了顯示出藝術是屬於詩人的想像力的創作，亦是其情感和藝術的交匯，處在不羈的自然中。

二、詩歌藝術確立為吳開晉人生的最高價值

　　吳開晉先生生平承繼起推展中國新詩的責任，進而將藝術開拓為其生存、生活的本質。從美學角度的解釋來看，他常以單純的鑒賞態度去體味中外詩歌，從中轉換為可供愉悅的藝術情感。當詩的意象昇華為情景交融的意境時，就是詩美的極致，才能追尋到一種蘊藉動人的藝術境界。所以，當我對吳開晉詩性語言的探討愈來愈深入時，便進一步發現詩人在構思中飽含感情的詩藝世界裡，多半作品是貼近自然、

精微地體察社會面，並具有驚人的藝術力量。

在我看來，吳開晉最奇絕的力量就在於他把寫實寫意的思想與真樸無華的詩性元素結合為一體，把靈思一瞬間的透徹與美學精神結合為一體；由此更能體味生活與藝術兩相促進，更見其才情橫溢的詩華。細讀其詩，是心靈浸潤著喜悅的時刻，彷彿真如身在大自然，從靜謐的天體中讓我思想之湧流忽地光明起來，隱約在神聖的樹林彼處，像銀屑般閃爍。

吳開晉也是一位感情豐沛的詩人，他的詩還可以被研究出許多方面的成果。值得一提的是，他發現了詩最主要的原素是「愛」。例如，〈雲和山〉一詩就是用一種有意識的心靈努力去思考愛情的佳作：「一朵雲欲飄向遠方/大山苦苦挽留/"這兒有你晾衣的翠竹/這兒有你梳妝的潭鏡/還有默默的守望/將與日月同齡"//一陣風嘻笑著飛來/雲兒便無影無蹤/大山無言/猛然迸出了淚瀑」詩是自然界裡最美最偉大的景致，此詩暗喻著美麗的事物不是永恆的，詩意是將現實的東西浸沐在自然的幻化中，而更懂得體驗溫和及平靜。詩中，大山淚眼相送雲兒，而遠方，天神似乎在說 —— 讓它去吧，去吧，走得遠，您才能看得更闊。

還有一詩〈電車上〉，是遠在吳開晉二十二歲那年，就嘗試賦予詩更寫實的影像，也是首難得的溫馨之作：「為什麼人們全都站起來，/到了什麼地方？/啊，走來一位將作媽媽的少婦，/她全身落滿了尊敬的目光。//她輕倚著窗玻璃坐下，/羞澀感激在眸子間深藏；/也許小生命正撞打母親喜悅的心，

／看，她已把微笑的眼睛閉上。」當然，詩必須配合許多外在條件，才得以成為一個不斷擴張想像的體裁；然而這首詩是純粹的自然，乃是詩人長期以來根植於心中悲憫的本然。情，是無形的東西，用錢也買不到；自內心發出來的，才是真情。一部電車上的小故事，更反映出人與人間，唯有真情，才能讓社會變得更美好；而少婦孕育一個小生命的羞澀表情與人們紛紛想讓座的互動，更讓這幅畫面，常留讀者心中。可以說，吳開晉不僅是注重情感的詩人，更應該說是客觀敏銳地觀察社會人生的詩人。

在吳開晉中期作品《月牙泉》詩集裡，也記錄許多旅遊詩，其中，與愛妻明岩女士到千佛山旅遊後，寫下：「雙足深深紮入岩石／變幻的雲作村景／不管春雨秋霜／不管月月年年／讓我們站成永恆」，首先，詩人吟唱出自己的愛意及期許，彷彿我們也可以看到他們並肩地依偎著。雖然人間沒有人為他們生前建造永恆的殿堂，但詩人這段刻骨銘心的愛情，卻遠比千佛山上的雲景都要美。

英國著名詩人華茲華斯（William Wordsworth，1770-1850），也這樣深有體會地指出：「詩是強烈情感的自然流露。它起源於在平靜中回憶起來的情感。」這首詩裡，吳開晉也思考著如何讓「愛」化為永恆，情感真切、聖潔；不僅能夠創造出美的樂音，從而激起讀者深刻的印象。

吳開晉的才智所在，並非是研究人與自然的關係，筆鋒深具哲思，雖少熱情多姿，卻傾向於質樸的味道。例如《長木公園的雲松》是詩人在 2001 年前往華盛頓的多倫多大學講

學時，一首輕盈又有音樂性的小詩：「用陽光的金線，撥弄白雲/去打破雲空的寂靜/多少人仰視你/都難看到你真實的面容/你的根也一定很深很深/可穿透厚厚的地層/那長在香山紅葉間同樣高大的一株/定是你連體的身影/只是那掛在翠葉間的一顆顆松果裡/綴滿了我思念祖國的眼睛」，詩句婉約含蓄中，整個公園有種我無法言傳的祥和寧靜，讓我平靜地接受詩人共有的視覺回憶。那一道漫射的光線，平靜而不凝聚，點醒了異國秋天雲松的笑容，也適時傳遞釋出詩人的思鄉輕愁；而北京西郊的香山園林的紅葉和眼前這雲松高大的表面連結在一起，亦傳達出古典主義派的美學。那一刻，詩人已經覺悟到，不論距離有多遠，其想念祖國及家鄉的心卻拉得很近，很近了。

在國外講學期間，他又寫了另一首〈威明頓森林公園的天鵝〉，更以一種近乎經典規律的方式寫出：「一只腳掌/佇立於湖面/凝神靜聽/雲空飄來的/柴可夫斯基的旋律/忽然展開銀翅/做三百六十度的旋舞」。這是首完全顛覆了學院式拘泥古板的傳統作風的詩，我既看不到森林公園以其美麗的風景來構築詩的嗜好，也看不到詩人把夢想的而非看到的事物賦予神秘的光環；相反地，如果你以宗教般虔誠的心去觀察，直到想起生命的廣被，一隻單飛的天鵝，在內心裡的呼喚，就會在心中燃起一股抒情的靈火，含容著淡淡的憂淒與哀傷。而天鵝泛起漣漪，沒有任何騷動；更顯露牠的舞姿，是如此優美，致使詩人的繆斯沉默了。

在詩歌創作與研究上，吳開晉由於受到禪道精神的薰

陶，偏向以視野的廣度以及對自然有一種敏銳靈躍的感受力，使他能體現出含蓄的感性及清新淡雅的風格。例如〈密密的梧桐葉〉一詩是詩人在一九九八年所作，清澈明亮的詩思，讓風景瞬間成為一首交響曲，一種沒有富麗氣息、沒有歷史，而卻有詩意的詩：「密密的梧桐葉/在微風中親熱地交談/它們互相觸摸、拍打/讓笑語在雲空傳遍//每一片都有自己的故事 ── /關於布穀鳥的賽唱，或斑鳩的苦戀/它們從不保留什麼/一點一滴，都講給伙伴//當暴風雨來襲/它們便互相警告和吶喊/有誰支撐不住那無情地擊打/留下的便珠淚潸潸//它們祝願它早日化為泥土/再從樹根潛入樹幹/當春天的風笛在雲中吹響/它們便重新相會在樹巔」。詩句捨棄清麗精緻，將對自然現象的關注，以追求原始樸素的直接呈現，富哲思。梧桐葉顫動的各種意象，在周圍自然保護的溫柔中顯露出來，能讓我們觀賞到天地間所包容的萬物之美。對詩人來說，一花一木，春秋輪代，更迭有序；樹葉也必須經歷暴風雨的洗煉愈見重生傲然。

除此之外，開晉先生晚年的詩作，多集中旅遊詩及人物素描。其中，六十五歲時寫下〈憶友人〉一詩：「似荷葉上的一絲風／似松林間的一片雪／你清麗的身影飄去了一個夢／在心的年輪上／永遠鑲嵌著那雙明亮的星斗」。這首詩寫得輕靈、清新；詩的語言是從繆思女神激發想像，輕鬆自然地降臨詩人感性的心田。詩人在尋求古典性唯美的聖潔以及建構起一種雋永的回憶中，能坦率地流溢真情，營造令人驚異的效果。無疑，他為愛情加上浪漫冥思的想像到詩性生成的貫通，提供了一個內蘊豐厚的精神國度；足見他也是一位充滿

詩意的詩人。他的藝術思維並不是受到表面上或視覺上的景觀所吸引；反之，他看重的是作品中蘊含其中的哲理或情感的深度。

三、結語：吳開晉對現代詩學的學術性價值

　　二〇一九年歲末，我敬愛的吳開晉先生長眠於他熱愛的故里，享年八十六。生前，他把手臂伸向光明，像太陽的光芒，願為真理而戰，用他溫和而堅毅的眼神，作育英才，樂於寫作。他淳厚溫儒，常善用時間研究美學，除創造許多精闢的評論外，也能以詩描繪了一個清新自然、優美深邃的藝術世界；詩歌尤以旅遊感事抒懷題材居多，思想澄澈，抒情色彩，也能從歷史軌跡進行宏觀考察。他也是一位感情豐沛的詩人。詩是自然界裡最美最偉大的景致，其詩有另一種禪風，暗喻著美麗的事物不是永恆的。

　　對於我而言，他是個慈祥又純真的老師，也是朋友。他曾在二〇一七年四月底的電郵中寫道：「謝謝明理問候。我到杭州開了徐志摩紀念會。回來在上海和蘇州看看老學生。最高興的是學生陪我到無錫看了靈山大佛。妳如回來，可去看看。照片很好。祝賀妳。開晉於濟南」於今，他走了，他飛向雲朵，挺胸步入了永恆的天國……而他的音容，他的笑語，卻時刻在我的心中。

　　最令我感到驕傲的是，吳開晉先生以一首名詩〈土地的記憶 ── 獻給反法西斯戰爭勝利紀念日〉，獲得一九九六年

以色列米瑞姆·林德勃歌詩歌和平獎。他努力地將自己的感悟用簡單與莊嚴的方式描繪出對史實理解的高度。這首《土地的記憶》被收錄在《吳開晉詩文選集》四卷中的第一卷裡，詩裡凝聚了吳開晉畢生的心血，是最能代表其崇高品格的詩作，從而奠定了他在中國當代詩壇的重要地位。這是他在六十一歲所寫的詩：「土地是有記憶的／正如樹木的年輪／一年一道溝壑／貯存著億萬種聲音／當太陽的磁針把它劃撥／便會發出歷史的回聲／／聽！那隆隆作響的／是盧溝橋和諾曼地的炮聲／還夾著萬千染血的吶喊／那裂人心肺的／是奧斯威辛和南京城千萬冤魂的呻吟／還有野獸們的狂呼亂叫／那震人心魄的／是攻佔柏林和平型關的號角／還有槍刺上閃耀的復仇怒吼／／莫要說那驅除魔鬼的炮聲／已化為節日的焰火，高高升入雲端／莫要說那焚屍爐內的骨灰／已築入摩天大樓的基礎，深深埋入地層／莫要說被野獸剖腹孕婦的哀嚎／已化為伴隨嬰兒的和諧音符／莫要說被試驗毒菌吞噬的痛苦掙扎／已化為無影燈下寧靜的微笑／這些早已過去／如煙雲飄浮太空／安樂是一種麻醉劑／人們也許把過去遺忘／但土地不會忘記／它身上留有法西斯鐵蹄踐踏的傷痛／留有無數反抗者澆鑄的紀念碑裡的呼喊／每當黎明到來／它便在疼痛中驚醒」。寫這首詩的力量是由內生起的。在第一個詩節中，已體現出他對二次大戰整體中國東北百姓被德國納粹黨毒害、日軍進攻盧溝橋事變、南京大屠殺等畫面的椎心之痛！吳開晉從自然之道反觀人世之道的視角，用心控訴戰爭對人類無辜百姓的破壞及影響。

詩人的感覺與表現的交融，使他成為一個敏銳靈動的詩

才。每年九月三日是中國人民抗日戰爭勝利紀念日，也是世界反法西斯戰爭勝利紀念日。這是近代百年以來，中華民族反抗帝國主義侵略取得的第一次全面勝利，也是中華民族由衰敗走向振興的重大轉振點。最後一節告訴我們，可以瞭解到作者的感傷，同時也慶幸法西斯政權的崩解。雖然這段歷史迄今已超過一世紀，作者每一回憶，仍不能擺脫戰爭的陰影，對日、德暴行的記憶就像被感染的傷口一樣，依然在流血。從一九三七年南京大屠殺到納粹黨的活人試驗，其野蠻、狂暴的行徑仍深深銘刻在中國人的記憶中。

吳開晉對歷史的細緻觀察，這其中既有現代詩人超越時空的體會，也有對土地的無限敬畏和民族性的自覺。那些穿越光陰以探索歷史的詩句，直面人生；而去勇敢追求的人文關懷，純粹而敏感，幽微而堅毅，感性又悲壯。在這裡，作者已作出直抵歷史本真的真實抒寫和靈魂的詮釋。在這裡，也可以看出吳開晉對詩歌的貢獻，一方面，他讓詩人得以運用戰爭的醜陋來發掘人性的愛與良善；另一方面，他讓讀者明瞭詩人的任務，在於運用其創造能力，修復殘缺的世界中僅存的溫暖 —— 愛，並使它恢復生氣，讓人僅記歷史的教訓，重新去感知這個世界，去體會土地被戰爭蹂躪的傷痕。

雖然吳開晉先生晚年面臨喪妻之痛及病疾所苦，但對他而言，這正展現了自己生命的強度。可見，他的藝術思維關鍵在於美學，其美學思想不僅是知性與邏輯思考的活動，對於讓讀者產生知識的生活磨練，或愛的詮釋也有很深的著墨；其豐富的一生，也終被世人所推崇。最後，謹向在天國

中的吳開晉先生，致上我最誠真的感懷，這也是我對其高潔
的品格和創作的多元性探析的一種高度肯定。

　　　　　　　　　　　　　　－2020.01.17 寫於台東市

　　作者簡介：林明理，女，1961 年生，台灣雲林縣人，法
學碩士，美國世界文化藝術學院榮譽文學博士，主要研究方
向為詩歌評論，現職台灣「中國文藝協會理事」，曾任屏東師
範學院講師。

　　　　　　　　　　－刊臺灣《大海
洋詩雜誌》，第
101 期，2020.
07，頁 154-159。

附錄二

論布洛克詩歌中的象徵意蘊

林明理博士

內容提要：亞歷山大‧布洛克的創作將象徵主義浪潮，推展至顛峰，其詩歌中的象徵意蘊已經作了高度發揮。本文將其反映生活和抒情狀物的特點嘗試做一分析。

關鍵詞：布洛克，象徵主義，意象，俄羅斯

作者簡介：林明理（1961-），雲林縣人，曾任屏東師院講師，美國文化藝術學院榮譽文學博士，詩人，評論家。

Title：On the Symbolic Meaning of Blok's Poetry

Abstract：Alexander Blok's work pushed the wave of symbolism to its peak. Symbolism played a big role in his poetry. This article is an attempt to analyze and reflect on his life and lyrical characteristics of his poetry.

Keywords：Alexander Blok，symbolism，image，Russia

Author: Lin Ming-Li was born in 1961 in Yunlin, Taiwan. She holds a Master's Degree in Law and was a lecturer at Pingtung Normal College. A poetry critic, she received in 2013 an Honorary

Doctor of Literature degree from America's World Culture and Art Institute.

一、引言

在俄國文學中，亞歷山大·布洛克(AlexanderBlok,1880－1921)被當代批評家譽為俄國詩史上有重大影響的象徵主義詩人。同索洛維約夫一般，他使俄國詩歌有了自己獨立的語言和獨特的表達形式，進而結束了俄國哲學僅僅靠散文、札記等方式表達自己情感及思想的時代。

這位書香世家、具有超脫風範的詩人，他喜歡超越現代一切現象，時時睜開眼睛睇視世界。他的早期詩歌具有一種令人着魔般的手法，主觀性特別強烈。他所描繪的世界是朦朧的、神秘的，一個無定形的世界。他注重抒寫自己的內心世界，常沉浸在某種夢幻般依稀的氣氛中，心裡充滿著中世紀騎士的宗教情緒。然而，富於幻想也是俄國象徵主義的特徵。他以清新、無邪的幻想的詩眸縱觀宇宙，去感受、要得到一切實在事物的印象。詩音流暢，韻律豐富；同時，思想的朦朧，盤旋在心中的憂愁和對現實的絕望等等，在詩歌意蘊中和浪漫主義之間仍存在著某種聯繫，並且，在冥想中往往會不自覺地產生一種聖潔的宗教情操。布洛克的詩本質上與西方象徵派相溝通，後期之作轉為抒寫熱烈的祖國愛，常以社會和人生為對象，抒寫「不幸」的憂鬱美。他把表象世界運用暗示，隱喻等手法和此世界中夢樣神奇的幻滅冶於一

爐，從而將自我的感情展示出來。他也追求事物與主體神秘的交感，關心革命與人民生與死的抽象問題，意象憂鬱、幽深而神秘，為俄國象徵主義作了高度發揮。他真正稱得上是不朽的詩人，也是俄國文學改革者，因而贏得了人民的頌揚與欽讚。

二、布洛克詩歌──象徵意蘊

什麼是象徵？象徵一詞從西方語源說源自於古希臘，歷來有各種各樣的說法。簡言之，它是一種藝術方法，即通過具體的、感性形式傳達出它所暗示的普遍性意義。

在布洛克詩歌中象徵意象所包含的象徵意蘊十分豐厚，往往不是單層的，而是多層的；往往不是清晰的，而是隱喻、神秘的。他在 1904 年出版的第一本詩集《美女詩篇》，這是詩人早期重要之作，內心充滿著對美好理想的追求，與其生活、情感方面有緊密相關。在這部詩裡，他表現了對於未來妻子門捷諾娃甜蜜或苦澀的愛情，也表現了受俄國詩人哲學家索諾維約夫的思想影響極深，對文字的琢磨，幾乎是字字珠璣。

到了布洛克的第二本詩集《意外的歡樂》，則詩韻較為活潑，沉浸在都會中美妙的氛圍裡，詩人從巴黎的遊樂場或彼得堡的列斯特蘭這類地方獲得了靈感。如這首 1901 年的〈上蒼不能以理性測量〉是世紀末的苦悶、迷醉，現實社會裡的特質。二十一歲的詩人企圖從中尋找出一種新的領悟，或表達我們無法以文字表達的某種體驗：

上蒼不能以理性測量，
藍天隱藏在智慧之外。
只有時六翼天使帶給
世間特選者神聖之夢。

俄羅斯女神在我夢裡出現，
她披覆著厚重長袍，
純潔而沉靜，不盡的悲愁，
面容中——安詳的夢。

她並非初次下降凡塵，
卻是第一次簇擁著
不是那些勇士，而是其他英雄⋯⋯
深眸中的光澤奇異⋯⋯

　　詩裡的撒拉弗（Seraphim）又稱六翼天使，有六個翅膀。他是神最親近的御使，也是天使之首熾天使，其唯一的使命就是歌頌神。在天使群中甚持威嚴和名譽，被稱為是「愛和想像力的精靈」。「俄羅斯女神」既是詩人觀察都會生活中的心儀對象，並將這些朦朧的印象象徵化，也是索洛維約夫宗教理想中的熾天使。他的早期詩歌裡，幻想和現實參差交錯，常編織出神奇的都會氣氛。這種把自己宗教性的渴望之情加以象徵化，六翼天使恰如朦朧的幻影在讀者面前掠過，祂已成為融合整個俄羅斯人民為愛所苦的美的象徵。祂，沒有固定的姓名，又有所有的名字。

再如 1905 年寫的〈秋的自由〉一詩裡：

我走上眼前的道路，
風屈折彈性的灌木，
碎石仰臥斜坡道上，
黃土鋪覆貧瘠岩層。

秋氾濫潮濕的山谷，
裸露大地的墓。
沿途的村落中，
花揪揚起濃濃的紅。

看啊，我的歡悅，它舞著，
響著，響著，跌入灌木中。
你五彩斑斕的衣袖，
在遠方，在遠方揮舞。

誰誘我來到這路，
向著牢獄之窗冷笑？
是拖曳在石道上
吟唱讚美詩的乞兒？

不，我走上無人呼喚的道路，
大地如是輕盈，
我將諦聽俄羅斯的醉語，
我將在酒店屋簷下歇息。

> 我將歌頌自己的幸福，
> 唱我酩酊中毀去青春。
> 我將哭你田園的淒涼，
> 也將永遠愛你的遼闊。
>
> 許多人——奔放的，青春的，優雅的
> 不曾愛，便將死去……
> 在天涯盡處收容他們吧！
> 沒有你如何活？如何哭？

　　這裡，布洛克所表現的就是他在都市中的青春，他認為象徵比形象更能有效地反映世界的真實；但他在接受了西方象徵主義者許多美學觀點的同時，又富有社會敏感和生活激情，關注對俄羅斯受難人民生活與社會現實的思考與觀察。此詩，他把自己的身心整個溶化在大自然氣氛中，灌木、山谷、牢獄之窗、酒店、田園等這些意象裡，時間彷彿暫時休止，在詩中重新撿拾他對青春的感覺。布洛克是個高度的感覺性詩人，他的詩多以有力的語言，借助清新的、敏感的形象，勾勒出了一顆孤獨心靈的全部體驗。

　　我們讀布洛克的詩，像看抽象畫一般，它使人迷惑，但又有非看下去不可的魅力，這就是他憂鬱中給人稀有的快感。如這首在 1914 年寫的〈啊，我願瘋狂地活下去！〉一詩：

　　啊，我願瘋狂地活下去！

讓真實的永遠保存，
讓非人的呈現人性，
讓未實現的化為現實。

縱使生活的沉夢令人窒息，
縱使我在這夢中氣喘吁吁，
也許，會有快樂的青年
在未來將我提起：

我們原諒他的憂鬱——難道
這不是他潛在的動力？
他是善與光之子，
他是自由的勝利！

　　這是一種感覺性的詩，藝術感染力大，內裡包含著詩人的悲、樂、美等多邊形的人生觀。至此時期，他已找回自我的存在，以自我的情意來透視事象。從他年青的強烈的情感和優美的詩篇中，他的力量是源自於他的聰穎或者憂鬱的藝術一直昇華到足以溝通他的特殊思維的形態。而他所追求的詩的特質，也是他固執著堅持藝術是一種純粹的表現，是難以用恰當的語言來表達出他濃郁的情感和愛憐。由此而知，神的意象也一直是布洛克詩歌的靈魂。他曾說：「詩人的職責首先在於揭開外面表面的覆蓋，挖掘心靈的深處，詩人必須放棄世俗一切的羈絆」。他把詩歌作為神性的傳達，它的魅力不僅在於詩歌擁有生動形象的敘事，也有深刻動人的詩情，且能滲入到俄羅斯農工階級及底層人民的生活和意識中。但

是不可否認的是，他在追尋心目中想要遠離世俗塵囂所高築起來的理想國度，其實都屬於精神上的。然而，其詩歌仍有十分長久的影響性，在俄羅斯詩史上也獲得了永恆的意義。

三、布洛克獨特風格的成因

誠然，十九世紀末、二十世紀初，俄羅斯由農業社會逐漸過渡到工業社會。在新社會的秩序尚未建立之前，俄羅斯的知識份子在不安的社會氛圍下，紛紛投向精神的探索，由此萌生了一些思想流派，而象徵派就是個中的翹楚。他們強調藝術有三大要素：神祕主義的內容、象徵的手法、藝術感染力的擴大。在年青詩人中，布洛克是俄國象徵主義詩潮的傑出代表，其詩歌創作繼承了俄羅斯沉鬱、憂傷和哲理抒情詩傳統，但又以神秘、柔美、朦朧、絕望、冥想的筆觸及音樂性的旋律，成為俄羅斯象徵派詩歌的大師。其詩歌之可貴，是因為它描摹的畫面裡，捕捉著現代精神的複雜的形象。他曾說「現代都會人的精神，充滿著來自歷史和現實生活的連續不斷的印象，並且，在懷疑和矛盾中變得軟弱，被漫長的憂傷苦悶所侵蝕。儘管這種苦悶令人倦怠，可一旦因歡樂而興奮時，他們就會手舞足蹈、歡騰雀躍，不斷創造著夢幻和傳說，秘密和謎語。」由此可知，他在革命前的動盪接觸到生活的現實之後，寫詩是隨著不同時期的心境轉變及社會環境的變化，於作品中將許多想要表達的思想心情反映在詩歌的意象變化中，並賦予詩中的意象更多元的象徵意義。

對布洛克而言，俄國處於激烈動盪的經歷與人民困厄的

現實帶給他的苦悶不滿從而造成一種憂鬱的性格，可說是形成他的藝術風格的基礎。但更重要的還是他在藝術上受到的主要影響和他的美學觀點的制約。誠如布洛克在《野蠻人》詩中提到：「俄羅斯是個難解的謎。」有人說，俄國浪漫文學是十八世紀西歐文學的晚輩。事實上，俄國自詩聖普希金去世，詩歌的黃金時代暫告終止。而布洛克在俄國文學史的重要性並不下於普希金、托爾斯泰等詩人。他詩歌裡的哀傷或沉思冥想，絲毫沒有矯揉造作之感。他對俄羅斯文學創作和發展也提供了方法和思路。他由俄羅斯革命動盪的痛苦和磨難中，學會用一雙嚴肅又感傷的眼睛去看社會人生，而且，以敏感的神經去感受人民生活的苦楚，以強烈的火樣的熱情去擁抱祖國，以正義的界線去界開黑暗與光明，真理與罪惡。總之，他是善與光之子，他關心祖國飢餓的人民或遭禁的囚犯，而所造成的衝突、悲劇、沮喪、渴望也隱喻在詩創作中。他在詩歌創作和理論上既汲取了法國象徵主義的養分，又從俄羅斯詩人、哲學家索洛維約夫的宗教哲學思想中吸取精華，他也注重對理性的運用，在一定程度上使俄國的哲學從內容和形式上完全擺脫了具有粗糙、隨意、神秘的特點。至此，布洛克的思想和人生觀已經找到了自己的固定位置，也終於走出了屬於自己風格的象徵之路。因而，他的詩才獲得了自己的風格。

　　其次，是布洛克對詩歌藝術多方面的探索及美學觀點的形成。他說，他曾受過朱可夫斯基詩歌的影響。朱可夫斯基是位優秀的詩歌譯家，他翻譯了許多英文和德文詩歌，譯文的選字與技巧皆使原詩更出色，詩的基調是憂鬱而浪漫；此

外，他也深入研究俄國風俗和信仰，將民間藝術融入詩歌，使詩句更活潑而有韻律感。他的詩像仙樂般柔美，像美夢。這就大大影響了布洛克早期詩歌也蘊聚了帶有朦朧神秘與幻想悠遠的色彩，以及那滿腹的情絲，細緻優雅的格調。因此，除了詩人的身份，布洛克也是個劇作家，翻譯家，文學評論者和有著深刻的思想及深沉的愛國主義感情的政治家。在他誕辰百年時，聯合國教科文組織將他列為世界重點紀念的文化名人之一。綜上所述，未來對布洛克詩歌的研究亦將呈逐漸深化的趨勢，而其詩歌的成就也已獲得了永恆的精神終極追求。

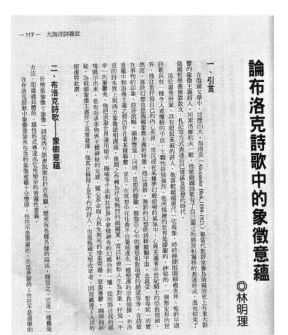

－刊登臺灣《大海洋詩雜誌》，第100期，2020.01，頁117-120。

附錄三

林明理捐贈臺灣的「國圖」特藏組「手稿暨畫作等清單」(2012 年至 2020 年)

(1) 2012 年 04 月 30 日的資料清單

林明理女史惠贈手稿資料清單

一、書法水墨

1	吳閩晉提詞—賀詩集出版	1 幅	29.7 x 21 公分
2	秦敏捷書〈金池塘〉橫幅	1 幅	57 x 37 公分
3	德明洲墨荷	1 幅	68 x 68 公分
4	楊濤條幅	1 幅	70 x 28.4 公分
5	吳閩晉賀詩文集面世	1 幅	69.5 x 46.3 公分
6	吳閩晉賀評論集出版橫幅	1 幅	70 x 47.5 公分

二、畫作

7	無題—粉彩及墨水墨，素描本	5 幅	27.2 x25.5 公分
8	花艷—粉彩，素描本	1 幅	26.6 x 19 公分
9	珍珠淚—粉彩，素描本	1 幅	26.6 x 19 公分
10	芫韻—粉彩，素描本	1 幅	26.6 x 19 公分
11	淑美—粉彩，素描本	1 幅	26.6 x 19 公分
12	淑慧—粉彩，素描本	1 幅	26.6 x 19 公分
13	慶力—粉彩，素描本	1 幅	26.6 x 19 公分
14	登山高手阿桂—粉彩，素描本	1 幅	26.6 x 19 公分
15	小蜜蜂周建新—粉彩，素描本	1 幅	26.6 x 19 公分
16	勤勞腦的周建和—粉彩，素描本	1 幅	26.6 x 19 公分
17	劉秋生立正英姿—粉彩，素描本	1 幅	26.6 x 19 公分
18	好鼻師朝賀—粉彩，素描本	1 幅	26.6 x 19 公分
19	正直的沈醫師—粉彩，素描本	1 幅	26.6 x 19 公分
20	無題風景—水彩，素描本	3 幅	26.6 x 19 公分
21	忠厚老實吳敏成—水彩漫畫，素描本	1 幅	8.9 x 5.4 公分
22	柔玉柔舞出太極之美—水彩漫畫，素描本	1 幅	8.9 x 5.4 公分
23	沉靜文雅的郭秀鑾—水彩漫畫，素描本	1 幅	8.9 x 5.4 公分
24	陳政義老師教教學—水彩漫畫，素描本	1 幅	8.9 x 5.4 公分
25	海龍王劉啟造—水彩漫畫，素描本	1 幅	8.9 x 5.4 公分
26	會煮好吃料理的昀美—水彩漫畫，素描本	1 幅	8.9 x 5.4 公分

27	校長鄭金治--水彩漫畫．素描本	1幅	8.9 x 5.4 公分
28	登山級的張違城--水彩漫畫．素描本	1幅	8.9 x 5.4 公分
29	活力的林春美--水彩漫畫．素描本	1幅	8.9 x 5.4 公分
30	黃海沐張光芳永結同心--水彩漫畫．素描本	1幅	8.9 x 5.4 公分
31	翩翩起舞素卿--水彩漫畫．素描本	1幅	8.9 x 5.4 公分
32	愛戶外運動的柯炳吉--水彩漫畫．素描本	1幅	8.9 x 5.4 公分
33	芭蕾舞的秀徵--水彩漫畫．素描本	1幅	8.9 x 5.4 公分
34	會推拿的慧榕--水彩漫畫．素描本	1幅	8.9 x 5.4 公分
35	打棒的姊妹慧娥--水彩漫畫．素描本	1幅	8.9 x 5.4 公分
36	慢條斯理的張敦萍--水彩漫畫．素描本	1幅	8.9 x 5.4 公分
37	天山草原新疆--粉彩．素描本	1幅	8.8 x 5.4 公分
38	昆明的玉龍山--粉彩．素描本	1幅	9 x 5.3 公分
39	萬年寺雪景--粉彩．素描本	1幅	9 x 5.3 公分
40	呼瑪河的樹皮船--粉彩．素描本	1幅	9 x 5.3 公分
41	黃山--粉彩．素描本	1幅	9 x 5.3 公分
42	青城山山門--粉彩．素描本	1幅	8.8 x 5.3 公分
43	湖畔風光--粉彩．素描本	1幅	13.7 x 11.7 公分
44	月光下的船--粉彩．素描本	1幅	13.7 x 11.7 公分
45	舞--粉彩．素描本	1幅	13.7 x 11.7 公分
46	河東獅吼--粉彩．素描本	1幅	13.7 x 11.7 公分
47	圍牆的女孩--粉彩．素描本	1幅	13.7 x 11.7 公分
48	對唱--粉彩．素描本	1幅	13.7 x 11.7 公分
49	琉璃的感覺--粉彩．素描本	1幅	13.7 x 11.7 公分
50	飛奔而來--粉彩．素描本	1幅	13.7 x 11.7 公分
51	一家親--粉彩．素描本	1幅	13.7 x 11.7 公分
52	山中的果樹--粉彩．素描本	1幅	13.7 x 11.7 公分
53	大波浪--粉彩．素描本	1幅	13.7 x 11.7 公分
54	不夜城--粉彩	1幅	22 x 16.5 公分
55	青煙--粉彩．水彩	1幅	16.9 x 14.5 公分

56 丁香花開--粉彩、水彩	1幅		16.9 x 14.5 公分
57 大廣場--粉彩	1幅		24.2 x 17.6 公分
58 仰望--粉彩	1幅		25.3 x 19 公分
59 魯蛟老師畫像--粉彩	1幅		38.9 x 26 公分
60 麥稈堆--粉彩	1幅		13.5 x 9.8 公分
61 秋景--粉彩	1幅		13.6 x 10.2 公分
62 I'm bashful--粉彩漫畫	1幅		28 x 21.5 公分，背面為〈多少披星戴月〉詩稿一首
63 無題風景及漫畫--粉彩	11幅		25.1 x 22.7 公分為最大
64 咖啡座--粉彩	1幅		13.7 x 11.6 公分
65 窗映花臺--粉彩	1幅		13.6 x 10.5 公分
66 憂鬱女孩--水彩粉彩	1幅		21.3 x 17.3 公分
67 悠然剎那--水彩粉彩	1幅		26.3 x 24 公分
68 青煙--水彩	1幅		26.8 x 23.6 公分
69 自畫像--水彩	1幅		21.4 x 17.6 公分
70 愛的禮讚--水彩漫畫	1幅		16 x 14.5 公分
71 Village--粉彩	1幅		13.7 x 10.5 公分
72 Merry Christmas--粉彩	1幅		18.3 x 15.2 公分
73 悼亡友--水彩	1幅		15 x 14.5 公分
74 默喚--水彩	1幅		15.6 x 14.4 公分
75 等待黎明--水彩	1幅		16 x 14.5 公分
76 雨渡--水彩	1幅		15.6 x 14.5 公分
77 無題水彩粉彩小品	40幅		30.2 x 22.8 公分為最大
78 臺大校園楓葉詩畫	3幅		30 x 23 公分，背面為2幅作者臺大校園照片

三、信札

79 我會參加五四的年會	1張	魯蛟	
80 花蓮五四提前先行前往	1張	魯蛟	附魯蛟著作目錄
81 美國華文報紙發表小文一篇	1張	魯蛟	
82 與辛鬱、張默、丁文智同往和南寺	1張	魯蛟	
83 收《心詩的意象與內涵》	1張	辛鬱	
84 賀年卡--收到贈書、風景郵集	1件	辛鬱	
85 奉上「前言」小文	1張	墨人	附〈新詩新希望〉文手稿 2 張
86 賀年卡--接 2 冊大著	1件	張默	
87 賀年卡--收到《秋收的黃昏》	1件	葉松林	

88	賀年卡--收到照片	1件	藍雲	附賀卡1張
89	明信片--《回憶的沙漏》我用了你的玉照	1片	朱學恕	
90	明信片--來稿收到，下期刊出	1片	朱學恕	
91	明信片--謝謝Email及像片	1片	林楚	
92	寄上《棕色果雄詩選》	1件	棕色果	
93	發表會的錄音紀錄出來了	1張	高準	附《高準游踪款記》發表會錄音文字檔及《躍馬中原，九州重整待英才》綱要2萬電腦印刷. 附畫描油畫等照片5張及書法影印2件
94	幾張早年的照片	1張	高準	
95	我那本繪畫史你已看了嗎?	2張	高準	
96	你抄給我的幾首大作都非常有味道	2張	高準	
97	所附我的畫的說明錯了	1張	高準	附黃光曙高準《謁孔子墓賞析》印刷1張
98	來畫北否?可做一日之遊	1張	高準	
99	大文既題為論詩才，試擬如下	1張	高準	
100	國家圖書館要收藏一些詩文稿	1張	高準	附書法影印一張
101	照片數張寄上，唐山吳先生照的	1張	高準	
102	《中國繪畫史導論》的評可供下一期的《文學人》用	1張	高準	與前函置同一信封內，並附高準作品書目印刷1份，內有高準字跡
103	詩寄上	1張	高準	附詩《劍橋的冬天》手稿影印2張及文《憶舊本事》影印1張，另《海藍旗飄揚的國家》、《高金畫梅讚》印刷各1張.
104	天安門廣場暨立孔子雕像	2張	高準	
105	第一次畫展給明理	1張	非馬	附畫作卡片1件
106	賀年卡--縈恵賜大作	1件	鍾鼎文	
107	寄義文袖珍詩集	1件	鍾鼎文	附簽名鍾鼎文義大利文詩集1冊
108	大作《飛向湖邊的白鶴--淺析鍾鼎文的詩》	1張	鍾鼎文	
109	很高興我的創作被你引用	1張	柏林	
110	明信片--自繪賀年卡	1片	蔡友	

111 莫渝傳來您對拙作的評介文	1 張	林豐明	
112 寄上十餘年前之畫冊	1 張	高好禮	附油畫展靖桑
113 謝贈送大作《秋收的黃昏》	1 張	馬英九	親簽

四、專著

114 舞踏遺稿	1 冊	魯蛟	此為魯蛟詩集《舞踏》各界之評論影印匯集，魯蛟親筆題贈林明理
115 湧動著一泓清泉—現代詩文評論	2 冊	林明理	簽名書
116 更上一層樓	1 冊	林以亮	前有周夢蝶題辭
117 詩集爾雅	1 冊	隱地編	前有周夢蝶題辭
118 董橋精選集	1 冊	陳義芝編	前有周夢蝶題辭
119 山楂樹	1 冊	林明理	簽名書

五、光碟

| 120 林明理詩畫、林明理家族史 | 1 片 | 林明理 | |

六、照片

| 121 藝術照 | 4 楨 | 林明理 | |

（2）2014 年 03 月 26 日的資料清單

林明理老師惠贈手稿資料清單(二)

一、書畫

1	花鳥	1 幅	夏順蔭	彩墨。69 x 45 公分。〝立定峰顛不踏空，山高雲淡名學重〞。禾火八旬書畫并題贈於武漢。夏順蔭，1934 年生，武漢大學歷史系畢業。夾有小條〝此係筆者詩書畫篆融合一體，留作紀念〞。
2	詩詞言心志、書畫養性情	1 幅	柳笛	書法，97 x 53
3	十里荷香	1 幅	高好禮	彩墨。70 x 45 公分
4	黃君書法	1 幅	黃君	書法，48 x 179 公分，〝海峽兩岸中秋詩會存念〞，黃君，字豫章，號鑒齋，江西人，1961 生。
5	立德齊今古，藏書樹子孫	1 幅	夏順蔭	書法，98 x 46 公分。
6	海頌出版，譜寫新篇	1 幅	吳開晉	書法，34 x 34 公分，吳開晉，1934 年生，山東人，吉林大學中文系畢業。

7	清清一灣水，雨絲皆成詩	1幅	吳開晉	書法，30 x 50 公分。附信一紙。
8	以詩和畫為經緯，去編織大自然和人生之多彩	1幅	吳開晉	書法，30 x 25 公分
9	詩壇群星	1幅	吳開晉	書法，34 x 30 公分，附信一封二紙。
10	明理禪詩選	1冊	金宏	經摺裝，錄〈坐覺〉、〈凝〉、〈所謂永恒〉、〈懷舊〉、〈綠淵潭〉5首。2011年。另附張宏地址，遼寧省錦州市凌河區南寧路 5 段 9-27號。電：0416-7115336，張宏或即為金宏。
11	海納百川	1幅	王洪山	書法，47 x 170 公分. 王洪山，1955年生，甘肅武威人，中國書畫家協會理事。
12	簡靜是美	1幅	林明理	彩墨，29 x 21.5 公分，反面有詩〈夏至清晨〉手稿。2012.7.15 畫
13	知情意行，道德長跑	1幅	林明理	彩墨，28.5 x 21.3 公分，反面有詩〈秋暮〉等手稿。2012夏。
14	簡靜	1幅	林明理	彩墨，29 x 21 公分，背面有詩〈十月煙海〉手稿。2012.7.15.畫
15	簡靜是美	1幅	林明理	彩墨，29 x 21.5 公分，反面有詩〈靜寂的黃昏〉手稿。2012夏。

16	日出人家	1 幅	林明理	水彩，21 x 25.5 公分，背面有詩〈海頌〉手稿。2012.7.14.畫。
17	念故鄉	1 幅	林明理	水彩，21 x 2 公分，背面有詩〈念故鄉〉手稿。唯背面手稿為另紙相黏．2012.7.9 畫。
18	山上的風景	1 幅	林明理	水彩，20 x 25 公分，背面有詩〈生命的樹葉〉手稿。唯背面手稿為另紙相黏。2012.6.20 畫。
19	彩色山巒	1 幅	林明理	水彩，16.5 x 21 公分，背面有詩〈九份黃昏〉手稿。唯背面手稿為另紙相黏。2012.6.11 畫。
20	綠色鄉野	1 幅	林明理	粉彩，護背，27 x 24 公分，背面有詩〈淵泉〉，2012。
21	聖誕老公公	1 幅	林明理	粉彩，護背，27 x 24 公分，背面有詩〈小雨〉，2010。
22	知情意行，道德長跑	1 幅	林明理	粉彩，護背，29 x 21 公分，背面云〝人間衛視知道節目〞，2012.5.28 畫。
23	熱汽球	1 幅	林明理	粉彩，護背，27 x 24.5 公分，背面有詩〈流螢〉，2010。
24	劉教練功夫小子	1 幅	林明理	粉彩，護背，25.3 x 19 公分，96.3.31
25	有夢想的女孩	1 幅	林明理	粉彩，護背，27 x 24 公分，背面有詩〈懷鄉〉，2012.4.22 作

26　雨景　　　　1 幅　林明理　　粉彩，護背，11 x 13.5 公分，2006。

27　神奇寶寶的
　　會客　　　 1 幅　林明理　　粉彩，護背，11 x 14 公分，2005。

28　山坡上的家 1 幅　林明理　　粉彩，護背，10.5 x 13.5 公分，
　　　　　　　　　　　　　　　　2005。

29　花樹　　　　1 幅　林明理　　水彩，護背，14 x 15.5 公分，2007。
　　　　　　　　　　　　　　　　背面有詩〈回到從前〉

30　高雄都會　　1 幅　林明理　　水彩，護背，14 x 16 公分，2007。
　　　　　　　　　　　　　　　　背面有詩〈夜之聲〉

二、書信

31　文藝大會您缺
　　席了,遍尋不著 1 張　高好禮 26 x 22 公分，毛筆書寫。

32　秋水要收攤了　1 張　涂靜怡 寫路寒袖的文章排不進去。

33　寄上進撰〈荊
　　軻、李斯、趙高〉2 張　高準　　附電腦稿 3 張。
　　合論

34　寄上〈聯語存
　　錄〉一份　　　1 張　高準　　附〈聯語存錄〉電腦稿。

35　妳住院開刀,至
　　為關切　　　　1 張　朱學恕

| 36 | 微風輕吹，整個海洋就顫動了 | 1 張 | 朱學恕 |

37 感性如千里馬 1 張 黃祖蔭 毛筆書寫

三、其他

38	Uplifting mothers of sorrow	1 片	DVD movie，1 小時 7 分，2012 年 9 月 15 日
39	非馬哈佛演講錄音（上）、（下）	1 片	光碟，2012 年 4 月 7 日。非馬，旅美詩人畫家，馬為義之筆名。
40	非馬情詩欣賞	1 片	光碟，雪絨朗頌
41	非馬童趣詩欣賞	1 片	光碟，雪絨朗頌製作
42	非馬配樂詩薪賞	1 片	光碟，雪絨朗誦製作
43	以詩與畫追夢的心--林明理	2 片	光碟，人間衛視，「知道」第 110 集
44	黃君及其書法藝術	1 冊	

（3）2018 年 02 月 08 日的資料清單

林明理老師惠贈手稿資料清單

一、書畫

1	天堂鳥	1 幅	29.5 x 21.3cm。2018.1.7。人間福報 2018.1.25 刊出詩畫。〝如果我是隻天堂鳥，我將永不忘記到故鄉、到雨林這天堂領域〞。附詩手稿 1 張〈如果我是隻天堂鳥〉
2	信天翁	1 幅	21 x 29.3cm。2018.1.12 美國亞特蘭大新聞；2018.1.26 詩畫。非馬譯。
3	北極燕鷗	1 幅	21 x 29.6cm。2018.1.9
4	小女孩	1 幅	35.2 x 25.8cm。2018.1.27。反面作者書寫〝諦聽。小小鳥嶼，無論悲傷或美麗，永遠擁抱著大海。那歷史的斷片，撩撥我的思古。〞《諦聽》中英譯詩集收入此畫。
5	沉思的人——阿薩那斯	1 幅	29.6 x 21.3cm。2017.7.15
6	少年 Ermesto Kahan	1 幅	2017.7.18；美國亞特蘭大新聞 2017.7.28 刊出
7	法國好人阿薩那斯	1 幅	21.1 x 29.3cm。Athanase Vantchev de Thracy。2017.7.21 刊亞特蘭大新聞
8	詩河	1 幅	20.7 x 29cm。2017.7.20；2017.9.25 刊亞特蘭大新聞
9	美洲獅	1 幅	19.5 x 26.4cm。佛羅里達山獅。2017.8.9；2017.8.25 刊亞特蘭大新聞

1

10	巴巴里獅	1 幅	21.1 x 29.5cm。2017.8.10 畫；2017.9.15 刊美國亞特蘭大新聞及臺灣時報
11	馬丘比丘之頌	1 幅	秘魯。21 x 29.5cm。2017.8.11 畫；2017.9.18 刊人間福報
12	火車爺爺鄧有才	1 幅	21.2 x 29cm。2017.8.18 畫；2017.9.7 刊臺灣時報；2017.9.8 刊美國亞特蘭大新聞
13	多洛米蒂	1 幅	21 x 29.5cm。2017.9.5。亞特蘭大 2017.12.1 刊出；臺灣時報 2017.11.29 刊出
14	帕德嫩神廟	1 幅	21 x 29.5cm。2017.9.6。亞特蘭大新聞 2017.10.13 刊出
15	巨石陣	1 幅	21 x 29.5cm。2017.9.7。臺灣時報 2017.9.28 刊出；亞特蘭大新聞 2017.9.29 刊出
16	賽哥維亞老城	1 幅	21 x 29.5cm。2017.9.11。臺灣時報 2017.11.2 刊出；亞特蘭大新聞 2017.10.20 刊出
17	柯隆大教堂	1 幅	21 x 29.5cm。2017.9.13；臺灣時報 2017.10.12 刊出；亞特蘭大新聞 2017.10.13 刊出
18	金雕	1 幅	21 x 29.5cm。2017.9.15。亞特蘭大新聞 2017.9.29 刊出
19	雪豹	1 幅	21 x 29.5cm。2017.9.19。亞特蘭大新聞 2017.10.13 刊出
20	貓熊	1 幅	18 x 21.5cm。2017.10.13；華文現代詩 2017.11.15 刊出；亞特蘭大新聞 2017.10.27 刊出

21	早櫻	1 幅	21 x 29.5cm。2017.11.24；臺灣時報 2017.12.13 刊出。另附詩稿〈早櫻〉一首 。
22	蝴蝶森林	1 幅	21 x 29.5cm。2017.12.8；2017.11.24；臺灣時報 2017.12.27 刊出。另附詩稿〈森林之歌〉一首。
23	鮮花	1 幅	23.3 x 20cm。2017.6.19；附詩稿〈祝賀 Prof. Ernesto Kahan 被授予榮譽之騎士〉一首及其英譯各一紙。
24	小象	1 幅	16.6 x 22cm。2017.6.20；亞特蘭大新聞 2017.8.4 刊出
25	Ernesto	1 幅	23.5 x 20.5cm。2017.6.20；亞特蘭大新聞 2017.6.20 刊出
26	消失的湖泊	1 幅	27.2 x 19.8cm。亞特蘭大新聞 2017.7.28 刊出
27	那一夏夜	1 幅	21 x 29.5cm。2017.6.23；亞特蘭大新聞 2017.7.7 刊出。《諦聽》封面畫。
28	致以色列特拉維夫——白城 = To Tel Aviv，Israel	1 幅	21 x 29.5cm。2017.6.25；亞特蘭大新聞 2017.7.7 刊出
29	致卡法薩巴 = To Kfar Saba，Israel	1 幅	21.2 x 26cm。亞特蘭大新聞 2017.7.7 刊出
30	山魈	1 幅	21 x 29.5cm。2017.6.27；臺灣時報 2017.7.12 刊出。附同名手稿 1 件。
31	銀背大猩猩	1 幅	21.1 x 24.7cm。2017.8.9 臺灣時報刊出

32	哈特曼山斑馬	1 幅	21.7 x 27cm。2017.6.29；臺灣時報 2017.7.5 刊出。附同名詩稿 1 件。
33	雷鳥	1 幅	21 x 29.5cm。2017.7.3；亞特蘭大新聞 2017.8.4 以〈夜思〉刊出
34	以色列	1 幅	21 x 29.5cm。2017.7.10；亞特蘭大新聞 2017.7.22 刊出。
35	以色列哭牆	1 幅	21 x 29.5cm。2017.7.9；亞特蘭大新聞 2017.7.22 以〈我哭在西牆〉刊出。
36	赫莫薩(Hermosa)	1 幅	29.5 x 21cm。2017.7.8；亞特蘭大新聞 2017.7.14 以〈山的呢喃〉刊出。
37	以色列萬國教堂	1 幅	29.5 x 21cm。2017.7.4；亞特蘭大新聞 2017.7.14 刊出。
38	梅花鹿	1 幅	21 x 29.5cm。亞特蘭大新聞 2017.7.14 刊出
39	悲傷的小企鵝	1 幅	21 x 29.5cm。2017.7.11
40	義大利聖母大殿	1 幅	21 x 29.5cm。2017.7.12；臺灣時報 2017.10.19；亞特蘭大新聞 2017.7.27 刊出。附同名詩稿 1 件。
41	給最光耀的騎士 = prof. Ernesto Kahan	1 幅	29.5 x 21cm。2017.6.18。畫之背面有英文賀詞，另附同名中、英文詩各 1 首。
42	致 John Lennon's song──Imagine	1 幅	29.5 x 21cm。2017.6.17。亞特蘭大新聞 2017.7.27 刊出。
43	流浪漢	1 幅	28.7 x 25cm。2014.8.27 作；臺灣時報 2014.10.12 刊出

44	貓頭鷹	1 幅	13.9 x 29.1cm。2015.12.24 作
45	富源賞蝶記	1 幅	19.6 x 26.6cm。臺灣時報 2016.1.4 刊出
46	致生態導演李學主	1 幅	29.5 x 21cm。2015.12.18；亞特蘭大新聞 2017.4.14 刊出
47	米故鄉──池上	1 幅	19.5 x 26.6cm。2015.12.31 人間福報 2017.1.17 刊出；亞特蘭大新聞 2017.1.20 刊出
48	夏蟬，遂想起	1 幅	16.3 x 20.2cm。2016.5.16；亞特蘭大新聞 2016.8.19 刊出
49	墾丁遊踪	1 幅	24 x 18.5cm。2016.1.18 作；人間福報 2016.4.20；亞特蘭大新聞 2016.7.22；臺灣時報 2017.6.14 刊出
50	美濃記行	1 幅	29.5 x 21cm。2016.4.19 作；人間福報 2016.6.8 刊出
51	山居	1 幅	25 x 26.5cm。2015.12.11 作
52	綠野	1 幅	27.7 x 20cm。2016.5.30
53	日月潭抒情	1 幅	25.7 x 21.2cm。2016.1.7 作；臺灣時報 2017.6.22 刊出
54	王羲之蘭亭詩	1 幅	21.2 x 25.7cm。2016.1.7；美國亞特蘭大新聞 2016.10.14 刊出
55	憶	1 幅	22.8 x 17.5cm。2015.12.22；美國亞特蘭大新聞 2017.9.1 刊出
56	熱汽球	1 幅	15.5 x 18.6cm。2015.12.20
57	憶陽明山公園	1 幅	17.7 x 23.1cm。亞特蘭大新聞 2016.9.2 刊出

58	自畫像	1 幅	22.2 x 17.7cm。2015.12.20。《默臉》封面畫。
59	星夜	1 幅	17.7 x 22.8cm。2015.12.16
60	流蘇花開	1 幅	24 x 20.2cm。2015.12.21；亞特蘭大新聞 2016.5.27 刊出
61	我的歌 = My song	1 幅	26 x 21.2cm。2016.12.19；亞特蘭大新聞 2017.1.20 刊出
62	致珍古德博士	1 幅	26 x 21.2cm。2016.12.28；亞特蘭大新聞 2017.3.10 刊出
63	凝望	1 幅	23.8 x 18.5cm。2016.11；亞特蘭大新聞 2017.1.13 刊出
64	懷念文學大師——余光中	1 幅	24.5 x 21.3cm。2016.12.10；亞特蘭大新聞 2017.12.22 刊出
65	給我最好的朋友一個聖誕祝福	1 幅	24.5 x 21.5cm。2016.12.10；亞特蘭大新聞 2018.1.5 刊出
66	蘭陽藝術行	1 幅	21.5 x 24.5cm。2016.8.3；臺灣時報 2017.1.13 刊出
67	用心說話	1 幅	21.5 x 24.5cm。2016.12.16。非馬英譯。
68	春歸	1 幅	17.5 x 21.5cm。2017.1.23；亞特蘭大新聞 2017.2.3 刊出
69	小雪人	1 幅	17.3 x 21.5cm。2017.1.16
70	農莊	1 幅	16.7 x 20.2cm。2017.7.13；亞特蘭大新聞 2017.1.27 以〈炫目的綠色世界〉、2017.5.26.以〈春之歌〉刊出
71	因為你	1 幅	20.3 x 26.6cm。亞特蘭大新聞 2017.1.20 刊出

72	黃昏	1幅	20.3 x 25.1cm。2017.2.20
73	布農之歌	1幅	26.4 x 21.9cm。亞特蘭大新聞 2017.2.8
74	企鵝的悲歌	1幅	26.4 x 21.9cm。亞特蘭大新聞 2017.3.17刊出
75	啟示	1幅	21.2 x 24.8cm。2017.2.2；亞特蘭大新聞2017.3.3刊出
76	鄉村	1幅	26.9 x 21.1cm。2017.2.21
77	風景	1幅	26.4 x 21.9cm。臺灣時報 2017.5.24以〈海慶危機〉刊出
78	日出	1幅	27.1 x 21.5cm。臺灣時報 2017.5.19刊出；亞特蘭大新聞 2017.5.19刊出
79	夜	1幅	24.1 x 21.4cm。2017.5.19
80	黑面琵鷺	1幅	21.9 x 26.4cm。2017.5.23；亞特蘭大新聞2017.11.17刊出
81	風鈴木	1幅	20.3 x 24.3cm。臺灣時報 2017.8.17刊出；亞特蘭大新聞 2017.8.11刊出
82	蘆葦花	1幅	20.3 x 24.3cm。2017.6.2；臺灣時報2017.10.15、人間福報 2017.10.11以〈秋的懷念〉刊出
83	棕熊	1幅	21 x 26cm。2017.6.3；山東省春芽兒童文學2017.12刊出；亞特蘭大新聞 2017.6.9刊出
84	迷人的雕像	1幅	To Dr. Ernesto Kahan。24 x 20.4cm。2017.6.3；亞特蘭大新聞2017.6.9刊出

85	寂靜的遠山	1 幅	20.3 x 25.4cm。2017.6.6；亞特蘭大新聞 2017.9.22 刊出
86	Giovanni Campisi	1 幅	25.4 x 20.3cm。2017.6.9；亞特蘭大新聞 2017.8.11 刊出
87	北極	1 幅	20.7 x 25.2cm。2017.6.8
88	雲豹	1 幅	25.5 x 20.7cm。2017.6.13；臺灣時報 2017.8.4；亞特蘭大新聞 2017.10.20 刊出
89	圖瓦盧的悲歌	1 幅	26.4 x 21cm。臺灣時報 2017.5.31；亞特蘭大新聞 2017.6.2 刊出
90	摯友非馬	1 幅	26.2 x 20.4cm。2017.6.14；亞特蘭大新聞 2017.6.23 刊出
91	我的夢想	1 幅	26.2 x 20.5cm。2017.6.16；亞特蘭大新聞 2017.10.20 刊出
92	畫作書籤剪貼	2 張	27.8 x 21cm。內有小畫 4 幅及詩「相逢無語舊時傷」等
93	知音	1 張	書法。for Dr. 非馬。30 x 60cm。2015。臺東
94	禪	1 張	書法。60 x 30cm。2015.2
95	清靜	1 張	書法。30 x 60cm。2015.3
96	自強不息	1 張	書法。30 x 60cm。2015 除夕
97	給詩人非馬(馬為義博士)	1 張	書法。30 x 60cm。2015.2.17。臺東

二、手稿

98	想妳，在墾丁	1 張	詩作。2014.12.
99	給詩人非馬	1 張	詩作。2015.2.17
100	四草湖中	1 張	詩作。2014

101	用真情去書寫人生	1 張	題詞：賀唐字住《卡片中的小女孩》出版。2018。元月
102	歌飛阿里山森林	1 張	2012。民視飛越文學地景
103	Shadow of the sea	1 張	英詩。To Ernesto。2017。背面有畫作複印。
104	Dusk	1 張	英詩。To Ernesto a poem。2017.2.20。背面有畫作複印。
105	Listen	1 張	英詩。For Ernesto。2017.1.13。背面為畫作複印。
106	To Tel Aviv，Israel--The big orange	1 張	英詩。For Ernesto。2017.6.26。背面為畫作複印。
107	Charming statue--to prof. Ernesto Kahan	1 張	英詩。中為畫像複印
108	To the most glorious knight--prof. Ernesto Kahan	1 張	英詩。背面有畫有詩
109	給最光耀的騎士--prof. Ernesto Kahan	1 張	漢英詩作。2017.6.18。背面有畫有文。
110	To my best friend--prof. Ernesto Kahan	1 張	英文詩畫。2017.6.8
111	Equus zebra hartmannae	1 張	英詩。For dear Ernesto a poem。2017.7.6
112	To Kfar Saba，Israel	1 張	英詩。2017.7.6. To Ernesto。背面為圖畫複印。
113	This summer night = 這一夏夜	1 張	英漢詩對照。2017.6.23。背面為圖畫複印。
114	Sika deer	1 張	英詩。for Ernesto。2017.7.5。背面為圖畫複印。
115	Congratutions prof. Ernesto Kahan	1 張	英文題詞。2017.4.6
116	祝賀 prof. Ernesto Kahan 被授予榮譽之騎士	1 張	中英題詞。複印。2017.6.19

9

117	Pray for prof. Ernesto Kahan	1 張	英詩。2017.5.3
118	Modern Shi Huizhe--prof. Ernesto Kahan	1 張	英詩。2017.6.20
119	Brown bear	1 張	英詩。2017.3.18。背面為畫之複印。
120	I pray--for Ernesto	1 張	英詩。2017.7.4。背面為畫之複印。
121	Recollection	1 張	英詩。2017.4.1。背面為畫之複印。
122	The male mandrill	1 張	英詩。2017.6.27。背面為畫之複印。
123	A poem--promise	1 張	英詩。2017.6.17。背面為畫之複印。
124	A warning sign	1 張	英詩；詩畫。印刷。2017.6.20 簽名
125	To the warrior of dreams--Jennifer Bricker	1 張	英詩；詩畫。印刷。2017.6.17 簽名
126	The little elephant	1 張	英詩；詩畫。印刷。2017.6.17 簽名
127	To Dr. Jane Goodall	1 張	英詩；詩畫。印刷。2017.2.24 簽名
128	Meditation	1 張	英詩；詩畫。印刷。簽名
129	U tube 民視畫面	1 張	列印。簽名
130	致 kalanit	1 張	詩作：英中對照，中文為手寫。
131	To Israel Nazareth	1 張	英詩列印。簽名
132	春歸	1 張	詩作：英中對照，中文為手寫。2017.1.24
133	炫目的綠色世界	1 張	詩作：英中對照，中文為手寫。2016。winter
134	平靜的湖面	1 張	詩作：英中對照，中文為手寫。2017.2.23
135	Because of you	1 張	英詩。2017.7。背面為圖畫複印。

三、書信

136	致林明理函	13件	高準	其中一件內函高準詩〈打不出去的長途電話──夢見與母親通電話〉手稿1首。
137	張騰蛟致林明理	1件	魯蛟	106.2.19
138	心靈之歌，飛向遠方	1件	吳開晉	書法小品：賀《我的歌》出版。丙申冬日。
139	心靈之歌，飛向遠方	1件	吳開晉	書法小品：賀《我的歌》中法文詩集出版。丙申冬日。
140	明理是畫家詩人	1件	吳開晉	書法小品。2016年元月
141	詩人創作的藝術之鏡	1件	吳開晉	書法小品：賀《詩論集》出版。2016年元月
142	明理是畫家和詩人	1件	吳開晉	書法小品：賀《詩論集》出版。2016年元月
143	蒼龍聯	1件	柳笛	書法。丁丑
144	抽象彩墨	1幅	張默	彩墨。2015
145	有事，無法回臺過年	1卡	方秀雲	2013 自愛丁堡
146	朱學恕致林明理	5件	朱學恕	作者係高雄《大海洋文藝雜誌社》主編
147	林明理致杜立中函	1件	林明理	內談捐贈手稿詩畫事

四、其他

148	簽名照片	4張		其中一張與 Ernesto Kahan 合照
149	飛閱文學地景──林明理	1片	林明理	光碟。民視
150	阿里山──飛閱文學地景	1片	林明理	光碟。民視。2016.11.19
151	楚詩祭路	1冊	舒暢	周夢蝶題辭

（4）2020 年 03 月 03 日的資料清單

林明理老師惠贈手稿畫作清單

一、書法

1	書法：老樹無邊，梅香四溢	1 幅	老樹無邊，梅香四溢。59 x 29.7cm

二、畫作

2	游魚	1 幅	油彩，畫布。33 x 24cm。2018.8.16
3	鳥與蝴蝶	1 幅	油彩，畫布。33 x 24cm。2018.8.14
4	貓的夜晚	1 幅	油彩，畫布。33 x 24cm。2018.7.31。人間福報 2018.8.23 詩畫。〝在愉悅夏夜的深邃處〞。
5	花樹	1 幅	油彩，畫布。33 x 24cm。臺灣時報 2018.8.29 六十石山小夜曲；2018.8.10 亞特蘭大新聞，〝想妳在墾丁〞。
6	河畔	1 幅	油彩，畫布。22 x 26.8cm。2018.7.10。2018.7.27 刊亞特蘭大新聞，臺灣時報 2018.10.10 晚秋。〝漁唱〞。
7	鄉村	1 幅	油彩，畫布。33 x 24cm。2018.10.4。人間福報〝秋日田野的搖曳裏〞。
8	任鳥飛	1 幅	油彩，畫布。33 x 24cm。2018.7.17。鄉景〝七月的思念〞。
9	星夜	1 幅	油彩，畫布。33 x 24cm。2018.7.13，臺灣時報。2018.10.19 書寫王功漁港，〝山居歲月〞。
10	風車	1 幅	油彩，畫布。35 x 27cm。2018.8.28。刊臺灣時報 2018.10.3 〝秋在白沙屯〞。
11	大橡樹	1 幅	粉彩，26 x 20cm。2018.5.3。2018.6.1 刊亞特蘭大新聞。
12	春景	1 幅	粉彩，26 x 20cm。2018.5.7
13	宏偉的大河	1 幅	粉彩，26 x 20cm。2018.1.19。分別刊登亞特蘭大新聞及華文現代詩，〝奔騰的河流〞。

三、詩作

| 14 | 我的書房 | 1 張 | 38.5 x 26.5cm。2020.1.16 |

| 15 | 〝原野之聲〞中譯英詩集。新詩手稿 25 首 | 1 冊 | 法國廣告博物館出版之筆記本 1 冊。18.7 x 13.7cm。2019.1.18 寫於臺東，內有〝如果我是隻天堂鳥、森林之歌、當你變老、冬日的魔法、你的微笑是我的微風(及英譯)、夕陽落在沙丘之後、致吾友——prof. Ernesto Kahan(及英譯)、寄語、我一直在看著你、愛的宣言、朋友、我倆相識絕非偶然、致青山、當黎明時分、西子灣夕照、路、重歸自然、如風往事、原鄉之聲、七月的思念、平靜的湖面、在愉悅夏夜的深邃處、Love is、大雪山風景、你的螢光——給 prof. Ernesto Kahan 25 首詩。 |

四、照片

16	席地而坐	1 張	林明理，黑白。5.7 x 6.7cm
17	大學校園大二	1 張	黑白。7.8 x 11.2cm
18	大學校園大二	1 張	樹前照，黑白。7.8 x 11.2cm
19	碩士照	1 張	彩色。7.8 x 5.9cm。文化大學法學碩士，民國 76 年畢業
20	學士照	1 張	黑白。7.3 x 6.1cm。逢甲大學商學系，民國 74 年畢業
21	大二照	1 張	彩色。12.6 x 9cm。低頭凝視。
22	高雄聚會	1 張	彩色。10.2 x 15.1cm。自左至右，陳坤崙、林明理、古遠清、丁旭輝
23	臺北文協應邀出席演講	1 張	彩色。9 x 12.6cm。左起司馬中原、高準、林明理、綠蒂、鐘鼎文、向陽。2011.6.12
24	臺大醉月湖	1 張	彩色。11.3 x 15.1cm。胡其德教授同行拍攝。2011.1.3
25	臺北歷史博物館	1 張	彩色。10.4 x 15.2cm。胡爾泰攝。2011

*捐贈的手稿及畫作的部分資料可在臺灣的「國圖」「當代名人手稿典藏系統 Contemporarycelebrities'Manuscripts」網路中查詢

　　http://manu.ncl.edu.tw/nclmanuscriptc/nclmanukm?@@590069258

附錄四

受國際尊重要團結一致

◎林明理/文學博士

　　近日朝野兩黨發言人為台灣的總統民調在媒體公開互批，深切感觸。

　　臺灣要在國際上受到各國人民尊重，這是政府與人民「團結一致」的當務之急，而不是讓人民常在媒體看到朝野間的爭吵，或只會以輕蔑政府元首為樂的發言。
馬總統上任後，至少做到讓台灣人民前往一百四十五個國家免簽證或落地簽，這也是過去所未有之貢獻。

　　過去十幾年來，台灣在民主政治發展上，的確存在太多的政治裂痕，朝野間批鬥，已對整體社會構成傷害，也造成因政黨支持的不同，撕裂人民間「唇齒相依」的同胞之情。而朝野的互槓與嘲諷，在國際終將造成負面影響。

　　隨著年底大選日近，各政黨間互鬥愈明顯。可嘆的是，政黨與利益團體間的分野，愈來愈泯而不見。

　　台灣政治風貌的複雜性，是因社會變遷、選舉文化及群我意識改變所延伸出來的社會現象。如何擺脫朝野間暗潮洶湧、互不相讓的局面，實繫於選民是否具有民主內涵與智慧而定，透過符合民意的施政訴求或施政經驗，才是台灣人民的渴求。

　　希望政府單位要積極維護市民生活與環境的品質及安全，而如何拉進與民眾之間的溝通距離，盡力做到「下情上達」，不為政治理念差別而遲延民眾的合理申訴，這也是各單位要努力之處。

林明理（台東市／文學博士）－2014.7.15 作

－刊臺灣《人間福報》，論壇版，2014.07.16.

附錄五

義大利詩人兼出版家

EDIZIONI UNIVERSUM（埃迪采恩尼大學）

INTERNATIONAL POETRY NEWS（國際詩新聞）

　　主編 Giovanni Campisi 於 2020 年 6 月 28 日　週日　Mail，感謝他的祝福及翻譯林明理的一首詩〈在驀然回首時〉，收藏於此書。

Hi Ming-Li,

I hope you are well with your family.

In May I was removed from the gallbladder which was in poor condition. There were complications after the operation and I was hospitalized again. I have been at home for a few weeks now and I am fine, but I am still very weak and I need to recover weight and energy. As soon as I recover, I would like to make a poetry book with you.

Best wishes

Giovanni

Direzione Editoriale
Edizioni Universum
Via Italia 6
98070 Capri Leone (ME)

　　*2020 年 6 月 29 日 週一 於 下午 Giovanni Campisi 的電郵，他以義大利語翻譯林明理一首詩。

Hi Ming-li,

hereby my translation into Italian for your beautiful poem.

Greetings
Giovanni

在驀然回首時	Quando guardo indietro all'improvviso
林明理	*LinMingli*
當愛情站在我面前， 我選擇相信奇蹟 —— 奮勇向前 或努力就能成就好事；	Quando l'amore mi sta davanti, scelgo di credere nei miracoli e vado avanti o lavoro sodo per ottenere cose buone.

春天來了， 風如此甜美，雨如此親切； 我愛它突如其來的朝氣， 也試著理解它是多麼地難 以捉摸； 而今，世間一片寧靜， 回過頭來， 那越顯清晰的身影 —— 是 誰呢？ 啊，原來是風，—— 它對著我的耳朵， 吹著一抹淺笑， 在此刻，月兒從樹梢移過： 溫馨而靜好。	La primavera sta arrivando, il vento è così dolce e la pioggia è così gentile; adoro la sua improvvisa vitalità, cerco anche di capire quanto sia sfuggente. Oggi il mondo è tranquillo; guardando indietro, c'è una figura più chiara: chi è? Ah, si è rivelato essere vento, —— Mi accarezza le orecchie con un leggero sorriso, In questo momento, la luna si sposta sulla cima degli alberi: Calda e silenziosa. (Translator: Giovanni Campisi)

附錄五-1.

林明理中英文詩評

　　〈悲憫的歌者－喬凡尼的詩印象〉被喬凡尼收錄在義大利出版的書裡前序

　　*義大利著名詩人、出版家喬凡尼 Giovanni Campisi 於2021.4.23 寄來其書籍，收到其新書中，封面是林明理的攝影（白梅花開）及前序中收錄林明理中英書評（悲憫的歌者－喬凡尼的詩印象），英譯者是天津師範大學外國語言系張智中教授、所長，刊在頁 3-20，書後封底是林明理的畫作，（詩人喬凡尼畫像）。此書於義大利出版，出版於 2019 年 10 月，遂將其刊文珍藏於本書。

ISBN: 978-88-99803-28-5

1° EDIZIONE: ottobre 2019
Titolo originale di Giovanni Campisi:
**DALL'INCOMMENSURABILE TUO AMORE
È NATO UN NUOVO FIORE**
In copertina foto di Lin Ming-Li
IV di copertina dipinto di Lin Ming-Li
Revisioni di **Giovanni Campisi**
Stampa digitale
Finito di stampare nel mese di ottobre 2019
Copyright © 2019 by Edizioni Universum
Sede Legale: Via Giovanni Pedrotti 2 - 38121 Trento, Italia, U.E.
Sede Amministrativa: Via Italia 6 - 98070 Capri Leone (ME), Italia
E-mail: edizioni.universum@hotmail.it Tel. & Fax 0941/950570
Proprietà letteraria riservata – Printed in Italy

INTRODUZIONE

Questo libro di poesie nasce dall'esigenza di dare nuova linfa all'amore "...che move il sole e l'altre stelle", come scrisse il sommo Dante Alighieri nella sua "Divina Commedia" (Paradiso, XXXIII, v. 145).

L'amore è sempre stato il mio leitmotiv. Dentro di me diviene forza propulsatrice che alimenta ogni mia composizione. In esso trovo il mio elemento naturale che genera, come un fiume in piena, sempre nuovi versi e nuove emozioni che scaturiscono, semplicemente, dal ricordo d'un giorno trascorso in compagnia con la mia amata cui è dedicata questa raccolta di poesie.

Della mia poesia si sono occupati eminenti critici di ogni parte del mondo, perché le traduzioni in molte lingue straniere, mi ha consentito di farla conoscere in ogni dove.

Qui, inserisco una delle più recenti di Lin Ming-Li, elaborata sulla trilogia di autori J. Stuart, G. Campisi e I. Marinuzzi, intitolata "Autumn Nubens":

悲憫的歌者一首
林明理博士

每個人心中都有一座島嶼，對詩人喬凡尼 Giovanni Campisi（1956-）來說，意大利故鄉 Capri Leone，它就座落在 Nebrodi 山脈的山麓，秀麗宜人的鎮上。這裡是他腦海中不息的繆斯，藉文字呼息

4

而歸隱，也找到心靈的岸。他也是編輯及出版者，已出版包括詩集、合譯詩集以及在許多其他語言的翻譯文集等多種。其著作高達數百冊，曾獲獎無數，並在哪哪歲月裡，一腔熱血的寫作、出書。

因為 Giovanni 的詩始終和鄉土、親情、庄稼勞動者緊緊相連。所以也描繪了許多義大利人民生活的審美情愫。不過，他多是從文人的角度書寫鄉愁，悲憫之情則油然而生。閱讀其詩，往往有一股股撲面而來的泥土和庄稼的清香味。令人欣慰的是，他以獨具的意象進行了藝術的轉換。如這首（愛）：

從山上到海邊的牧羊人
仍然紅色在他的面貌，由於太陽
背向山坡傾斜
由他的羊群跟著
和他的狗收集它
沿著粗糙的路徑
浸漬有氣味
的去到十月太陽。

在這裡通過「粗糙的路徑」、「浸漬有氣味」等意象把牧羊人一生無盡的辛勞折射出來了。外人眼中的 Nebrodi 山脈遊蕩，也許只有河谷上嫩草稀疏之處，有一群壯羊的美麗景色，沒有在地人的故事；而 Giovanni 則透過牧羊人一年四季的勤勞，重新

5

描寫一個屬於在他故鄉裡世代存活的人民、與被現代遺忘了的平民歷史。於是我看到，農庄、羊群和幾隻牧羊犬編織成一幅綿密的文化地景，此時裡，也維繫著一個古老的生活方式，由 Giovanni 說來，仍然掩為悲憫之心。

而這首（藤行）中對庄稼的讚美之情也異彩為一種新的審美情愫，意象新穎，如這樣的句子：

荷載與成熟的葡萄
滿綠傾斜
從山到谷
在一個大陽台
現在人口勞動者
收穫葡萄
把它帶到磨石
以紀念酒神
在未來幾個月。

葡萄酒的栽培必須經過種植、採收、壓榨、發酵、熟成、裝瓶...等過程，才能釀葡萄汁變成美妙的葡萄酒。古希臘神話裡的酒神（Dionysus）是葡萄酒與狂歡之神，義大利是世界最為古老的葡萄酒產地之一。Giovanni 譜斜坡山谷上的葡萄在風光如畫的小村交織成美麗的畫布。而當地勞動者的勤奮和鄉情也根植在他心中。這跳躍的詩行，也

6

使敘事和抒情能夠有機地融合在一起，因此，這首詩裡有深厚的生活底蘊。這是他多年的情感累積，也是他在藝術上的昇華與飛躍。

Giovanni 也是個不失其赤子之心的詩人，他還吟誦松鼠，如（板栗和松鼠）：

在高地的栗葉子，
仍然滿滿是綠色
毛蕊，現在成熟了，
掉在地上已經打開，
揭示
閃亮的深棕色
刺皮榛果
完全完好無損。
瘋狂與喜悅松鼠
使牠們在巢中靈巧
在簷劣的冬天生存
這已經在這裡。

這首愚讀是 Giovanni 的童年記憶提煉而成，頗有情趣。看東這松鼠是渴通人性的，在稱譽這人類的飢友，是多麼溫馨又富趣。物們在那麼簷劣的冬天下又是如何熬過困境的？是的，物們在特人家鄉生活著。這都是這裡挺追來的呀。板栗是松鼠留過冬的糧食，我們彷彿也看到小松鼠在掉在一地的板栗裡佈前穿梭，用利齒剝開外殼後，又迫不及待把種

7

子往嘴裡塞。那天真與欣喜的表情，在詩人傳神的描寫中，讓人感動又不捨。

秋日，是柿虹的季節。每年在意大利的柿農產地或村鎮裡，會看到掛滿了柿子的柿樹，菜子已轉成玻珀色，滿園一片橘橙的景象。Giovanni 也為當地柿農精心釀造一首詩（穗子），讓柿子在收穫後晒乾的動人景象生動地展現出來：

柿樹
與他們的大琥珀色的葉子
被安置作為傘
放上他們可口的水果
在平原上，草上。
婦女和男子匆忙
收穫美味的水果
已經成熟或未成熟，
準備果醬
在冬天消耗，
當土地被掩蓋
與軟的白色香
和斜率混合
與完美的白色醬
和灰色的天空。

這首詩對柿農豐收及製成果醬以備冬藏，及周圍的環境氛圍，狀托得很真切。同時，又把詩人對大自然的熱愛，對勞動者的滿望賺慕於景象之中，

使人有如臨其境的美感。由於 Giovanni 鍾情於大自然，除了廣大的山光水色之外，對一些以自然界中的動物，或者在日常生活中常看到的農牧者工作的情景，也能去追求與自然界的和諧一致。如（石榴）即是：

石榴
在其球狀菜子裡面
隱藏數物丁番
朱紅色
用可口汁液
恢復我們的靈魂。
石榴
也本地出產的水果，
景廣泛用於教科亞。
石榴汁
可以買到新鮮
在每個街角。

小小石榴，Giovanni 把它視為珍集，並將快靈魂映襯它香，而石榴也是意大利盛產的水果，美味的果汁還可以讓人愉悅的，讓來顏有情趣。我既可稱他為悲憫的詩人，又可稱他為純情詩人。因為，他對那些的愛，寫得那樣真摯又純淨。同時，他的許多景物詩。不僅飽含著許多平民漁夫的深切體驗，而且還常開圖出生活質感。沒有絲毫矯飾痕跡。

如何才能創造生命境界以及根國文化中的特有懦緒？一直以來，都是現代詩中較為缺乏的。而 Giovanni 恬淡的心境就是一種尊道盒殖。對這禮盒趣的要求，他也在這首（俳句）中就開始了，這首詩是浪襲自日本古典的短詩，英文常有一句話，但要每段拆成三行，以三句十七音為一首詩，全詩如下：

在我的房子花園裡
在小湖
蓮花新鮮露水

在滿月光下
長頸鹿喝水
鏡子在湖

水晶般清澈的海水
讓我們看到豐富的動物
而波浪很輕

閃閃發光的魚群
沖刷海底
搜索飯的情緒

從風暗的海
暴風來到海灘上

人們通常尋找避難所

附馬跑得更快
在內布羅山
直到月亮的嘉光

這首詩是追求通過內在的體驗來達到與自然契合的心靈世界。Giovanni 是在悲情的光照下，運用通感，將這寂靜之夜視的片刻感覺，從迷人的景色中，去揭示一種客觀存在的大自然的美。他也冥想寧靜，就好像世界永遠在一種酣靜的夢鄉。可見，是詩人的心靈收藏了山水，他向讀者展示著意大利內布羅山湖的美，它的神直。但是，他預告古自然颶風的無情與可怕，讓野馬驚跳起本能地弃跑，人類也因風暴而尋求避難的無助。這都是自然的一部分，凡人無法避免著的侵生，他的心靈顫了。正因為是俳句需要思想內涵深，形象力強，是共有的特點，而 Giovanni 用俳句展示其愛，這也，都體現了他在詩藝探索上所費的苦心。

中國名詩人艾青說：「一首詩是一個心靈的活的解剖。」除了上述所說，Giovanni 通過形象思維創造出這種殘強的繪畫美以外，我認為，他是個內向而感情真切的詩人，他以熱熾的心關心著祖國的地

圖。不論是鄉村的農牧族民也好，還是光明溫暖的遠方的一角也好，都牽動著他的心。他是一位真正的歌者，是用他的全生命去歌唱，也勤勉於編輯及翻譯等出版工作，所以才贏得了眾多的讀者的尊重，而他的創作與出版多國翻譯的經驗，也會為國際新詩的發展與交流展現一種良好的契機。

2016.12.7 寫於台灣

（Dr. Lin Ming-Li，生於 1961 年，台灣，詩評家，文學博士。譯者：現任天津師範大學外國語學院張智中教授）

COMPASSIONATE SINGER
Giovanni's Impression of Poetry
by （Dr Lin Ming-Li, Taiwan）

Everyone has an island, the poet Giovanni Campisi (1956), the Italian hometown Capri Leone, it is located in the foothills of Nebrodi mountains, beautiful and pleasant town. Here is his mind in the endless Muse, text by breathing and quiet, but also find the soul of the shore. He is also the editor and publisher, has published a collection of poetry, poetry, translation and translation in many other languages, such as a variety of collections. His writings as high as hundreds of books, has won numerous awards, and in those memorable years, a cavity of blood writing, publication.

12

Because Giovanni's poems are always closely connected with the local, family, crop workers, it also depicts many Italian people's aesthetic life feelings. However, he is mostly from the perspective of writers to write rural farmers, feelings of compassion arises spontaneously. Read his poems, there is often a surge of soil and the fragrance of crops. it is gratifying that he has a unique image of the art of conversion. Such as this (transformation):

From the hills to the sea the shepherd,
Still red in his face due to the sun,
Backs down the slopes towards the valley
By his flock followed
And his dogs that gather it
Along the rough paths
Impregnated with the smell
Of last October, sun.

Here through the "rough path", "impregnated with the smell" and other images have the shepherd endless hard work refracted out. Outsiders in the eyes of the Nebrodi mountain tour area, perhaps only the valley on the tender grass slightly abundance, a group of beautiful sheep beautiful scenery, not in the story. And Giovanni through the shepherd's hard work throughout the year to re-describe a belongs to his hometown for generations to survive the people, and was forgotten by the modern history of the civilian population. So I saw, farm, sheep and a few shepherds woven into a dense

13

cultural landscape. This poem, also maintains an ancient way of life, by Giovanni said, still conceal his compassion.

And the song (The ripe grapes) in the praise of the crop is also sublimated to a new aesthetic taste, image novel, such as the sentence:

loads with ripe grapes
degrade sloping
from the hill to valley
in a large terraces
now populated by laborers
harvesting the grapes
to bring it to the millstones,
in honor of Bacchus
for the coming months.

Wine must be planted, harvested, crushed, fermented, cooked, bottled ... ... and other processes, in order to make grape juice into a wonderful wine. The ancient Greek mythology (Dionysus) is the god of wine and carnival. Italy is one of the oldest wines in the world. Giovanni makes the vineyards of the vineyards in the valley of the slope intertwine into beautiful canvases in the picturesque village. And local workers of hard work and nostalgia are rooted in his heart. This leaping line of poetry, but also to the narrative and lyrical can be organically integrated together, so this poem has a deep foundation of life. This is his many years of emotional

14

accumulation, but also his sublimation in the art and flying.

Giovanni is also a poet without losing his innocence. He also chant squirrels, such as (chestnut and squirrel):

Tall chestnut on the high-grounds,
still covered with green.
The burs, ripen now,
fail down on the ground already open,
revealing
the shining dark brown
peel chestnut
perfectly intact.
Mad with joy the squirrel
bringing them deft in its nest
to survive the harsh winter
which is already here.

This should be Giovanni's childhood memories from refining, quite interesting. It seems this squirrel is very human, he praised the human friend, how funny and dexterous. They are so bad in the winter is how to survive the plight of the? Yes, they survive in the poet's hometown, has been so over it. Chestnut is the squirrel to stay for the winter grain, we seem to see a small squirrel in a chestnut in the back and forth in the shuttle, with the teeth to peel the shell, but also cannot wait to put the seeds into the mouth plug. That day really and

15

joyful expression, in the poet vivid description, let a person move and give up.

Autumn is the season of persimmon. Each year in Italy, persimmon farm or village, will see the persimmon covered persimmon, leaves have been turned into amber, orange garden scene. Giovanni also carefully for the local persimmon to create a poem (The persimmon), so persimmon germination in the harvest after the moving scene vividly demonstrated:

> Persimmon trees
> with their large amber-colored foliage
> placed as umbrella
> put on bare their tasty fruits
> on the plains, grassy yet.
> women and men hurry
> to reap the delicious fruits
> already ripen or unripe,
> to prepare jams
> to consume during the winter,
> when the land is cloaked
> with soft white snow
> and the slopes are mixed
> with the immaculate white snow
> and the gray sky.

This poem of persimmon harvesting and made of jam to prepare for winter, and the surrounding atmosphere,

16

contrast very real. At the same time, the poet's love of nature, the desire of the workers revealed in the image among the people of the beauty of the immersive. As Giovanni loves nature, in addition to the huge mountain of color, the nature of some animals, or in the daily life of farmers and herdsmen often see the work of the scene, but also to the pursuit of harmony with nature. Such as (pomegranate) is:

> The pomegranate
> inside its spheroidal fruits
> hides grain cloves
> vermilion colored
> with delicious juice
> that restores our soul.
> The pomegranate
> also homegrown fruit,
> most widely used in Syria,
> where pomegranate juice
> can buy it fresh
> at every street corner.

Small pomegranate, Giovanni it as a treasure, and restore the soul to give it. The pomegranate is also rich in Italian fruit, delicious fruit juice can make people happy, read quite interesting. I call him a poet of compassion, but also called him a pure poet. Because of his love for the village, written so sincere and pure. At the same time, many of his scenery poetry, not only full

17

of many civilians of the deep experience of the vicissitudes of life, but also often dig out the philosophy of life, without the slightest pretence.

How to create the realm of life and the unique flavor of the motherland culture? All along, are more lack of modern poetry. And Giovanni tranquil state of mind is a Zen Road implication. To this implication, he also began in this (haiku). This poem is followed in the Japanese classical short poem, English only one sentence, but each split into three lines, with three 17 sound as a poem. The whole poem is as follows:

> In my house garden
> At the small lake
> Lotus flowers fresh of dew

> Under the full moon light
> Giraffes drink water
> Mirroring in the lake

> The sea crystal clear waters
> Allows us to see the rich fauna
> While the wave is laying lightly

> A shoal of shimmering fishes
> Scour the seabed
> Searching new emotions

> From the dark sea

18

> A hurricane comes on the beach
> People run away looking for a shelter

> Wild horses galop faster
> On the Nebradi Mountains
> Until the twilight of the moon

This poem is the pursuit of through the inner experience to achieve with the nature of the soul together. Giovanni is the feeling of light, the use of synaesthesia, the silence of the night in a moment of experience, from the charming scenery, to reveal an objective existence of the beauty of nature. He also meditation quiet, as if the world is always in a crystal blue dream. Visible, the poet's heart collection of landscape. He showed the beauty of the lake of Lake Nebroideo in Italy, but it also revealed the ruthlessness and horror of nature's hurricanes, which instigated animals to run wild animals, and sought refuge in the storm. This is a natural part of the mortal cannot avoid the occurrence of disasters. His heart tremor. Because haiku need deep ideological connotation, strong image and common features, Giovanni uses haiku to express his intention, which embodies his painstaking efforts in poetic exploration.

"A poem is a living sculpture of the mind," says Ai Qing, a Chinese poet. "In addition to the above, Giovanni, through imagery and thinking, creates a very beautiful painting, and I think he is an introverted and

19

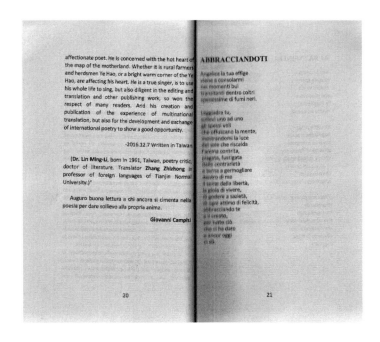

Compassionate singer

——Giovanni 's Impression of Poetry

（Dr. Lin Ming-Li， Taiwan）

Everyone has an island, the poet Giovanni Campisi (1956-), the Italian hometown Capri Leone, it is located in the foothills of Nebroli mountains, beautiful and pleasant town. Here is his mind in the endless Muse, text by breathing and quiet, but also find the soul of the shore. He is also the editor and publisher, has published a collection of poetry, poetry, translation and translation in many other languages, such as a variety of collections. His writings as high as hundreds of books, has won numerous awards, and in those memorable years, a cavity of blood writing,publication.

Because Giovanni's poems are always closely connected with the local, family, crop workers, it also depicts a lot of Italian people's aesthetic life feelings. However, he is mostly from the perspective of writers to write rural farmers, feelings of compassion arises spontaneously. Read his poems, there is often a surge of soil and the fragrance of crops. It is gratifying that he has a unique image of the art of conversion. Such as this (transformation):

From the hills to the sea the shepherd,
Still red in his face due to the sun,
Backs down the slopes towards the valley
By his flock followed
And his dogs that gather it
Along the rough paths
Impregnated with the smell
Of last October sun.

Here through the "rough path", "impregnated with the smell" and other images have the shepherd endless hard work refracted out. Outsiders in the eyes of the Nebroli mountain tour area, perhaps only the valley on the tender grass slightly abundance, a group of beautiful sheep beautiful scenery, not in the story. And Giovanni through the shepherd's hard work throughout the year to re-describe a belongs to his hometown for generations to survive the people, and was forgotten by the modern history of the civilian population. So I saw, farm, sheep and a few shepherds woven into a dense cultural landscape. This poem, also maintains an ancient way of life, by Giovanni said, still conceal his compassion.

And the song (The ripe grapes) in the praise of the crop is also sublimated to a new aesthetic taste, image novel, such as the sentence:

> Loads with ripe grapes
> degrade sloping
> from the hill to valley
> in a large terraces
> now populated by laborers
> harvesting the grapes
> to bring it to the millstones,
> in honor of Bacchus
> for the coming months.

Wine must be planted, harvested, crushed, fermented, cooked, bottled ...... and other processes, in order to make grape juice into a wonderful wine. The ancient Greek mythology (Dionysus) is the god of wine and carnival. Italy is one of the oldest wines in the world. Giovanni makes the vineyards of the vineyards in the valley of the slope intertwine into beautiful canvases in the picturesque village. And local workers of hard work and nostalgia are also rooted in his heart. This leaping line of poetry, but also to the narrative and lyrical can be organically integrated together, so this poem has a deep foundation of life. This is his many years of emotional accumulation, but also his sublimation in the art and flying.

Giovanni is also a poet without losing his innocence. He also chant squirrels, such as (chestnut and squirrel):

Tall chestnut on the high-grounds,
Still covered with green.
The burs, ripen now,
fall down on the ground already open,
revealing
the shining dark brown
peel chestnut

perfectly intact.
Mad with joy the squirrel
Bringing **them** deft in its nest
to survive the harsh winter
which is already here.

This should be Giovanni's childhood memories from refining, quite interesting. It seems this squirrel is very human, he praised the human friend, how funny and dexterous. They are so bad in the winter is how to survive the plight of the? Yes, they survive in the poet's hometown, has been so over it. Chestnut is the squirrel to stay for the winter grain, we seem to see a small squirrel in a chestnut in the back and forth in the shuttle, with the teeth to peel the shell, but also can not wait to put the seeds into the mouth plug. That day really and joyful expression, in the poet vivid description, let a person move and give up.

Autumn is the season of persimmon. Each year in Italy, persimmon farm or village, will see the persimmon covered persimmon, leaves have been turned into amber, orange garden scene. Giovanni also carefully for the local persimmon to create a poem (The persimmon), so persimmon germination in the harvest after the moving scene vividly demonstrated:

Persimmon trees

with their large amber-colored foliage

placed as umbrella

put on bare their tasty fruits

on the plains, grassy yet.

women and men hurry

to reap the delicious fruits

already ripen or unripe,

to prepare jams

to consume during the winter,

when the land is cloaked

with soft white snow

and the slopes are mixed

with the immaculate white snow

and the gray sky.

This poem of persimmon harvesting and made of jam to prepare for winter, and the surrounding atmosphere, contrast very real. At the same time, the poet's love of nature, the desire of the workers revealed in the image among the people of the beauty of the immersive. As Giovanni loves nature, in addition to the huge mountain of color, the nature of some animals, or in the daily life of farmers and herdsmen often see the work of the scene, but

also to the pursuit of harmony with nature. Such as (pomegranate) is:

> The pomegranate
> inside its spheroidal fruits
> hides grain cloves
> vermilion **colored**
> with delicious juice
> that restores our soul.
> The pomegranate
> also homegrown fruit,
> most widely used in Syria,
> where pomegranate juice
> can buy it fresh
> at every street corner.

Small pomegranate, Giovanni it as a treasure, and restore the soul to give it. The pomegranate is also rich in Italian fruit, delicious fruit juice can make people happy, read quite interesting. I can call him a poet of compassion, but also called him a pure poet. Because of his love for the village, written so sincere and pure. At the same time, many of his scenery poetry, not only full of many civilians of the deep experience of the vicissitudes of life, but also often dig out the philosophy of life, without the slightest pretense. ¯

How to create the realm of life and the unique flavor of the motherland culture? All along, are more lack of modern poetry. And Giovanni tranquil state of mind is a Zen Road implication. To this implication, he also began in this (haiku). This poem is followed in the Japanese classical short poem, English only one sentence, but each split into three lines, with three 17 sound as a poem. The whole poem is as follows:

In my house garden
At the small lake
Lotus flowers fresh of dew

Under the full moon light
Giraffes drink water
Mirroring in the lake

The sea crystal clear waters
Allows us to see the rich fauna
While the wave is laying lightly

A shoal of shimmering fishes

Scour the seabed
Searching new emotions

From the dark sea
A hurricane comes on the beach
People run away looking for a shelter

Wild horses gallop faster
On the Nebrodi Mountains
Until the twilight of the moon

This poem is the pursuit of through the inner experience to achieve with the nature of the soul together. Giovanni is the feeling of light, the use of synaesthesia, the silence of the night in a moment of experience, from the charming scenery, to reveal an objective existence of the beauty of nature. He also meditation quiet, as if the world is always in a crystal blue dream. Visible, the poet's heart collection of landscape. He showed the beauty of the lake of Lake Neburo in Italy, but it also revealed the ruthlessness and horror of nature's hurricanes, which instigated instincts to run wild animals, and sought refuge in the storm . This is a natural part of the mortal can not avoid the occurrence of disasters. His heart tremor. Because Haiku need deep ideological connotation, strong image and common features, Giovanni uses haiku to express his intention, which embodies his painstaking efforts in poetic exploration.

"A poem is a living sculpture of the mind," says Ai Qing, a Chinese poet. "In addition to the above, Giovanni, through imagery and thinking, creates a very beautiful painting, and I think he is an introverted and affectionate poet. He is concerned with the hot heart of the map of the motherland. Whether it is rural farmers and herdsmen Ye Hao, or a bright warm corner of the Ye Hao, are affecting his heart. He is a true singer, is to use his whole life to sing, but also diligent in the editing and translation and other publishing work, so won the respect of many readers. And his creation and publication of the experience of multinational translation, but also for the development and exchange of international poetry to show a good opportunity.

－2016.12.7 Written in Taiwan

(Dr. Lin Ming-Li, born in 1961, Taiwan, poetry critic, doctor of literature. Translator Zhang Zhizhong is professor of foreign languages of Tianjin Normal University.）

悲憫的歌者 —— 喬凡尼的詩印象

林明理博士

　　每個人心中都有一座島嶼，對詩人喬凡尼 Giovanni Campisi（1956-）來說，意大利故鄉 Capri Leone，它就座落在 Nebroli 山脈的山麓，秀麗宜人的鎮上。這裡是他腦海中不息的繆斯，藉文字呼息而靜謐，也找到心靈的岸。他也是編輯及出版者，已出版包括詩集、合譯詩集以及在許多其他語言的翻譯文集等多種。其著作高達數百冊，曾獲獎無數，並在崢嶸歲月裡，一腔熱血的寫作、出書。

　　因為 Giovanni 的詩始終和鄉土、親情、庄稼勞動者緊緊相連，所以也描繪了許多義大利人民生活的審美情愫。不過，他多是從文人的角度書寫鄉農，悲憫之情則油然而生。閱讀其詩，往往有一股股撲面而來的泥土和庄稼的清香味。令人欣慰的是，他以獨具的意象進行了藝術上的轉換。如這首（**變換**）：

> 從山上到海邊的牧羊人
> 仍然紅色在他的面孔，由於太陽
> 背向山坡傾斜
> 由他的羊群跟著
> 和他的狗收集它

> 沿著粗糙的路徑
> 浸漬有氣味
> 的去年十月太陽。

　　在這裡通過「粗糙的路徑」、「浸漬有氣味」等意象已把牧羊人一生無盡的辛勞折射出來了。外人眼中的 Nebroli 山脈遊區，也許只有河谷上嫩草稍豐之處，有一群壯羊的美麗景色，沒有在地人的故事。而 Giovanni 則透過牧羊人一年四季的勤勞，重新描寫一個屬於在他故鄉裡世代存活的人民、與被現代遺忘了的平民歷史。於是我看到，農莊、羊群和幾隻牧羊犬編織成一幅綿密的文化地景。此詩裡，也維繫著一個古老的生活方式，由 Giovanni 說來，仍難掩其悲憫之心。

　　而這首（藤行）中對庄稼的讚美之情也昇華為一種新的審美情趣，意象新穎，如這樣的句子：

> 荷載與成熟的葡萄
> 滿綠傾斜
> 從山到谷
> 在一個大陽台
> 現在人口由勞動者
> 收穫葡萄

把它帶到磨石，
以紀念酒神
在未來幾個月。

　　葡萄酒的栽種必須經過種植、採收、壓榨、發酵、熟成、裝瓶……等過程，才能讓葡萄汁變成美妙的葡萄酒。古希臘神話裡的酒神（Dionysus）是葡萄酒與狂歡之神。義大利是世界最為古老的葡萄酒產地之一。Giovanni 讓斜坡山谷上的藤行的葡萄在風光如畫的小村交織成美麗的畫布。而當地勞動者的勤奮和鄉情也根植在他心中。這跳躍的詩行，也使敘事和抒情能夠有機地融合在一起，因此，這首詩裡有深深的生活底蘊。這是他多年的情感累積，也是他在藝術上的昇華與飛動。

　　Giovanni 也是個不失其赤子之心的詩人。他還咏頌松鼠，如〈板栗和松鼠〉：

在高地的高栗子，
仍然滿滿是綠色
毛囊，現在成熟了，
掉在地上已經打開，
揭示
閃亮的深棕色
剝皮板栗
完全完好無損。

> 瘋狂與喜悦松鼠
> 使他們在巢中靈巧
> 在惡劣的冬天生存
> 這已經在這裡。

　　這首應該是 Giovanni 的童年記憶提煉而成，頗有情趣。
看來這松鼠是很通人性的，他稱讚這人類的朋友，是多麼逗
趣又靈巧。牠們在那麼惡劣的冬天下又是如何熬過困境的？
是的，牠們在詩人家鄉生存，一直都是這樣挺過來的呀。板
栗是松鼠留過冬的糧食，我們彷彿也看到小松鼠在掉在一地
的板栗裡來回穿梭，用利齒剝開外殼後，又迫不及待把種子
往嘴裡塞。那天真與欣喜的表情，在詩人傳神的描寫中，讓
人感動又不捨。

　　秋日，是柿紅的季節。每年在意大利的柿農產地或村鎮
裡，會看到掛滿了柿子的柿樹，葉子已轉成琥珀色，滿園一
片橘橙的景象。Giovanni 也為當地柿農精心營造一首詩〈柿
子〉，讓柿子在收穫後萌發的動人景象生動地展現出來：

> 柿樹
> 與他們的大琥珀色的葉子
> 被安置作為傘
> 放上他們可口的水果
> 在平原上，草上。
> 婦女和男子匆忙
> 收穫美味的水果
> 已經成熟或未成熟，

準備果醬
在冬天消耗，
當土地被掩蓋
與軟的白色雪
和斜率混合
與完美的白色雪
和灰色的天空。

這首詩對柿農採收及製成果醬以備冬藏，及周圍的環境氣氛，烘托得很真切。同時，又把詩人對大自然的熱愛，對勞動者的渴望顯露於意象之中，使人有如臨其境的美感。由於 Giovanni 鍾情於大自然，除了龐大的山光水色之外，對一些自然界中的動物，或者在日常生活中常看到的農牧者工作的情景，也能去追求與自然界的和諧一致。如〈石榴〉即是：

石榴
在其球狀果子裡面
隱藏穀物丁香
朱紅色
用可口汁液
恢復我們的靈魂。
石榴
也本地出產的水果，
最廣泛用於敘利亞，
石榴汁
可以買到新鮮

在每個街角。

　　小小石榴，Giovanni 把它視為珍果，並將恢復靈魂賦予它。而石榴也是意大利盛產的水果，美味的果汁是可以讓人愉悅的，讀來頗有情趣。我既可稱他為悲憫的詩人，又可稱他為純情詩人。因為，他對鄉里的愛，寫得那樣真摯又純淨。同時，他的許多景物詩，不僅飽含著許多平民滄桑的深切體驗，而且還常開掘出生活哲理，沒有絲毫矯飾痕跡。

　　如何才能創造生命境界以及祖國文化中的特有情趣？一直以來，都是現代詩中較為缺乏的。而 Giovanni 恬淡的心境就是一種禪道意蘊。對這種意蘊的要求，他也在這首（俳句）中就開始了。這首詩是沿襲於日本古典短詩，英文只有一句話，但要每段拆成三行，以三句十七音為一首詩。全詩如下：

在我的房子花園裡
在小湖
蓮花新鮮露水

在滿月光下
長頸鹿喝水
鏡子在湖

水晶般清澈的海水
讓我們看到豐富的動物
而波浪很輕

閃閃發光的魚群
沖刷海底
搜索新的情緒

從黑暗的海
颶風來到海灘上
人們逃跑尋找避難所

野馬跑得更快
在內布羅山
直到月亮的暮光

　　這首詩是追求通過內在的體驗來達到與自然冥合的心靈世界。Giovanni

　　是在感情的光照下，運用通感，將這寂靜之夜裡的片刻感受，從迷人的景色中，去揭示一種客觀存在的大自然的美。他也冥想寧靜，就好像世界永遠在一顆晶藍的夢裡。可見，是詩人的心靈收藏了山水。他向讀者展示著意大利內布羅山湖的美，它的純真；但是，也預告大自然颶風的無情與可怕，

讓野馬鳥獸都激起本能地奔跑，人類也因風暴而尋求避難的無助。這都是自然的一部分，凡人無法避免災難的發生。他的心震顫了。正因為俳句需要思想內涵深，形象力強，是共有的特點，而 Giovanni 用俳句以表其意，這些，都體現了他在詩藝探索上所費的苦心。

　　中國名詩人艾青說：「一首詩是一個心靈的活的雕塑。」除了上述所說，Giovanni 通過形象思維創造出質感很強的繪畫美以外，我認為，他是個內向而感情真切的詩人。他以熾熱的心關心著祖國的地圖。不論是鄉村的農牧族民也好，還是光明溫暖的遠方的一角也好，都牽動著他的心。他是一位真正的歌者，是用他的全生命去歌唱，也勤勉於編輯及翻譯等出版工作，所以才贏得了眾多的讀者的尊重。而他的創作與出版多國翻譯的經驗，也會為國際新詩的發展與交流展現一種良好的契機。

－2016.12.7 寫於台灣

（Dr.Lin Ming-Li，生於 1961 年，台灣，詩評家，文學博士。譯者：現任天津師範大學外國語學院張智中教授）

－本文中英詩歌評論原刊於美國《亞特蘭大新聞》，2017.12.15，全版。

Atlanta Chinese News　Friday, December 15, 2017

亞特蘭大新聞　中國城王

B4　NO. 04723　Serving Since 1992

網路版：www.AtlantaChineseNews.com

悲憫的歌者——喬凡尼的詩印象

林明理博士　Dr. Mingli Lin

中英對照作者 Giovanni

Compassionate singer

——Giovanni's Impression of Poetry
Ci-tran Ming-Li（林明理）

附錄六.

冷靜與熱情之間的眞摯抒寫

－讀岩上《詩病田園花》

◎林明理

作者：岩上，台北，致出版，2020 年 5 月。

　　今夏，岩上先生的新詩集問世，不僅傳達著詩人獨特的
情思感悟，又從自己的切身體驗出發，情真意摯；更敬佩的
是他以古稀之年在病中仍保持對詩神的熱愛，堅強地支撐下
來，堪為詩界楷模。

　　作為一名從事詩歌寫作與研究的大家，岩上的作品中，歷來注重象徵手法的運用，表現出其冷靜而有理性，卻又情象流動的藝術風格。因此，與同時期的前輩或過往的詩集相比，此書寫了種種苦痛或生命的律動，在精神內涵或咀嚼、回味的強度上，更給人一種迴腸蕩氣的強烈感動。

　　詩人以自己的聯想描繪出心目中對詩歌應傳達其思想情感的理想境界，例如，（我的詩，在盒子裡）云：

> 有些人把他們的詩
> 放在陽光下，太亮
> 我看不到詩
>
> 我的詩在盒子裏
> 不是怕風雨
> 他像蕃薯
> 他像蔥頭
> 從土地長出來
> 必須低頭才能看到他的存在
>
> 有些人他們的詩
> 透過樹蔭的讀解
> 閃爍延異的意象
>
> 我的詩
> 藏在盒子裏

不是怕陽光
他像蕃薯土豆
他像芋頭
要俯身低頭
才能把他挖出來

　　全詩節奏有韻，更具禪味。美國詩人愛默生（1803-1882）曾說：「在一切偉大的詩人身上，都有一種人性的智慧，這種智慧要比他們所運用的任何才能都更為優越。」老詩人岩上先生在為這本詩集所作的後記中說：「寫詩，對我來說，最大的收穫是發現；有時是冥想靜思；有時是自觀反省；常常是因詩感觀事物之所得，喜悅之心非任何物質所能替代。」我覺得岩上的詩像一棵樹在陽光雨露下漸漸參天，長成大樹。他寫知識分子內心的憂慮，寫時代風雲的激蕩，寫歷經歲月洗滌生命的孤寂與友人的溫情相遇，寫恬靜的鄉居生活，寫孤獨而自由的靈魂，一切都在筆下自然地流出，無疑愈發令人動容。如在（樹）一詩中，通篇是一個個意象組成的象徵體，他自喻為樹，亦寄托著詩人的理想，並營造了一個專屬於人與樹的私密空間，將熱烈濃郁的深情隱於平和寧靜之中：

以根鬚把心鬱纏結在地下
以綠葉和紅花
把歡笑揮撒，向
天空

希望青天的藍眼睛

把我的身影也變色
我的綠，是永遠不換妝的衣裳

黑的雲
白的雲
都一樣不能改變我枝幹的
歲月紋路，在雨中
流淌，聽風雨聲
恍若梵唱

　　從詩句一氣排下，動中孕靜的畫境，渾然一體，可以看
出詩人把樹人格化了。這不只是詩人搏動的心音，也是他在
詩藝上有著兀立不羈的追求。通過這樣的內心感悟，揭示了
他對社會人生的思考的藝術結晶與內心真正美的所在，也最
能代表他晚年歸隱「上珍苑」重新擁抱自然，想從大自然的
一些細微處來寫大地的滄桑變化及內心湧起的一種恬適情
懷。且看這富有時空跨度的詩句（一位農夫從玉米田走出）：

剛插秧不久的水稻田的
旁邊，玉米的
列隊
已長到越過人頭部位的高度
紫白色的
玉米花
和風浪唱山歌對嘴

倒影在水田中的近處影像和遠山交織著
一幅複合媒體生成黛綠青綠淺黃的
漸層圖面

山稜線上的白雲
水田中的白雲
水田中的玉米花
玉米莖葉上的玉米花
動畫的皴皴筆峰揮撒交錯

夏末
寧靜的田野
只見一位穿白衣的農夫
走過了薄薄的
筆直的田埂
又從畫中的玉米田走出

　　這些帶有象徵意味的意象呈現，也只有岩上先生內心融入土地、自然、宇宙的整體，才能從畫面與想像中描繪出這麼一個經典情境。德國作家歌德（1749-1832）曾說：「人可以在社會中學習，然而，靈感卻只有在孤獨時，才會湧現出來。」值得一提的是，岩上先生除了喜歡靜心冥想以外，也擅於用靜觀的眼睛從外部來觀看或凝視，並與自我世界建立關係。他堅強地面對病痛或困難，經由塵世洗禮，最終在太極拳的修導與梵音的重覆裡達至圓融。無怪乎岩上先生繼而出現的一詩（之外，都是真實的）：

遠山近樹田野的
景象，都是真實的
投射到我的窗口
敘說著寓言

每日我在寓言中生活
體驗我的真實
雲的漂泊和我有書信手稿的來往
聽鳥的歌唱寫有天籟聲韻的詩句

風的羅漢流浪到玉米田停腳
稻穗在風中的繩索沉睡
有夢，真甜
牠們各有戀愛的對象
懷孕分娩繁殖眾多的子孫
欣欣向榮的族譜

在窗口，我享受天倫之樂
太陽
從早晨
拋出到黃昏撞到地球
轟然一響
倒臥於地平線之外，紅橙黃綠
藍靛紫
七彩的光芒

之外之外之外
都是真的

　　同樣，在此詩中，歌吟生命中的美好或孤獨，仍是其主旋律。仔細想一想，岩上先生贈我這本詩集，固然令我欣喜，但詩的可貴處，在於我從中汲取了營養，在拜讀中，對其憂鬱的沉思傾吐胸懷到對大自然的體悟，他開闊的胸懷，是可以讓人感受到的。身為一個詩人，他總是在自己所在的地方獨立完成許多單純卻令人讚賞的事實。作為喜歡他的詩歌的詩友，我始終相信他會繼續向詩美的殿宇攀登！繼續探索。

　　作者與詩人岩上應邀於「榴紅詩會」，在臺南市「國立臺灣文學館」前合影，攝影於2012年6月23日。

－2020.6.18寫於台東

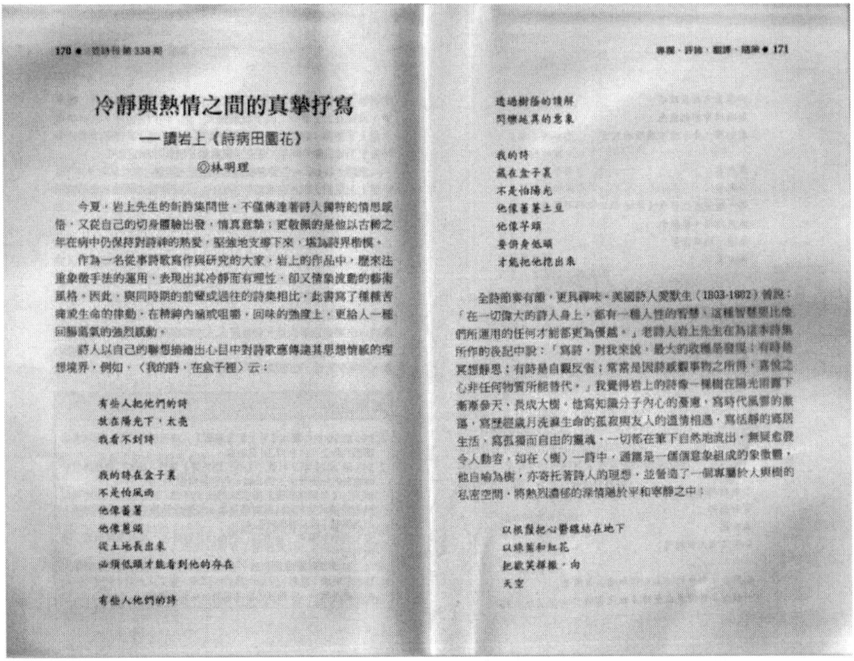

附錄七

獻給抗癌媽咪

◎台灣林明理

獲二等獎詩作

母親肖像
像穿透陰影的光
映在我臉龐
絕頂湛亮。

唯一沉重的
是步伐徐徐緩緩
和她在一起我感到平靜
那是癌細胞無法攫取的。

無論我寫了多少詩句
她的影子總是帶我
穿越無止盡的距離

捨她其誰。

是的，我把這一切牢記了
曾經的歡樂，匯合——
所有的苦痛和勇氣的
知覺。

－2015.3.25 作

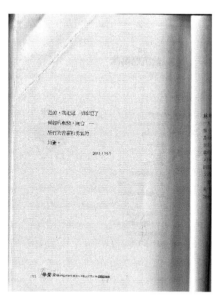

　　－中國（台灣）文藝
協會與安徽省淮安市淮陰區人民政府主辦，第四屆海峽兩岸
"漂母杯散文詩歌大賽「母愛，愛母」"獲獎第二名，收錄台
灣，聯經出版，2015年6月9日初版，頁131-133。

附錄八

〈白冷圳之戀〉「紙上心旅行 —
旅遊文學特展」

　　附錄 8.臺中市文化局主辦 2020 臺中市文學館主題特展館,「紙上心旅行－旅遊文學特展」,選錄林明理新詩作品〈白冷圳之戀〉部分文字,共同展示於臺中文學館主題特展館(展覽期間 2020 年 9 月 25 日至 2021 年 8 月 31 日止)

2020 臺中文學館主題特展
作品文字使用同意書

　　茲因本公司承辦臺中市政府文化局主辦 2020 臺中文學館「紙上心旅行─旅遊文學特展」,選錄台端作品局部文字內容,於臺中文學館特展進行非營利之公開展示,細節如附表。敬請台端惠予同意,以共同推廣文學之美。

專案名稱:	2020 臺中文學館「紙上心旅行─旅遊文學特展」
展覽期間:	民國 109 年 9 月 25 日至 110 年 8 月 31 日止
展覽地點:	臺中文學館主題特展館(臺中市西區樂群街 38 號)
專案機關:	臺中市政府文化局
承辦廠商:	七項創意有限公司

選錄段落:

〈白冷圳之戀〉

您,是水圳工程的疏散/新社的母親/悠揚的山歌/那些輾轉而過的/音和霍焉在黃昏中回轉

使用方式:經特展顧問及臺中文化局審查同意,本段文字與其他作家選錄之作品共同展示於臺中文學館主題特展館。

備註:
1. 本展覽屬於非營利性質之展覽,因展覽以邀請作家作品數量豐富,每件作品選錄文字內容僅佔展覽成內容比例微小部份,陳地展出;無不致影響作家著作之銷售,屬合理使用範圍。所有選錄作品之著作權均於原著作權人,不會因同意選錄於展覽內容而有所改變。
2. 著作權法第 65 條:著作之合理使用,不構成著作財產權之侵害。著作之利用是否合於前述合理使用之情形,應審酌一切情狀,尤應注意下列事項,以為判斷之基準:一、利用之目的及性質,包括係為商業目的或非營利教育目的。二、著作之性質。三、所利用之質量及其在整個著作所佔之比例。四、利用結果對著作潛在市場與現在價值之影響。著作權人團體與利用人團體就著作之合理使用範圍達成協議者,得為前項判斷之參考。前述協議過程中,得諮詢著作權專責機關之意見。

作家簽署表示同意:

林明理 (簽章)

中 華 民 國 一 〇 九 年 七 月 十 日

附錄九

淺析希克梅特詩歌中的深情抒寫

An Analysis of Affectionate Writing in Hickmet's Poems

© Lin Ming-Li

Abstract: Nazim Hikmet (1902-1963), a Turkish literary giant and poet and writer, not only conveys his unique deep consciousness in a harsh environment, but also encourages him to be good Power, which is exactly in line with his legendary life and innocence and courage. This article attempts to select from the translated poems, listen to their poetic sounds and emotions, and realize the moving results of their poems.

Keywords: Nazim Hikmet, modern poetry, Turkish poet

淺析希克梅特詩歌中的深情抒寫

© 台灣　林明理

摘　要：土耳其文學界巨人，詩人作家納奇姆·希克梅特（Nazim Hikmet，1902-1963），其現代詩創作中不僅傳達著處於惡劣環境中獨特的深覺，更帶有向上向善的鼓舞力量，這與他傳奇的一生和純真勇毅的氣質恰恰切合。本文嘗試從翻譯的詩選中，聆聽其詩音情思，以體認其詩歌令人感動的成果。

關鍵詞：納齊姆·希克梅特　現代詩　土耳其詩人

當我讀到希克梅特那首在 1928 年的詩作《鐵籠裡的獅子》，對於時序已進入二十一世紀冬至初春，卻仍然保有無名的感動：

看那鐵籠裡的獅子，/ 深深看進它的眼裡去：/像兩支出鞘的匕首/閃著怒光。/ 但它從未失去它的威嚴 / 雖然它的忿怒/來了又去 / 去了又來。// 你找不到一個可繫項圈的地方 / 在它那厚而多毛的鬃上 / 雖然皮鞭的創痕/仍在它黃背上燃燒 / 它的長腿 /

延伸而終結/成兩隻銅爪。/ 它的鬃毛一根根豎起/繞著它驕傲的頭。/ 它的憤恨 / 來了又去 / 去了又來....// 我兄弟的

影子在地牢的牆上 ／ 移動 ／上上下下 ／ 上上下下

　　或者感嘆詩人在詩中所臻入逆風行進的身影，彷彿中，我看見一道烱烱目光，唱起命運之歌，一個字，一個字地，藏在詩人淚水中的孤獨與伴隨著溫情與自由的期望。

　　希克梅特生前是二十世紀土耳其歷史上備受爭議的詩人，曾因政治性活動被逮捕，前後入獄加起來有十七個春秋。其詩作因為刻畫了不同階層人物的生活和抒情真切而留名，詩篇優美，具有豐富的想像力，凌駕於人類利益之上。後人把他同智利詩人聶魯達（1904-1973）及西班牙詩人羅卡（1898-1936）並列為二十世紀的重要詩人之林，曾獲得列寧國際和平獎金等殊榮，病逝於莫斯科。他在生前 1929 年發表的《八百三十五行》詩作，敏感地揭露時代的憂傷和吶喊，被當時的左派組織喻為「工人階級和社會主義的偉大詩人」，時至今日，有人稱他為愛國詩人，有人喜歡他的愛情詩。其實，他寫詩的目的很單純，是為了在面對監獄生活與親人分離之間找到一個平衡點，詩，成了救贖的窗口，寫作成了黑暗與陽光中冒出的晶瑩花朵，也鼓舞全世界為了更好的未來而努力以赴。他是享有國際聲譽的民族詩人，去世後，在文學史上的聲譽日趨高漲；其小說《我的同胞們的群像》及許多劇本，被視為不可多得的珍品，有的作品也被拍成電影或出版。在他百年誕辰之後，聯合國教科文組織宣佈 2002 年為「希克梅特年」，近些年來，土耳其境內組織也為他舉辦過各項紀念性活動。他的詩魂永遠縈繞在故土，受到大眾的尊崇。

一、真摯和純正：希克梅特的詩風

生於貴族世家的希克梅特，外曾祖父曾是土耳其軍總司令，也是詩人，而其父親是外交部官員，母親是畫家，外祖父是教育學家；在文藝氣息的薰陶與嚴格的家教下，遂而成就了他從年少時代起就喜歡讀詩、寫作。14 歲時，在一次家庭聚會上，他朗誦了一首歌頌英雄主義的詩歌，讓海軍部長大為賞識，並邀他到海軍學校上學。1919 年，他從海軍學校畢業後，在一艘巡洋艦上擔任見習軍官，因重病，在 1920 年 5 月間提前退役。在此期間，他已成為土耳其詩壇上的一顆新星。

1921 年初，希克梅特常與一些愛國詩人聚會，並開始撰寫號召青年為民族解放而戰的詩篇，因而受到過土耳其國父凱末爾（1881-1938）的接見。不久，他奉命到土耳其西北部的一個城市博盧擔任教師，為了深造，於 1921 年隻身前往莫斯科東方大學學習，因而結識了詩人馬雅可夫斯基（1893-1930），並深受蘇聯文學的影響。在那期間，他成為一個堅定的社會主義者，亦決心為土耳其人民的解放而奮鬥。他在 20 年代末 30 年代初，寫過許多優秀的詩篇。他在 1924 年回祖國土耳其後，在《光明雜誌》及其他單位工作，從事文學創作，並加入共產黨，仍因從事一些活動，遭到迫害和多次被捕入獄。

和所有愛國詩人一樣，他在早期詩中臻入的思想，大多

抒發個人的感情；其詩風真摯而純正，處處流露出在囚禁陰影下感性的抒發和勇毅的堅決。例如，他在 1922 年寫的《赤足》，震憾我的心靈，也帶給勞動者心的力量：

　　太陽繞著我們的頭頂，/ 一條灼燙的頭巾；/ 乾裂的土地，/ 我們腳下的一雙涼鞋。/ 一個老農夫/比他的老馬 / 還像死 / 在我們近傍 / 不在我們近傍 / 但在我們燃燒的 / 血管內。// 肩膀沒有厚披肩 / 手沒有皮鞭；/ 沒有馬，沒有車 / 沒有村警，/我們旅行過 / 熊穴般的村落 / 泥濘的城鎮，/ 在光禿禿的山丘上。/ 我們聽到聲音 / 自多石的土地 / 在病牛的淚裡；/ 我們看到土地/不能給黑犁 / 以金黃玉蜀黍的香氣。/ 我們還沒走出 / 如在夢中，/ 呵不！/ 一個垃圾堆便已到達另一個。/ 我們/知道 / 一個國家 / 的渴望。/ 這渴望輪廓分明/如唯物論者 / 的心態 / 而真的 / 這渴望 / 自有它的道理。

　　此詩堪稱是社會主義詩篇的楷模。詩人強烈的詩音，提昇了生命，也意謂著，為了民族解放的未來，為了勞動人民所受的苦，詩人不僅時時鞭策自己，也因渴望為土耳其民族奮鬥而引發的內心震動。然而，詩歌的激情是一個片刻，不受時空約束。在入獄期間，他也寫下《工作》一詩，詩裡對光明的渴望並未逝去，僅只轉換個方式抒寫而已：

　　當白天在我的牛角上破曉，/ 我用耐心與尊嚴犁地；/ 大地濕而暖觸摸我赤裸的腳底。// 我的肌肉亮閃著火花 / 我捶擊熱鐵直到正午；/ 它的光芒替代了所有的黑暗。// 葉上最

鮮活的青綠 ╱ 我在午後的炎熱裡採摘橄欖，╱ 光照在我衣上、臉上、頭上、眼上。╱╱ 每個黃昏我都有訪客：╱ 我的門敞開╱向所有美妙的歌曲。╱╱ 夜裡我沒膝走入海中 ╱ 開始收攏我的網；╱ 我的撈獲：星與魚的混合。╱╱ 我現在已變得該 ╱ 　　對我身邊發生的事情負責，╱ 對人類及大地 ╱ 對黑暗與光明。╱╱ 你能看到我陷沒在工作裡，╱ 別用話來阻撓我，我的愛，╱ 我在忙著同你相愛。

　　如同許多囚禁的愛國詩人一樣，希克梅特在獄中可能每天也得犁地或辛苦地勞動；然而，卻再也沒有什麼比工作中還能思想更自由的了——因此，他也試圖寫下詩句，像是正在從事一項偉大的工作一般，他必須把對祖國的愛，對民族與同胞的愛當作是精神的支柱，當祖國需要他的時候，他必須在。

二、詩性思維和情的聯結：家人和愛

　　什麼是詩性思維？對於詩人而言，它是透過想像力的一種特殊的精神活動，將強烈的感受到對於任何的人、物、事，以直覺方式去創造出具有詩化美感的主體境界。而希克梅特無論身體受到怎樣的痛楚，或身心糾纏於被迫害的問題，他為何還要堅持以詩歌及寫作將憂鬱排除於生命之外呢？這一切詩性思維究竟從何而來？而那些加諸於其身上的力量又是什麼？

　　我思索，再思索，最後，我得到這樣的結論，這可能跟他對家人和祖國的愛相關，又或者他內心深處認為「情」與

其思維相近且密切，而「情」也正是詩歌創作中最必要的。
例如，他在 1933 年 11 月 11 日監獄裡寫下的這首《給我妻的
信》，真情流露是顯而易見的：

　　我的愛！/在你最近的信上你說，/「我的頭疼痛 / 我心
驚悸。」/「如果他們吊你 / 如果我失去你，」/ 你說，/「我
不能活。」// 但你能的，我的愛；/ 我的形相散佈風中 / 如
一股濃而黑的煙。/ 當然你要活下去 / 我心上的紅髮姐妹；
/ 哀悼死者 / 在二十世紀 / 頂多維持一年。// 死神：/ 一個
死人在一根繩子的末端，蕩著 —— / 但怪事 / 我的心不接受
/ 這種死亡。/ 你必須/記住，我的愛人，如果一隻像黑蜘蛛
般 / 可憐的吉普賽多毛的手/把繩子套 / 在我的脖子上 ——
/ 那些等著在我的藍睛裡看到恐懼的人 / 將徒然地看著納
京。// 我 / 在我最後一個早晨的曙光裡 / 將看到我真心的
朋友們和你，/ 而只有 / 一首被打斷的歌的激恨 / 我將帶進
我的墳墓。// 我妻！/ 我好心腸的 / 金蜂 /有著比蜜還甜的
眼睛 / 究竟為什麼我要告訴你 / 他們正催著把我吊死？/
審判才剛剛開始 / 而他們並不真的摘你的腦袋 / 像一隻蘿
葡。// 來，別管那麼多。/ 那種可能性還渺茫得很。/ 要是
你有錢 / 給我買條法蘭絨褲；/ 坐骨神經又開始痛了。/ 還
有別忘記 / 一個囚犯的妻子要經常想 / 美麗的思想。

　　人間最幸福的，不是財富或家世的顯赫，而是成就於智
慧的生成與愛的真摯。對於希克梅特而言，能收到愛妻的信
件，哪怕是隻字片語，他仍讀了一遍又一遍，喜悅之心遠勝
於相守的幸福。此詩最美好的，是讓讀者看到了希克梅特在

堅強的心志之外，還保存著英雄柔情的純真。一般人，在獄中是怎樣地戰戰兢兢啊，但詩人已學會督促自己，盡全力以詩歌凝聚力量與固守自我崇高的靈魂。他必須寫詩，也必須有所成就，因為，在所有文字當中，以詩寫給妻子是最美麗的。例如，他在 1938 年也寫下這樣的詩句《今天是禮拜天》：

今天是禮拜天。/ 今天，頭一次，/ 他們把我帶到陽光裡 / 而在我一生中頭一次 / 我看著天空 / 驚奇於它是這麼遠 / 這麼藍 / 這麼遼闊。/ 我站著一動不動 / 然後必恭必敬地坐在黑地上，/ 把我的背緊緊靠著牆壁。/ 這時候，一點都沒想到死亡，/ 一點沒想到自由，或我的妻子。/ 大地，太陽與我... / 我很快活。

此詩詩韻優美，表達了一種尋求自我超越的期許，一種攬抱遙遠的天空與內在的精神融合為一的思維。從藝術的角度看，疊句的復沓出現，透過沉吟，也讓詩人暫時獲得心靈的紓解。就像所有偉大的詩人，希克梅特詩中的悲痛與歡欣源於本身經歷愛、生存與困境，同時詠頌面對黑暗，尋求光明的途徑。在他所深愛的祖國和家人的不朽記憶裡，其生命之光，何等榮耀！例如，在 1945 年 9 月間，他寫給其妻派拉羿的詩，滿懷愛意與渴望，皆源自於他每絲微微的辛酸中：

九月二十一日
我們的兒子病了/他的父親在監牢裡/而你沉重的頭在你疲累的掌心上 / 我們共嘗世界的辛酸。// 人們將相扶到較美好的日子 / 所以，我們的兒子會好起來 / 他的父親將出獄 /

而你金色的眼睛裡將再度微笑　/　共嘗世界的辛酸。

　　九月二十二日
　　我讀一本書：/　你在其中　聽一首歌：/　你在其中。/
我坐下來吃我的麵包：/　你面對著我。/　我工作：/　你面對著
我。/　雖然你無所不在　/　你無法同我說話　/　我們聽不見彼此
的聲音—　/　你，我八歲的寡婦。

　　十月六日
　　雲層移過：載著新聞，沉重地。/我揉縐我還沒收到的你
的信/在心型眼睫毛的尖端：/無邊的土地有福了。//而我有大
叫的衝動：派拉羿/派一拉一羿。

　　十月九日
　　從櫃子裡取出/我頭一次看到你穿的裙子，/把康乃馨插
上你的頭髮/那朵我從監獄裡送給你的/不管它現在有多乾
枯。/　打扮得好看起來，/　像春天。//　在像這樣的日子裡你
絕不可顯得/悲傷絕望。/　絕不可以！/　在像這樣的日子裡　/
你必須抬頭而高貴地　/　走路，/　你必須以納齊姆·希克梅特　/
的妻子的自負走路。

　　希克梅特的詩歌是偉大的。當他勇敢地說出心中的這些
思念，也將以語言和行動來證實。他讓詩句與其思想對話，
而我不懷疑他對著空中向其妻喊叫，派一拉一羿，因為，那
聲音，讓讀者看到其眼眸閃爍的光芒；因為，人們喜歡愛情，
那聲音，讓我的眼睛瞬間迷濛，也確實是首豪邁又柔情的史

詩。他的詩性思維和情的聯結，大多源於家人和愛，沒有任何虛妄，因而能歷經百年依然為世人所傳頌。

三、希克梅特詩歌中最偉大的啟示

希克梅特早在蘇聯學習期間就認識了許多中國現代詩人，其中包括曾與毛澤東早年就讀小學和湖南師範學院時期的同學蕭三（1896-1983），他同情中國人民的革命鬥爭，因而他在詩裡多次提到中國，並展現其博大的胸懷。例如，他在 1948 年寫下〈我的心不在這裡〉，其中一段寫道：「鮮紅的血，我的血，同黃河一起奔流。我的心在中國，在那為正義的制度而戰的士兵的隊伍中間跳動。」詩裡飽含著透徹的靈魂，閃亮了東方的靈魂，就如雪松和大地輝耀；多少歲月過去了，而他的愛也已生長成中國土地上的星子。

當詩人在 1947 年寫下〈自從我被投進這牢洞〉這首名詩，他的眼神在獄中尋找，他注視同胞，他們被迫害，被推進死亡地獄。他在自由烈士的精神上尋找，回想往昔，為受難者流出的血與他熱愛的祖國，願為正義而謳歌：

自從我被投進這牢洞 / 地球已繞了太陽十圈。/ 如果你問地球，它會說，/「不值一提/ 這麼微不足道的時間。」/ 如果你問我，我會說，/「我生命裡去掉了十年。」// 我被囚禁的那天 / 我有支小鉛筆 / 不到一個禮拜我便把它用完。/ 如果你問鉛筆，它會說，/「我整整一生。」/ 如果你問我，我會說，/「又怎樣?只不過一個禮拜。」// 奧斯曼，正為謀

殺罪服刑 / 當我第一次進入這牢洞，/ 在七年半後出去； / 在外頭享受了一陣生活 / 又為了走私案回來 / 而在六個月後再度出去。/ 昨天有人聽說，他結了婚 / 來年春天要有小孩。// 那些在我被投入這牢洞的那天 / 受孕的小孩/現在正慶祝他們的十周歲。/ 那一天出世的 / 在它們細長腿上搖晃的小馬/現在必也已變成 / 擺蕩著寬臀的懶馬。/ 但年青的橄欖枝依然年青，/ 還在繼續成長。// 他們告訴我我來這裡以後/故鄉新造了個廣場。/ 我那小屋裡的家人 / 現在住在 / 一條我不認識的街上 / 另一座我無法看到的房子裡。// 麵包白得像雪棉 / 我被投進這牢洞的那年 / 然後便開始了配給。/ 這裡，在牢室內，/ 人們互相殘殺 / 為一點點黑麵包屑。/現在情形比較好些/但我們的麵包，沒有味道。// 我被投進這牢洞的那年 / 第二次世界大戰還沒開始；/ 在達考（注）的集中營裡 / 煤氣爐還沒被造起；/原子還沒在廣島爆裂。/呵，時間流著 / 像一個被屠殺的嬰孩的血。/ 現在這些都已成過去 / 但美元 / 早已在談論著 /第三次世界大戰...//都一樣，現在日子比/我被投進這牢洞裡時 / 明亮/從那天以後 / 我的同胞們半撐著肘 / 起來了；/ 地球已繞了太陽 / 十圈 / 但我用同樣熱切的期望重複 / 那我在十年前的今天 / 為我的同胞們寫的： /「你們多/如地上的螞蟻 / 海裡的魚 / 天上的鳥；/ 你們可能懦弱或勇敢 / 目不識丁或滿腹經綸。/而因為你們是所有事業/的創造者 / 或毀壞者，/ 只有你們的事蹟/將被記錄在歌裡。」/ 而別的，/ 諸如我十年的受難，/ 只不過是閒話。

　　在他多次入獄，接受社會主義的狂熱、嚮往自由的這段

時期，他寫下許多詩篇。直到 1950 年，土耳其民主黨頒佈了
大赦法，希克梅特因此獲釋，但仍受到當局監視和迫害；在
親朋好友的相助下，他經羅馬尼亞逃亡蘇聯，於 1951 年定居
莫斯科。有時，回憶也是一種希望。例如在 1950 年間，他為
其妻寫的《歡迎，我的女人》一詩，以求療癒分離的痛苦：

　　歡迎，我親愛的妻子，歡迎！/ 你一定累了：/ 我怎能
洗你的小腳?/我既沒有銀盆也沒有玫瑰水。/ 你一定渴了：/
我沒有冰果汁可以奉獻你。/ 你一定餓了：/ 我無法為你擺
筵席 / 在繡花的白桌布上— / 我的房間同我的國家一樣
窮。// 歡迎，我親愛的女人，歡迎！/ 你一踏進我的房間，/
那四十年的混凝土便成了草地；/ 當你微笑/窗上的鐵條便長
出玫瑰花；/ 當你哭泣/我的手便盛滿了珍珠。/ 我的牢房變
得像我的心一般富有 / 像自由一般明亮。// 歡迎，我自己
的，歡迎，歡迎！

　　詩篇有格律，毫無保留的吟哦他的企盼與痛苦。那隱藏
的淚水，在讀者面前，彷彿也能擁抱我們的傷口，也終將換
成今日令人目眩耀眼的詩花。晚年的他，在蘇聯積極參加社
會活動，繼續從事文學創作，榮獲過「列寧國際和平獎」等
殊榮。流亡期間，他寫了許多以維護和平為主題的詩歌，更
多的作品，小說或劇本，則表達他對祖國的熱愛和思鄉的情
懷。他在 1951 年起，任世界和平理事會理事，1960 年，任
世界和平理事會國際和平獎評議委員會主席；在 1952 年九月
至十月間，應邀訪問中國並稱讚新中國的革命和建設。但
1963 年 4 月 3 日，這位對祖國充滿憂患之情的民族詩人，便

與世長辭在莫斯科，終年六十二歲。他被安葬在莫斯科著名的新聖女公墓，在黑色花崗岩豐碑上刻著他名震後世的影像。他的詩揉合著激昂、純真與柔情，並富音樂性。

對於這樣的一個愛國抒情主義的詩人，其詩歌中最偉大的啟示，是他宛若巨樹般地，詩意的矗立於風雨之中，在痛苦中淬鍊時，內心仍充滿光明。他對祖國懷著這樣的深情，讓詩美在故土腹地，在耕者鋤禾裡，令無數勞動者鼓舞，感動於心。他說過：「人的一生有兩種東西不會忘記，那就是母親的面孔和城市的面貌。」在這裡所指的母親，是廣義的，是他思念中的祖國；而其身影如朝霞般絢爛，是那麼熟悉，又那麼神奇，在風中傲然屹立，在鮮活的碑表上，也永遠刻著這位如同土耳其的莎士比亞之名。因而，閱讀希克梅特的詩，始終保持著崇敬；不僅多了一次深刻的記憶，也是心靈上最豐富的饗宴。彷彿中，我看到希克梅特攜著美麗的夕陽和唇邊的一朵微笑，在天宇間漫步，邊哼著歡樂的小曲了。

　　　注：Dachau，納粹消滅猶太人的集中營。
　參考文獻：本文譯詩均選自美國詩人非馬（Dr. William Marr）編譯的《鐵籠裡的獅子--土耳其詩人希克梅特的詩》。

　　作者簡介：林明理（1961-），女，雲林縣人，曾任台灣省立屏東師範大學講師，現為詩人兼評論家。
　　author: Lin Ming-Li (1961-), female, native of Yunlin County, former lecturer at Pingtung Normal University in Taiwan Province, now a poet and critic.

秋水 │詩與論述

淺析希克梅特詩歌中的深情抒寫
◎ 林明理

摘要：土耳其文學界巨人，詩人作家納奇姆‧希克梅特（Nazim Hikmet，1902-1963），其現代的創作中不僅傳遞著處於思索環境中瀰漫的深情，更帶有向上向善的藝術力量，這與他痛苦的一生和真勇敢的氣質恰恰切合。本文試從他艱辛的旅途中，聆聽其詩音情彩，以體認到詩歌中令人感動的成果。

當我讀到希克梅特那首在1928年的詩作《鐵鑲框的獅子》，對於時的夢幻，將他回溯至二十一世紀多年初春，彷彿保留有無名的感動。

看那琥珀深處的獅子／深深瞧進泣的神采之／像閃支出甲的七百／閃著怒光／但它從未失去它的剛勁／雖然它的毛／和今又去／又去了又去／你找到／一個窄瘦頹圮的地方／在它那裡那多毛的頭上／從些寬廣的痕流／仍在它背頁上燃燒／它的長鬚／經神描繪結／或糊發劇亂／一頭枯瘦起／繞著它颤動的頭／它的情感／不了又去……／弄兒弟的影子在地中的身上／移動／上上下下／上上下下

或者是喚醒詩人在詩中所釋入

詩與論述 │ 秋水

希克梅特生的是二十世紀土耳其歷史上極受爭議的詩人。曾因政治的活動被緝捕的，前後入獄加起來有十七個春秋。其詩作切及到對戰時期生活的生活和對情真切而細密，詩篇感遠，具有智者的想像力。遠凝於人類和益之上，後人一起遍周智家詩人基魯薩（1904-1973）及古班奸詩人羅丰（1888-1938）並列為二十世紀的產堅詩人之林。詩還得有聯國教科文學校上羊，並且他使用軍事學校上羊，1919年，他從海軍學校畢業後，在一般海岸軍上擔任見習軍官，因重病，在1920年5月用模的退役。在此期間，他又成為土耳其文壇上的一顆新星。

1921年初，希克梅特到一些蘇聯人來會。並隨於狂潮播召呼等為民族解放而戰的合詩人，並寫為…父親年（1881-1938）的證見，不久，他奉命到土耳其北北的一個城市地擔任救濟，為了解放，於1921年後身命下哈薩克料哈方大學學習，這因結識了詩人馮利可夫斯基（1893-1930），並深受蘇聯文學的影響。是未來派國際會的民眾詩人，去世後，在文學史上引的聲音日漸淡落；其小說《我的同胞們的詩抒錄》及許多動本，被收到不可多得的故事人，有的作品也被拍成電影或出版。在近百年累積記，聯合國教科文組織宣佈2002年為「希克梅特年」，迄後年年…

土耳其境內組織也為他舉辦過各項記念性活動。他的詩歌永遠榮繞在放土。受到大眾的尊崇。

一、 真摯和親近：希克梅特的詩風

生於貴族世家的希克梅特，外祖組父曾是土耳其著名的詩人，也是詩人，其父親也外交部官員。希望是畫家，外祖父曾教他詩音，在文藝氣息的濃厚興羅格的家教下，遂陶成遂了他從年少時代起就喜歡詩詞。寫作，14歲時，在一次家庭聚會上，他朗誦了一首歌頌英雄主義的詩歌，謂與祖的長大為其員員，且他使用軍事學校上羊，1919年，他從海軍學校畢業後，在一般海岸軍上擔任見習軍官，因重病，在1920年5月用模的退役。在此期間，他又成為土耳其文壇上的一顆新星。

和所有有靈魂的人一樣，他在早期詩中熔入的思想：大多抒發個人的感情；其詩風真難細致出；其詩流露出生活情陰影下感性的抒發和勇敢的態訴。例如他的心靈，也帶給勞衆者心的力量：

太陽總希我們的臉頭／一樣有濕的酒中／乾燥的土地／我們那千的一雙掰粉／一個老農夫／比他的老瓦／蟹壁死／在我們證停／內／羊有沒有皮膚／沒有馬／沒有車／沒有什麼／我們施行過／嘹汉趟的村莊／在光光禿禿的山上／我們智慧上地／在廣牛的遠側／我們智慧上地／不賦益馬車／似金黃玉葉都的等禾／我們證授沒出／它等可阿們／一個垃圾使記到這些／我們於知道一個國家的揭想／組揭攝弊賦分明／如絲鞋鐘若／的心鹽／而我內／而有它的道理。

此歌樣稀想赴會主義游說的構樣，詩人強烈的詩音，提昇了生命，也意識

詩與論述 │ 秋水

明雜誌》及其他單位工作，從事文學創作等，並加入共濟會，因捉受過一些活動，遭到追查和多次被捕入獄。

著。為了民族解放的未來，為了勞動人民所愛的的，詩人不僅時時鞭策自己，也期待埋入土耳其民眾那千恬情的心靈的。然而，詩歌的氛圍是一個片尚，不變隊改的求，在人獄期間，他也寫下《工作》一歌，抒情對光明的海望迸來遏去，值以轉接個力式抒寫而記：

當自天在我的牛兒上破曉／我扭彎心與自蒼牛鬼／大地到肌腰觸模表述的藤寂。／在面的淨鬼亮閃著深花／我抓住腿熊直到到牛兒的光去絕時／它的光走替記了刊有的場時。／集上曬好的遠著乾藤／午我的炎焘悲探觸模腿；光焉在我表上、臉上、胸上。／帶備美省我都有詩聲／夜把門啲關／向所有混漆的藤泉。／夜裡我技摸走入角中／開始收攏我的詩歌；星期典的露會——／我被埋在已發得讀。／對有邊邊生的事情義員／對人類及大地／對鐵圍構架我工作的／你能必到鐵圍埋及工作的／別用話術實地揺我／我的愛，／我在忙著詞你相愛。

如同許多記詠的愛纏詩人一樣，希克梅特在獄歌中可睹勞隻也勞苦地度地的勞動；然而，耶內也常有作嚮上工作中遭捉思歌想自記的一因記，他也試要寫下詩句，像是正在像雪一境條大的工作。像必翻想圍顧的自在。對民族困時間的愛詩作暴精神的支柱，常地溢愛的時候，他必須去。

二、 詩性思維和情的聯結：家人和愛記

什麼詩性思維？對於詩人間詩，它透造過想像力的一種特殊的精神活動，以直覺方式去描繪出具有詩的美感的本質，並透過想像力的情感聯想…怎麼感的揺動，或是心孤觸形裡。想像的狂想，他為何還願和記持記及詩歌及詩有深刻的思…影綿縛的生命之外嗎？這一切對性思維這完記了想象？同那些加諸於基本上的力量又是什麼？

我想到，再想著，最後，採得到這樣的結論／對你的所狀思…人和記揺的愛相解，又或者自心心裡遇是深己的愛記甜，以其思契相圍比面心的融合，…情，與其思契相圍心靈以人感。性的／情，卜思心的愛，一例如／他任1933年11月11日盧照榜寫下的道言《給核愛的母》，真情流露記是霸格場芝的：

我的愛！／在你啟近的倒上斗說，／「我的情終結／我心裡誓。」／如果他們／相合／如果我夫去心，／「我不能核。」／但你的時候，／我的滲相試為遠上記憶，我記。／當然你要諸下去／我心上的紅琶／記…直神等花／死神：／一個記人在一根／繩子的末端／菌考一，／世挂事／製

秋水詩刊第一八七期

的心下接受／這樣死亡，／你必頂／記住，我的愛人，如果一筆像思處瞭設／可憐的古菩若多的什處什手／把遞…在你的手上……／那些際者在我的邊曬情撫彩撫記人／將他熊地東京／我／在我曬後一個學員的辭遊裡／勇記到我真心的別的陌亡，／每…一首被訂期的歌的震旦／我將管邁的詩記的／金精／存看比霞邊圓的曬跑門死／為什麼記單有記、／我記的…他們記抽著的記憶死亡，／等著可阿阿翩的記出／但他們也不真的被記我的騰給／身一集屬純／束，別管埋記揺／記記被倒律是／愛是你有評／如我管實接注曬跌／莹曾神絲我記的我心、／曾神生記的愛記…／一個記聚的等子配等思想／美麗的忽、

人間最辛福的，不是財富或家世的縕綠，而是成就著怀繫的生成或愛的真擊。對於希克梅特那對愛的留意的/作品他…揭竟字句裡，他的詩／一遍又一遍／這全力記詩歌眾賦人揭氣詞甲自我審而的震揭。因為，在所有文字著中，以詩可揭妻子是最美圓的。例如，他在1938年也寫

下達樣的詩句《今天恬禮拜天》：

今大是禮拜天／今大禮拜天／我們把我帶到曬光裡／而在在一生中第一次／我看著天空／讓記的曬記遠邊藍／這怎麼／這怎麼記，／我必着—勉不／我的希心必記愛揭記在埋地上，／而我…然後…必記愛記藍甜多的瞭／我的瞭裡…一塊都揭揭別記記吃記／一點揭思揭自由，或/我的瞭子／大地、太揭我記…／我記快祭。

此時曬詞境界。表達了一種尋求自我超越的期許，一種想追遠的沈夸與內在的精神融合為一的思維。從著析的句度看，希克梅特的內心世界，透過記的，也讓詩人記揭情心の瞭的村落，從愛所所追曬記的記詩人，希克梅特許多的記詩記…款哀亦的本身細歷著。生存與趙越，同樣通詩記對記照相心界的瞭光的組揭。在他內心淨摯的組揭和記人的十分記記情懷，例如，在1945年9月間，熊窝約其癒…記揭所的淒遭與恍遠，愉記記合他徐綠微蘊的深情：

九月二十一日

我記是禮拜六／記的父親在監牢裡／而在記記的詩在的結果的祖心之上／我的長子在記記的…平息／我…情相枯記記的幸福。／一記想相枯記的…記的日子，／我們的兒子會記起記／記的欠親圖的記行出獄／記記的幸富的記揭

—刊臺灣《秋水詩刊》,第187期,2021.04,頁58-64。

附錄十

林明理簡介、專著、得獎及
榮譽事項記錄

林明理
Dr. Lin Ming-Li
簡　介

　　林明理，1961 年生，臺灣雲林縣人，中國文化大學大陸問題研究所法學碩士，美國世界文化藝術學院榮譽文學博士（2013.10.21 頒授）。曾任屏東師範學院講師，現任臺灣「中國文藝協會」理事、中華民國新詩學會理事，北京「國際漢語詩歌協會」理事，詩人評論家。2013.5.4 獲第 54 屆「中國文藝獎章」文學類「詩歌創作獎」。2012. 9.9.人間衛視『知道』節目專訪林明理 1 小時，播出於第 110 集「以詩與畫追夢的心—林明理」。台灣「文化部」贊助，民視『飛越文學地景』拍攝林明理四首詩作錄影〈淡水紅毛城之歌〉（2018.11.03 民視新聞首播）、〈白冷圳之戀〉（2017.7.15 民視新聞首播）、〈歌飛阿里山森林〉（2016.12.24 民視新

聞首播）、〈寫給蘭嶼之歌〉（2016.11.19 民視新聞首播）、〈淡水紅毛城之歌〉（2018.11.03 民視新聞首播）。

著有《秋收的黃昏》、《夜櫻－詩畫集》、《新詩的意象與內涵--當代詩家作品賞析》、《藝術與自然的融合--當代詩文評論集》、《湧動著一泓清泉—現代詩文評論》、《用詩藝開拓美—林明理談詩》、《林明理報刊評論》、《行走中的歌者—林明理談詩》、《海頌—林明理詩文集》、《林明理散文集》、《名家現代詩賞析》、《現代詩賞析》、《思念在彼方 散文暨新詩》、《甜蜜的記憶（散文暨新詩）》。以及詩集《山楂樹》、《回憶的沙漏》（中英對照）、《清雨塘》、（中英對照）、《山居歲月》（中英對照）、《夏之吟》（中英法對照）、《默喚》（中英法對照）、《我的歌》（中法對照）、《諦聽》（中英對照）、《原野之聲》（中英對照）。她的詩畫被收錄編於山西大學新詩研究所 2015 年編著 《當代著名漢語詩人詩書畫檔案》、詩作六首被收錄於《雲林縣青少年臺灣文學讀本》，評論作品被碩士生研究引用數十篇論文，作品包括詩畫、散文與評論散見於海內外學刊及詩刊、報紙等。中國學報刊物包括有《南京師範大學文學院學報》、《青島師範學院學報》、《鹽城師範學報》等三十多篇，臺灣的國圖刊物《全國新書資訊月刊》二十六篇，還有在中國大陸的詩刊報紙多達五十種刊物發表，如《天津文學》、《安徽文學》、《香港文學》等。在臺灣《人間福報》已發表上百篇作品，在《臺灣時報》、《笠詩刊》與《秋水詩刊》等刊物也常發表作品，另外，在美國

的刊物《世界的詩》或報紙《亞特蘭大新聞》等也有發表作品。總計發表的創作與評論作品已達千篇以上。

Dr. Lin Ming-Li was born in 1961 in Yunlin, Taiwan. She holds a Master's Degree in Law and lectured at Pingtung Normal College. A poetry critic, she is currently serving as a director of the Chinese Literature and Art Association, the Chinese New Poetry Society, and Beijing's International Association of Chinese Poetry. On the 4th of May, 2013, she won the Creative Poetry Prize in the 54th Chinese Literature and Arts Awards. On the 21st of October 2013, she received a Doctor of Literature degree from America's World Culture and Art Institute. On the 9th of September 2012, the World Satellite TV Station in Taiwan broadcast her interview, "Lin Ming-Li: The Heart that Pursues a Dream with Poetry and Painting". FTV (FORMOSA TELEVISION) videoed four poems by her, namely, **"Fortress San Domingo, Song of Danshui"** (2018.11.03 premiere). "Love of the Bethlehem Ditch" (2017.07.15 premiere). "Songs Fill the Forest of Mt. Ali " (2016.12.24 premiere) and "Ode to the Orchid Island" (2016.11.19 premiere).

Her publications include *An Autumn Harvest Evening, Night Sakura: Collection of Poems and Paintings, Images and Connotations of New Poetry : Reading and Analysis of the Works of Contemporary Poets, The Fusing of Art and Nature:*

Criticism of Contemporary Poetry and Literature, The Gushing of a Pure Spring: Modern Poetry Criticism, Developing Beauty with Poetic Art: Lin Ming-Li On Poetry, A Collection of Criticism from Newspapers and Magazines, The Walking Singer: Lin Ming-Li On Poetry, Ode to the Sea: A Collection of Poems and Essays of Lin Ming-Li, Appreciation of the Work of Famous Modern Poets, Appreciation of the work of Modern Poets and *Lin Ming-Li's Collected Essays,* Longing over the other side（prose and poetry.）,Sweet memories（prose and poetry）.

Her poems were anthologized in *Hawthorn Tree, Memory's Hourglass,* (Chinese/English), *Clear Rain Pond* (Chinese/English), *Days in the Mountains* (Chinese/English), *Summer Songs* (Chinese/English/French) , *Silent Call* (Chinese/English/French) and *My song* (Chinese/French) ,Listen (Chinese/English) , Voice of the Wilderness(Chinese/English).

Many of her poems and paintings are collected in *A Collection of Poetry, Calligraphy and Painting by Contemporary Famous Chinese Poets,* compiled in 2015 by New Poetry Research Institute of Shanxi University. Six of her poems are included in *Taiwanese Literary Textbook for the Youth of Yunlin County.* Her review articles have been quoted in theses by many graduate students. Over a thousand of her works, including poems, paintings, essays, and criticisms have appeared in many newspapers and academic journals at home and abroad.

得獎及榮譽事項記錄：

1.2011 年臺灣的「國立高雄應用科技大學 詩歌類評審」校長聘書。

2.詩畫作品獲收入中國文聯 2015.01 出版「當代著名漢語詩人詩書畫檔案」一書，山西當代中國新詩研究所主編。

3.2015.1.2 受邀重慶市研究生科研創新專案重點項目「中國臺灣新詩生態調查及文體研究」，訪談內文刊於湖南文聯《創作與評論》2015.02。

4.《中國今世詩歌導讀》編委會、國際詩歌翻譯研討中心等主辦，獲《中國今世詩歌獎（2011-2012）指摘獎》第 7 名。

5.獲 2013 年中國文藝協會與安徽省淮安市淮陰區人民政府主辦，"漂母杯"兩岸「母愛主題」散文大賽第三等獎。2014 "漂母杯"兩岸「母愛主題」散文大賽第三等獎、詩歌第二等獎。2015 "漂母杯"兩岸「母愛主題」詩歌第二等獎。

6.新詩〈歌飛霍山茶鄉〉獲得安徽省「霍山黃茶」杯全國原創詩歌大賽組委會「榮譽獎」榮譽證書。

7.參加中國河南省開封市文學藝術聯合會「全國詠菊詩歌創作大賽」，榮獲銀獎證書（2012.12.18 公告），詩作〈詠菊之鄉—開封〉。

8."湘家蕩之戀" 國際散文詩徵文獲榮譽獎，散文詩作品：〈寫給相湖的歌〉，嘉興市湘家蕩區域開發建設管理委員會、中外散文詩學會舉辦，2014.9.28 頒獎於湘家蕩。

9.獲當選中國北京「國際漢語詩歌協會」理事（2013-2016）。

10.獲當選中國第 15 屆「全國散文詩筆會」臺灣代表，甘肅舉辦「吉祥甘南」全國散文詩大賽，獲「提名獎」，2015.7.26 頒獎於甘南，詩作〈甘南，深情地呼喚我〉，詩作刊於《散文詩·校園文學》甘南采風專號 2015.12（總第 422 期）及《格桑花》2015 "吉祥甘南" 全國散文詩筆會專號。

11.2015.08 中國·星星「月河月老」杯（兩岸三地）愛情散文詩大賽獲「優秀獎」，詩作〈月河行〉。

12.北京新視野杯 "我與自然" 全國散文詩歌大賽獲獎於 2015.10 獲散文〈布農部落遊蹤〉及詩歌〈葛根塔拉草原之戀〉均「二等獎」。

13.河南省 2015 年 8 月首屆 "中國詩河 鶴壁" 全國詩歌大賽，獲「提名獎」，詩作〈寫給鶴壁的歌〉。

14.2015.9 中央廣播電臺、河南省中共鄭州市委宣傳部主辦 "待月嵩山 2015 中秋詩會詩歌大賽" 獲三等獎，新詩作品〈嵩山之夢〉，獲人民幣 1 千元獎金及獎狀。

15.2012 年 9 月 9 日人間衛視『知道』節目專訪林明理 1 小時，播出於第 110 集「以詩與畫追夢的心—林明理」。
http://www.bltv.tv/program/?f=content&sid=170&cid=6750

16.雲林縣政府編印，主持人成功大學陳益源教授，《雲林縣青少年臺灣文學讀本》新詩卷，2016.04 出版，收錄林明理新詩六首，〈九份黃昏〉〈行經木棧道〉〈淡水紅毛城〉〈雨，落在愛河的冬夜〉〈生命的樹葉〉〈越過這個秋季〉於頁 215-225。

17.北京，2015 年全國詩書畫家創作年會，林明理新詩〈夢見中國〉獲「二等獎」，頒獎典禮在 2015.12.26 人民大會堂賓館舉行。

18.福建省邵武市，2015.12.15 公告，文體廣電新聞出版局主辦，邵武 "張三豐杯海內外詩歌大賽"，林明理新詩〈邵武戀歌〉獲「優秀獎」。

19.安徽詩歌學會主辦，肥東縣文聯承辦，第二屆“曹植詩歌獎”華語詩歌大賽，林明理獲二等獎，獎狀及獎金人民幣兩千，2016.3.28　中國煤炭新聞網公告。http://www.cwestc.com/newshtml/2016-4-2/406808.shtml http://www.myyoco.com/folder2288/folder2290/folder2292/2016/04/2016-04-22706368.html 來源：肥東縣人民政府網站 發佈時間：2016-04-22。詩作（〈寫給曹植之歌〉外一首）刊於中共肥東縣委宣傳網 http://www.fdxcb.gov.cn/display.asp?id=37800

20.北京市寫作學會等主辦，2016 年“東方美”全國詩聯書畫大賽，新詩〈頌長城〉，榮獲「金獎」。

21. 2016 “源泉之歌” 全國詩歌大賽，林明理新詩〈寫給成都之歌〉獲優秀獎，中國（華西都市報）2016.6.16 公告於 http://www.kaixian.tv/gd/2016/0616/568532.html

22.2016.11.19 民視新聞（FORMOSA TELEVISION）下午三點五十七分首播〈飛閱文學地景〉節目林明理吟誦〈寫給蘭嶼之歌〉。https://www.youtube.com/watch?v=F95ruijjXfE https://v.qq.com/x/page/e0350zb01ay.html 騰訊視頻 http://www.atlantachinesenews.com/ 2016.12.2 美國《亞特蘭大新聞》刊
民視【飛閱文學地景】林明理吟詩〈寫給蘭嶼之歌〉於首頁網，可點播

http://videolike.org/video/%E9%A3%9B%E9%96%B1%E6%96
%87%E5%AD%B8%E5%9C%B0%E6%99%AF　【飛閱文學地
景】video

https://www.facebook.com/WenHuaBu/posts/117423990598927
7

23.2016.12.24 民視新聞晚上六點首播〈飛閱文學地景〉節目
林 明 理 吟 誦 〈 歌 飛 阿 里 山 森 林 〉。
https://www.youtube.com/watch?v=3KAq4xKxEZM
http://www.woplay.net/watch?v=3KAq4xKxEZM
騰訊視頻　https://v.qq.com/x/page/s03601s7t0z.html
〈飛閱文學地景〉IVEP25
【飛閱文學地景】林明理吟詩〈歌飛阿里山森林〉編入 108
年度的彰化縣國中小學課程計畫審查系統【尋根文學】的
〈彈性課程學習單〉。
https://course108.chc.edu.tw/file/108&074533&c14&13-108%E
5%AD%B8%E5%B9%B4%E5%BA%A6%E4%B8%83%E5%B9
%B4%E7%B4%9A%E5%B0%8B%E6%A0%B9%E6%96%87%
E5%AD%B8%E5%BD%88%E6%80%A7%E8%AA%B2%E7%A
8%8B%E5%AD%B8%E7%BF%92%E5%96%AE/open

24.詩作〈夏之吟〉，2015.1.2 應邀於《海星詩刊》舉辦【翰
墨詩香】活動於台北市長藝文中心聯展。

24.-1 詩作〈那年冬夜〉，2017.2.4 應邀於《海星詩刊》舉辦
【詩的影像】活動於台北市長藝文中心聯展。

http://cloud.culture.tw/frontsite/inquiry/eventInquiryAction.do?
method=showEventDetail&uid=586f3b1acc46d8fa6452ca16
臺灣的「文化部網」

25.義大利(國際閱讀委員會)(international Reading Committee)
頒獎狀給林明理於 2017.04.21.
義大利 EDIZIONI UNIVERSUM（埃迪采恩尼大學）（國際
詩新聞）（INTERNATIONAL POETRY Ｎ Ｅ Ｗ Ｓ）
2017.06.12，刊登一則林明理的書訊《我的歌 MY SONG》，
並把此書列為 2018 年度諾貝爾 NOBEL 文學獎提名名單之
一。

＊25-1.義大利 EDIZIONI UNIVERSUM（埃迪采恩尼大學）（國
際詩新聞）（INTERNATIONAL POETRY Ｎ Ｅ Ｗ Ｓ）
2017.06.12，刊登一則林明理的書訊《我的歌 MY SONG》，
並把此書列為 2018 年度諾貝爾 NOBEL 文學獎提名名單之
一。

義大利(國際閱讀委員會)(international Reading Committee)
特聘 EDIZIONI UNIVERSUM（埃迪采恩尼大學）選擇來自
歐洲和歐洲以外的發表作品，提交入圍 2018 年諾貝爾文學
獎候選人名單的一個參考選擇。其中，也包括林明理於
2017 年在臺北市出版的文學專著《我的歌 MY SONG》。
此項資訊被刊登在義大利 EDIZIONI UNIVERSUM（埃迪采
恩尼大學）（國際詩新聞）（INTERNATIONAL POETRY Ｎ
Ｅ Ｗ Ｓ）2017 年 06 月 12 日的推薦書訊及名單中。

26.2017.7.15 民視新聞 FTV（Taiwan Formosa live news HD）晚上六點首播（飛閱文學地景）節目林明理吟誦詩（白冷圳之戀）。
https://www.youtube.com/watch?v=6b17mmHQG3Q
http://videolike.org/view/yt=f2pgDDqzScz

27.林明理散文作品〈寫給包公故里－肥東〉，獲 2017 年第三屆中國包公散文獎徵文比賽 B 組散文詩三等獎，收編入中共安徽省肥東縣委宣傳部，肥東縣文聯舉辦，第三屆“中國・包公散文獎”獲獎作品集，【中國散文之鄉】。

28.林明理新詩《寫給麗水的歌》獲得浙江省麗水市“秀山麗水·詩韻處州”地名詩歌大賽三等獎。2018 年 1 月 4 日下午 2 點在麗水市麗水學院音樂廳參加麗水市“秀山麗水·詩韻處州”地名詩歌朗誦暨頒獎儀式。麗水新聞網
http://www.lishui88.com/n36567.htm

29.2018.11.03 民視新聞 FTV（Taiwan Formosa live news HD）下午 4 點 55 分首播（飛閱文學地景）節目林明理吟誦詩（淡水紅毛城之歌）。
https://www.youtube.com/watch?v=ky76TlKxe8M

30. 2021 年 4 月止，共 300 多筆畫作及 60 多篇文學、詩歌評論收編入臺灣的「國圖」【當代名人手稿典藏系統】。

31.臺中市文化局主辦 2020 臺中市文學館主題特展館，「紙上心旅行－旅遊文學特展」，選錄林明理新詩作品（白冷圳之戀）部分文字，共同展示於臺中文學館主題特展館（展覽期間 2020 年 9 月 25 日至 2021 年 8 月 31 日止）。

32.自 2020 年 12 月 30 日刊登散文（重遊拉勞蘭部落）起，本人獲《青年日報》副刊江素燕主編邀請為每週提供一篇千字散文的作家。

林明理專書 monograph

1.《秋收的黃昏》*The evening of autumn*。高雄市：春暉出版社，2008。

2.《夜櫻-林明理詩畫集》*Cherry Blossoms at Night*。高雄市：春暉出版社，2009。

3.《新詩的意象與內涵-當代詩家作品賞析》*The Imagery and Connetation of New Poetry-A Collection of Critical Poetry Analysis*。臺北市：文津出版社，2010。

4.《藝術與自然的融合-當代詩文評論集》*The Fusion Of Art and Nature*。臺北市：文史哲出版社，2011。

5.《山楂樹》*HAWTHORN Poems* by Lin Mingli（林明理詩集）。臺北市：文史哲出版社，2011。

6.《回憶的沙漏》*Sandglass Of Memory*（中英對照譯詩集）英譯：吳鈞。臺北市：秀威出版社，2012。

7.《湧動著一泓清泉—現代詩文評論》*A GUSHING SPRING-A COLLECTION OF C O M M E N T S O N MODERN LITERARY WORKS*。臺北市：文史哲出版社，2012。

8.《清雨塘》*Clear Rain Pond*（中英對照譯詩集）英譯：吳鈞。臺北市：文史哲出版社，2012。

9.《用詩藝開拓美—林明理讀詩》*DEVELOPING BEAUTY THOUGH THE ART OF POETRY* – Lin Mingli On Poetry。臺北市：秀威出版社，2013。

10.《海頌—林明理詩文集》*Hymn To the Ocean*（poems and Essays）。臺北市：文史哲出版社，2013。

11.《林明理報刊評論 1990-2000》*Published Commentaries1990-2000*。臺北市：文史哲出版社，2013。

12.《行走中的歌者—林明理談詩》*The Walking singer-Ming-Li Lin On Poetry*。臺北市：文史哲出版社，2013。

13.《山居歲月》*Days in the Mountains*（中英對照譯詩集）英譯：吳鈞。臺北市：文史哲出版社，2015。

14.《夏之吟》*Summer Songs*（中英法譯詩集）。英譯：馬為義（筆名：非馬）（Dr. William Marr）。法譯：阿薩納斯·薩拉西（Athanase Vantchev de Thracy）。法國巴黎：索倫紮拉文化學院（The Cultural Institute of Solenzara），2015。

15.《默喚》*Silent Call*(中英法譯詩集)。英譯：諾頓‧霍奇斯（Norton Hodges）。法譯：阿薩納斯‧薩拉西（Athanase Vantchev de Thracy）。法國巴黎：索倫縶拉文化學院（The Cultural Institute of Solenzara），2016。

16.《林明理散文集》*Lin Ming Li´s Collected essays*。臺北市：文史哲出版社，2016。

17.《名家現代詩賞析》*Appreciation of the work of Famous Modern Poets*。臺北市：文史哲出版社，2016。

18.《我的歌 *MY SONG*》，法譯：Athanase Vantchev de Thracy 中法譯詩集。臺北市：文史哲出版社，2017。

19.《諦聽 *Listen*》，中英對照詩集，英譯：馬為義（筆名：非馬）（Dr. William Marr），臺北市：文史哲出版社，2018。

20.《現代詩賞析》，*Appreciation of the work of Modern Poets*，臺北市：文史哲出版社，2018。

21.《原野之聲》*Voice of the Wilderness*，英譯：馬為義（筆名：非馬）（Dr. William Marr），臺北市：文史哲出版社，2019。

22.《思念在彼方 散文暨新詩》，*Longing over the other side*（prose and poetry），臺北市：文史哲出版社，2020。

23.《甜蜜的記憶（散文暨新詩）》，Sweet memories（prose and poetry），臺北市：文史哲出版社，2021。

附錄十一

彭正雄著

夜讀《出版人瑣記》

◎林明理

對我來說，長久以來
你把出版優秀的著作當成
人生第一要務
你是這麼喜愛

品味書的芳香，為人
恭謹樸素，多麼親切可貴

天空何其寬廣
而我飛翔的心……獻上的
不是浮誇，只是一首小小的
詩歌，猶如這夏夜的晚禱
你那堅持不懈的精神 ──
使這本書更顯光耀

　　註：今天收到文史哲出版社發行人彭正雄
　　　　（1939-）先生寄贈新書《出版人瑣記》，
　　　　陳述的內容豐富，文字平實貼切；令人驚喜
　　　　的是，書裡有我的兩篇評論被收編在附錄
　　　　中。為了他對臺灣出版界貢獻良多及幫我出
　　　　版過十五本專著，在此深表謝忱。

　　　　　　　　　　　　　－2021.05.07 完稿

後　記
postscript

　　這本書收錄我在 2020 年以來的文學力作，書中共收錄 97 篇散文、14 首新詩及附錄 6 篇文學評論、2 首詩歌等，其中，英譯作品均由美國著名詩人非馬（馬為義博士 Dr. William Marr）翻譯而成。全書作品大多發表在臺灣的報紙及詩刊物，內容多附有我的畫作及攝影作品同步發表於刊物。

　　感謝《青年日報》副刊江素燕主編、《中華日報》李謙易主編、羊憶玫（前主編）、《更生日報》、《人間福報》、《金門日報》、《馬祖日報》、《笠詩刊》、《秋水詩刊》、《大海洋詩雜誌》、義大利 Giovanni Campisi《國際詩新聞 INTERNATIONAL POETRY ＮＥＷＳ》等刊物主編的支持與愛護及臺灣的「國圖」特藏組退

休的杜立中先生及現任的莊惠茹博士為我建
檔於「當代名人手稿典藏系統」的辛勞。當然
還要特別向傑出的出版家《文史哲出版社》創
辦人彭正雄先生的親自編輯獻上我最深的謝
意，還有社長彭雅雲女士協助出版事宜。因
為，有您們的支持和鼓勵，我才更加努力以
赴。

著者 **林明理** 寫於臺灣，臺東市

2021 年 5 月 20 日清晨